Benoî e

L'Opérette en France

L'Opérette
c'est la Fete!

Fayard

Crédits iconographiques

Bibliothèque historique de la Ville de Paris (Association de la Régie théâtrale) : p. 16, 53, 54, 62, 63, 71, 72, 74, 92, 130-131, 136
Bibliothèque nationale de France : p. 9, 25
Coll. particulière : p. 42, 61, 70, 73, 86 (DR), 88, 95, 103, 105, 108, 110, 114, 118, 134, 135, 160 (DR), 170 (DR), 176, 179
Coll. particulière Jacques Crépineau : p. 96, 101
Enguerand : p. 13 (© Marc Enguerand), 67(© Pascal Gely, Agence Bernand), 90 (© Pascal Gely, CDDS Enguerand), 153 (© Pascal Gely, Agence Bernand), 189 (© Ramon Senera, Agence Bernand), 191(© Pascal Gely, Agence Bernand)
Fonds Albert Willemetz : p. 104 (haut), 113, 115, 117, 119, 124, 132, 151, 177
Photothèque Hachette : p. 23, 30, 35, 36, 40, 41, 48, 51, 77, 80, 137, 140, 141, 150
Roger-Viollet : p. 69, 104 bas, 166 (© Roger-Viollet), 116 (© Gaston Paris/ Roger-Viollet), 192 (© Colette Masson /Roger-Viollet) 89, 122, 127, 147, 161, 162, 163, 164, 165, 168, 173, 174, 175, 180 (© Studio Lipnitzki/Roger-Viollet)
Rue des Archives : p. 29 (Revue *Le Théâtre*, février 1900, © Marc Evans), 52 (CCI), 76 (Revue *Le Théâtre*, mars 1901 © PVDE), 159 (© PVDE)

ISBN : 978-2-213-62578-2

À Françoise Cachin, Georges et Charlotte Liébert,
qui m'ont accueilli pour ce travail
« au pays du gai soleil »

À propos de cette édition

La première édition de *L'Opérette en France* a paru en 1997. Depuis lors, je n'ai cessé de préciser et d'approfondir mon exploration de ce genre méconnu : dix ans de programmes radiophoniques consacrés à la musique légère ; quantité de rencontres avec les artistes d'hier et d'aujourd'hui ; une écoute assidue des extraordinaires archives lyriques de la Radiodiffusion française où figure à peu près tout le répertoire ; la réalisation pour la télévision de plusieurs documentaires ; beaucoup de lectures sur les artistes d'opérette et le contexte historique... Autant d'enrichissements personnels m'ont donné l'envie de proposer cette nouvelle édition largement revue, complétée et mise à jour. L'évolution de l'opérette, au cours des douze dernières années, n'y est pas non plus indifférente. La fréquentation des spectacles donnés à Paris et en province m'a semblé confirmer, parfois, le retour en grâce d'un art longtemps méprisé – quand bien même il reste loin d'occuper la place qui devrait lui revenir. La première version de ce livre appelait à une prise de conscience. Puissent les pages qui vont suivre contribuer à la poursuite et à l'amplification du renouveau.

Remerciements

L'auteur remercie particulièrement François Bellair, Loïc Boissier et la compagnie Les Brigands, Philippe Cathé, Annick Caubert, René Cariven-Galharret (†), Jacques Crépineau, Yves Coudray, Sophie Debouverie, Suzy Delair, Jean-Claude Fournier, Jean-François Kahn, Jean-Christophe Keck, Claude Hénard, Christophe Mirambeau, Philippe Morin, Mathieu Moulin, Robert Pourvoyeur (†), Richard Traubner, Jacqueline Willemetz, les documentalistes de l'INA, Francine Delacroix et Marie-Odile Gigou de la Bibliothèque historique de la Ville de Paris.

Avant-propos

Qu'est-ce que la musique légère ?

L'opérette détient, de nos jours, un statut de « spectacle de fin d'année ». Au moment des fêtes de Noël, les rubriques « loisirs » des journaux célèbrent le *cancan* d'Offenbach ou le *champagne* de Strauss, pour annoncer une série de représentations dans la maison d'opéra la plus proche. Le répertoire habituel se réduit à une dizaine d'œuvres, presque toujours les mêmes, incluant *La Vie parisienne*, *Orphée aux enfers*, *La Chauve-souris*, *La Veuve joyeuse*; et trop rarement *La Mascotte* ou *La Fille de madame Angot*. Quelques jeunes troupes ardentes et talentueuses osent nous entraîner plus loin en ressuscitant *Ta bouche* de Maurice Yvain ou *La Fiancée du scaphandrier* de Claude Terrasse. Leurs productions – où le talent compense le manque de moyens – sillonnent la France avec succès. Force est pourtant de reconnaître que, dans la plupart des théâtres lyriques, l'opérette, hier omniprésente, occupe désormais la portion congrue même si, de temps à autre, un grand chef d'orchestre – John Eliot Gardiner, Marc Minkowski... – lui permet de franchir la muraille du snobisme. Le bourgeois moderne, l'intellectuel branché ou l'élu local n'en restent pas moins sceptiques : le repli de l'opérette marque à leurs yeux une saine évolution du goût français, plus ouvert au « grand » répertoire lyrique international. Nous voilà heureusement débarrassés des grivoiseries du vaudeville, et la bêtise des refrains tendres fredonnés par nos grands-mères...

Certes, certes... Mais, à cette vision, on pourrait en opposer une autre. Quiconque aime la diversité de la création artistique et les registres multiples de l'expression humaine doit en effet constater qu'avec l'opérette, un pan tout entier de notre culture a sombré aux oubliettes en quelques décennies. Pendant un siècle environ, de 1850 à 1950, des dizaines de théâtres présentaient simultanément – à Paris et en province – un vaste répertoire musical léger, mêlant d'innombrables reprises aux créations de chaque saison. Ce spectacle constituait peut-être, alors, la création la plus singulière de l'art lyrique français : non pas un divertissement ringard destiné aux sorties en famille ; mais un répertoire universel né sur les rives de la Seine avant d'essaimer pour féconder l'opérette viennoise et triompher à Londres, New York, Berlin, Budapest... En ce sens, l'opérette constitue l'une des richesses historiques du paysage parisien, contemporaine des grands boulevards, des peintures impressionnistes, de la naissance de l'art moderne et du cinéma ; elle est la musique de Verlaine (qui écrivit des livrets pour Chabrier) ou de Pierre Bonnard (l'inséparable ami de Claude Terrasse) ; celle de Sacha Guitry (librettiste de Messager ou Reynaldo Hahn) et d'Henri Georges Clouzot (qui s'y essaya en compagnie de Maurice Yvain)... Pourtant l'opérette, seule de toute cette culture, semble vouée par nos contemporains à une négligence parfois teintée de mépris.

Le voyageur qui se promène aujourd'hui au cœur de Paris longe, sans le savoir beaucoup d'anciens théâtres d'opérette. Levant sa tête vers les frontons sculptés, il peut encore lire, en lettres l'or, les noms des temples où s'est inventé un répertoire disparu, où des millions de mains ont applaudi des succès considérables, où des vedettes adulées ont enchanté un vaste public à la fois savant et populaire : Bouffes-Parisiens, Variétés, Nouveautés, Eldorado, Renaissance, Porte-Saint-Martin, Dejazet (anciennement « Folies-Nouvelles »), Bataclan, Marigny, Mogador... autant de troupes et d'orchestres progressivement disparus, tandis que les salles se reconvertissaient dans le théâtre aux productions moins coûteuses. Plus précisément, l'itinéraire « Madeleine-Bastille » : du boulevard des Italiens au « boulevard du crime » (près de l'actuel Cirque d'Hiver) nous rappelle tout un pan d'histoire parisienne : lorsque fleurissaient côte à côte les spectacles parodiques, les féeries sentimentales, le café-concert, le vaudeville et la comédie musicale. Dernier haut-lieu du genre, la Gaîté-Lyrique fut presque entièrement détruite en 1986, transformée en centre d'attractions pour enfants qui ne tarda pas à faire faillite, en attendant sa réouverture annoncée comme rendez vous des musiques « actuelles ». La politique a ses raisons... L'économie aussi qui rend désormais presque impossible la production d'œuvres musicales avec orchestre, forcément coûteuses, dans le cadre du théâtre privé.

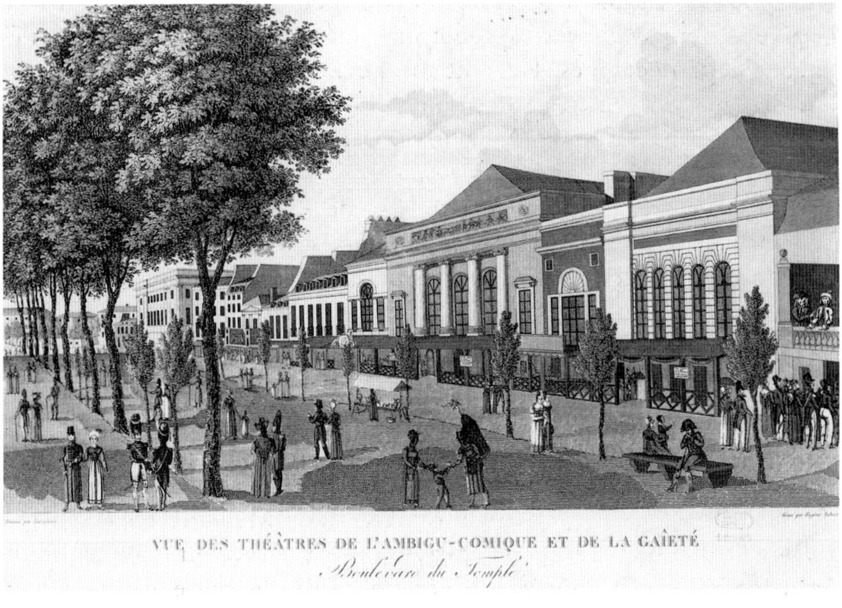

Le boulevard
et ses théâtres
au début du XIXe siècle

Pour pallier ces difficultés, on aurait certes pu espérer que l'opérette trouve une place régulière sur les scènes publiques, et d'abord dans les grands théâtres lyriques parisiens. Mais outre que les dimensions de la Bastille ou des Champs-Élysées ne conviennent guère à des ouvrages souvent intimistes, les directeurs de ces établissements préfèrent – à l'évidence – se cantonner dans l'exploration du vaste patrimoine opératique. Quant aux tutelles politiques qui pourraient orienter ou modifier cet état de fait, leur ignorance et leur soumission au bon goût du jour les conduisent généralement à repousser, avec un sourire condescendant, ceux qui rêvent d'un véritable «Théâtre national d'opérette». La France, où fut inventé ce genre, reste loin de posséder, comme Dresde en Allemagne, un établissement spécialisé qui assurerait – avec chœurs et orchestre – l'exploration permanente de ce patrimoine. En musique comme dans d'autres domaines, notre pays, depuis trente ans, semble plutôt possédé par l'urgence de faire la même chose qu'ailleurs ; et seule une minorité considère que la vie musicale gagnerait à présenter ce répertoire unique au monde.

Au plus fort du déclin, dans la période 1960-1990, le snobisme ne voulait même plus entendre parler d'opérette, et les défenseurs du genre se contentaient trop souvent de quelques «Lopezeries» qui donnaient souvent raison à leurs adversaires. Aujourd'hui, la chute semble heureusement terminée, mais le genre se cantonne dans deux catégories de spectacles. D'une part les productions légères et peu coûteuses, conçues par des militants (La Péniche Opéra, les Brigands, Opéra Éclaté...) qui assurent pour l'essentiel le renouvellement du répertoire. D'autre part les grandes productions épisodiquement accordées par les théâtres lyriques au gré des humeurs de leurs directeurs... Le Châtelet, ces dernières années, n'a pas manqué à l'appel, avec *La Belle Hélène*, *La Grande Duchesse de Gérolstein*, *Le Chanteur de Mexico* ou *Véronique*. Plus récemment la réforme de l'Opéra-Comique a permis d'inscrire le genre au cahier des charges de l'établissement public... Mais la salle Favart se voit chargée de tant d'autres missions (l'opéra-comique, l'opéra baroque, l'opéra contemporain) que, malgré une réouverture placée sous le signe de *L'Étoile* de Chabrier (1997), la place de l'opérette n'atteint pas même le rythme d'une production par an, comme dans la plupart des théâtres lyriques de province.

Ainsi se décline aujourd'hui, dans l'attente d'une embellie, la survie de l'opérette française. Et, si quelques villes ont sauvegardé, contre vents et marées, une activité plus régulière, il arrive encore qu'un nouveau directeur, pressé de «moderniser» un établissement selon le modèle parisien, décide de réformer cette programmation en se contentant d'une *Vie parisienne* en fin d'année. Loin de s'opposer à ces velléités, le ministère de la Culture les encourage parfois. De Metz en Avignon, on a vu ses inspecteurs juger telle programmation trop « conservatrice » et pousser les élus locaux à regrouper leurs théâtres en réduisant le nombre d'ouvrages par saison. Les derniers temples de l'opérette ont la vie dure. Le public finit par croire qu'il en a toujours été ainsi et que l'opérette est, au choix, une viennoiserie romantique et doucereuse, ou une survivance franchouillarde, probablement un peu « collabo » (je l'ai entendu aussi). Il faut donc rappeler sans relâche que l'opérette et l'opéra-bouffe, loin de constituer une manifestation de l'esprit conservateur, se confondent historiquement avec le goût du persiflage, l'amour de la fantaisie et le refus de la morosité organisée.

Si l'opérette a été, dans le dernier demi-siècle, si mal jugée par les milieux qui s'occupent de penser, c'est notamment parce que, dans la même période, un violent dédain s'est attaqué à la notion de « légèreté » et aux valeurs esthétiques qui s'y rattachent. Un rejet identique a longtemps visé le théâtre comique de Feydeau, Guitry ou Anouilh, quasiment exclus des scènes publiques. À en croire certains poncifs, la comédie serait devenue sans portée « après Auschwitz et Hiroshima ». Inversement, la seconde moitié du XXe siècle s'est attachée à montrer, dans toute son esthétique, un furieux déballage de noirceur, de lourdeur, de cruauté, de douleur et de sophistications intellectuellement chargées… Dans ce contexte, l'opérette ne pouvait devenir qu'une espèce de « musique à l'eau de rose », en comparaison des grandes œuvres de l'esprit ; les pâmoisons devant *Lulu* ou *Die Soldaten* paraissaient incompatibles avec le moindre intérêt pour *Véronique*. Sauf à se rappeler qu'André Messager – le compositeur de *Véronique* – avait lui-même dirigé avec passion la première du *Ring* à l'Opéra de Paris et imposé quantité de créations modernistes, jetant des ponts aujourd'hui incompréhensibles entre les différents registres de l'art musical.

Comme je lui demandais sa définition de la « musique légère », Manuel Rosenthal – l'élève de Ravel, le chef de l'Orchestre national, mais aussi le compositeur de *La Poule noire* – me dévisagea un jour avec étonnement :

– Musique légère ? Musique légère ? Alors, il doit exister aussi une « musique lourde ». Et qu'est-ce donc, à votre avis, que la musique *lourde* ?

On pourrait imaginer, en effet, que si la musique tend parfois vers l'expression légère (dont la quintessence se trouve probablement dans les opérettes de Lecocq, le *Cosi fan tutte* de Mozart, ou *Le Baiser de la fée* de Stravinsky), elle doit tendre également vers une expression lourde (dont la forme accomplie se situe dans les drames de Wagner ou les symphonies de Bruckner). Pourtant, seule l'expression de « musique légère » existe pour désigner, souvent, une catégorie esthétique inférieure. À l'inverse, ce qui est massif, démesuré, appuyé, tortueux, pathétique, se voit plus fréquemment assimilé à la « profondeur » qui serait, en somme, le contraire de la légèreté. Comme le note Milan Kundera : « Ce sont précisément les mots "raffiné", "ludique", "joyeux", "humour", que le discours sentimental situe à l'opposé du profond. »
Stefan Zweig revient, lui aussi, à l'opposition du lourd et du léger, lorsqu'il évoque la conversion de Nietzsche à la musique de Bizet ; mais c'est pour vanter les vertus supérieures de la légèreté : « La légèreté, c'est le dernier amour de Nietzsche, sa plus haute mesure de toutes les choses. Ce qui rend léger et donne la santé est bon : dans la nourriture, dans l'esprit, dans l'air, dans le soleil, dans le paysage, dans la musique. Ce qui fait planer, ce qui aide à oublier la lourdeur et l'obscurité de la vie, la laideur de la vérité, cela seul est une source de grâce. La musique, une musique limpide, libératrice, légère, devient le plus cher réconfort de cet esprit mortellement agité. »
De son côté, le dictionnaire encyclopédique de la musique de l'Université d'Oxford regroupe la « musique légère et de variétés » (incluant la musique noire américaine) comme une catégorie économique, liée à la recherche du profit et du succès... Il faudrait donc y rattacher non seulement *Les Cloches de Corneville* ou *Andalousie*, mais la plupart des ouvrages de Mozart, Beethoven ou Verdi qui visent également le profit et le succès ! Quant à la notion de musique « populaire » – par opposition à la musique savante – elle ne saurait faire oublier que la musique légère est souvent savante. Quand Delibes ou Louis Beydts abordent l'opérette, c'est avec tout le savoir des classiques. Et la légèreté n'est pas davantage synonyme de « facilité » : la compréhension d'une symphonie de Mahler semble même requérir, de nos jours, moins d'efforts que celles du *Petit Duc* ou de *Ciboulette*. Confronté à certaines opérettes, le spectateur contemporain en saisit difficilement l'esprit ; il n'y voit qu'une série de clichés démodés, vieillots. L'apparente facilité du langage le déconcerte et l'empêche d'en saisir la subtilité musicale et théâtrale qui semble exiger un nouvel apprentissage.
On serait donc plutôt tenté de définir la musique légère – et spécialement l'opérette – comme un « art du divertissement »... Encore que la notion de divertissement, au sens pascalien, puisse s'appliquer

à toutes les formes musicales admirables, y compris celles de Bach ou de Beethoven, lorsqu'elles nous divertissent du poids de l'existence (la lourdeur) au lieu de nous y enfermer. Inversement, la *Giuditta* de Franz Lehár chante l'opérette avec des accents tragiques et le théâtre musical léger – opérette ou comédie musicale – inclut presque autant de pages mélancoliques que de pages comiques ou débridées. Certes, la mélancolie d'opérette est toujours prête à se transformer en sourire ; mais l'expression légère recouvre, à sa façon, toute la diversité de l'art et toute la gamme des sentiments, comme d'ailleurs l'expression lourde (car il existe aussi un « humour lourd »).

Tirant le fil de l'histoire, on voit apparaître ces mélanges, ces paradoxes qui définissent la sphère de la musique légère, et dont la période de l'entre-deux-guerres donne une illustration saisissante.

André Messager, compositeur de *Monsieur Beaucaire* (opérette romantique, jouée à Paris en 1925), est aussi le chef d'orchestre qui a créé en 1902 *Pelléas et Mélisande*. À soixante-dix ans, il dirige *Les Biches* de Poulenc aux Ballets russes, tout en s'intéressant à la comédie musicale ; les parentés sont nombreuses entre ses dernières œuvres – *Passionnément*, *Coups de roulis* – et celles composées à la même époque par Jerome Kern pour Broadway... Broadway où débute alors Gershwin, qui

Michel Trempont, Martial Defontaine et Maryline Fallot dans *La Vie parisienne*, mise en scène de Jérôme Savary à l'Opéra-Comique, en janvier 2002

suscitera bientôt l'admiration de Ravel et Schönberg, maîtres de la «modernité» européenne. Schönberg a lui-même orchestré des valses de Strauss tandis que Ravel – inspiré par Offenbach et Chabrier – a composé avec *L'Heure espagnole* une sorte d'opérette. Mais il n'est pas le seul. Son cadet Arthur Honegger (pourtant réputé le plus grave des «Six») écrit *Les Aventures du Roi Pausole* sur un livret bouffe d'Albert Willemetz et signe des critiques enthousiastes sur Maurice Yvain, le compositeur de *Pas sur la bouche*. Yvain, compositeur léger, connaît de son côté Stravinsky par cœur; il a fréquenté Max Jacob et Picasso avant de signer, pour Mistinguett, la musique de *Mon homme*.

Reynaldo Hahn, à lui seul, est une incarnation de cet idéal léger : il a grandi dans les salons de la fin du XIXe siècle, sous la double protection de Massenet et d'Alphonse Daudet. Ami intime de Proust, il a entraîné ce dernier aux concerts Mayol et a consacré des pages enthousiastes au café-concert. Après avoir composé nombre d'ouvrages lyriques et symphoniques sérieux; après avoir dirigé en 1906 la première de *Don Giovanni* au festival de Salzbourg, Hahn devient, sur le tard, compositeur d'opérettes. Il rencontre Guitry, autre figure du monde «léger cultivé» qui signe le livret de *O mon bel inconnu*. Pour cette œuvre, Hahn engage la jeune chanteuse faubourienne Arletty et enregistre avec elle une chanson grivoise.

La légèreté distille partout ses bienfaits, depuis la danse et la chanson, jusqu'à la musique savante de tradition classique. Et les figures les plus riches de l'esprit léger nous font volontiers glisser d'un genre à l'autre. On les reconnaît moins à un degré d'élaboration ou à un rôle «économique» qu'à certaines tendances de l'esprit. Tous partagent, à leur façon, le goût de la danse, de la grâce mélodique, de l'humour, du jeu et d'une certaine retenue dans l'expression des sentiments... Qu'elle soit facile ou savante, la musique légère est guidée par un désir de *séduction* qui n'exclut pas le raffinement ni la mélancolie en demi-teinte. Elle se présente comme un art particulièrement «incroyant», fondé sur les plaisirs immédiats et liés aux formes les plus anciennes de l'expression musicale et théâtrale : danse, comédie. Souvent, elle semble répondre à cette première fonction de l'artiste joliment résumée par Witold Gombrowicz : «Je suis un humoriste, un plaisantin, je suis un acrobate et un provocateur. Mes ouvrages font le pied au mur pour plaire.»

Assez longtemps, dans l'histoire musicale, la tendance légère et les penchants plus sérieux ont coexisté chez les compositeurs. La chanson courtoise et la polyphonie religieuse sont indissociables au Moyen Âge; l'*opera buffa* et l'*opera seria* se complètent comme les deux faces de l'art lyrique naissant. En France particulièrement, de 1850 à 1950, l'esprit léger allait même devenir *une valeur de l'esprit* : cette valeur que célébrait Nietzsche à propos de Bizet ou d'Offenbach, cette valeur qu'admiraient Debussy, Richard Strauss ou Stravinsky, faisant l'apologie de l'opérette. Pour eux, la légèreté ne s'identifie pas à une dégénérescence mais elle désigne, au contraire, un point élevé de la civilisation, une forme accomplie de l'esprit humain, cultivée en certaines époques favorables, comme le temps de Mozart et de Fragonard, ou ce Paris de la Belle Époque. La naissance même de l'art moderne parait indissociable de ce goût *fantaisiste* qui règne au Chat Noir, dans la peinture de Picasso ou dans la poésie d'Apollinaire ; comme si le tempérament léger rejoignait l'instinct novateur aux sources du XXe siècle.

Il semble toutefois que, depuis la Seconde Guerre mondiale, se soit creusé un fossé toujours plus profond entre la musique légère – reléguée à l'industrie du divertissement – et la musique officiellement savante, emportée dans une évaporation intellectuelle qui renonce aux registres premiers de la musique : l'esprit de la danse ou l'expression mélodique. L'évolution sociale des dernières décennies n'a pas semblé très propice à la prospérité d'une « science légère ». Nous vivons loin des temps où Bach s'inspirait des danses paysannes, Schubert des valses populaires et Stravinsky du tango. Scindée en deux mondes, la musique s'abîme vers le bas et se dissout vers le haut. Ce qui rend particulièrement stimulante l'exploration de ce monde intermédiaire dont la plupart des mélomanes n'ont plus même conscience. Réhabiliter l'idée de la musique légère, c'est retourner au cœur de l'art, dans sa diversité et son unité.

Cette histoire de l'opérette en France ne prétend pas dresser un panorama exhaustif des auteurs et de leurs œuvres, comme l'a fait Florian Bruyas, en 1974, dans son indispensable somme sur le sujet. Elle s'attache plutôt à souligner le rôle éminent de l'opérette au cœur du mouvement artistique et musical, depuis la naissance du genre (vers 1850) jusqu'à son déclin (après 1950) ; et elle s'efforce de mettre en lumière les grands courants stylistiques, les différents genres d'opérette qui se sont succédé, voire juxtaposés, au fil des époques.

J'ai souhaité, d'autre part, m'attacher avant tout au rôle des compositeurs : car, dans l'opérette comme dans l'opéra, le musicien reste le maître d'œuvre, celui qui justifie notre enthousiasme, apportant sa magie à des textes qui, sans lui, resteraient anecdotiques. Mais les fils conducteurs sont nombreux pour comprendre cet art et méritent

Anna Judic
dans *Mam'zelle Nitouche*

également notre curiosité. Celui des librettistes qui furent pour la plupart d'importants auteurs dramatiques : Meilhac et Halévy, bien sûr ; Albert Willemetz plus que tout autre ; mais aussi Octave Crémieux, Henri Chivot, Alfred Duru, Albert Vanloo, Eugène Leterrier, Robert de Flers, Gaston Arman de Caillavet, Maurice Ordonneau, André Barde, Yves Mirande, Henri Duvernois, Nino, André Mouëzy-Eon, et tant de plumes spirituelles dont je tâcherai de rappeler le rôle. À souligner également l'importance des théâtres et de leurs directeurs, personnages centraux de cette histoire quand il s'agit d'Hervé ou d'Offenbach eux mêmes, mais aussi de Louis Cantin aux Folies-Dramatiques puis aux Bouffes-Parisiens, de Gustave Quinson, empereur des scènes parisiennes au début du XXe siècle, des frères Isola, de Maurice Lehmann au Châtelet et à la Porte-Saint-Martin, d'Henri Varna à Mogador, d'Henri Montjoye et de Germaine Roger à la Gaîté-Lyrique. Et comment ne pas s'attarder, non plus, à ces grands interprètes qui racontent à leur façon l'histoire de l'opérette et ses anecdotes ? Non seulement Hortense Schneider et Yvonne Printemps, les deux absolues divettes ; mais aussi Zulma Bouffar, Anna Judic, Désiré, Jeanne Granier, Jean Périer, Edmée Favart, Dranem, Alice Bonheur, Henri Defreyn, André Baugé, Fanély Revoil, Michel Dens, Luis Mariano, Suzy Delair...

Tout en m'efforçant, au fil des pages, de souligner la contribution importante de chacun de ces personnages à l'invention de l'opérette, j'ai délibérément privilégié ceux qui symbolisent à eux seuls l'existence et l'originalité d'une tradition : Hervé, Offenbach, Lecocq, Audran, Messager, Terrasse, Ganne, Yvain, Hahn, Van Parys, Beydts, et tant d'autres maîtres connus et moins connus. Leur talent musical prête à cette histoire un mélange unique de raffinement et de bouffonnerie, de séduction et d'intelligence, d'anticonformisme et de science joyeuse.

chapitre 1

Comment la musique est devenue persifleuse

Quoique le terme « opérette » se soit appliqué, dans l'histoire, à des formes assez diverses, les musicologues s'accordent généralement sur ses date et lieu de naissance. À Paris, au milieu du XIXe siècle, apparaît un répertoire nouveau dont l'histoire va se dérouler, en France puis dans le monde entier, pendant environ un siècle. Le vocable « opérette » ne représente qu'une commodité pour englober ce répertoire de théâtre musical léger, recouvrant des appellations beaucoup plus nombreuses et parfois embrouillées. *La Fille de madame Angot* de Charles Lecocq (dont la partition porte en sous-titre « opéra-comique ») et *La Dame en décolleté* de Maurice Yvain (sous-titrée « comédie musicale ») appartiennent incontestablement à la famille opérette. À l'inverse, le terme « opérette », tel qu'on l'employait parfois au XVIIIe siècle – Mozart, notamment, l'a utilisé, pour désigner de petits opéras comme son *Schauspieldirector* – ne désignait pas encore, à proprement parler, le même genre.

Le répertoire d'opérette, au delà de ses principales divisions – opérette, opéra-bouffe, comédie musicale… – recouvre donc un type de spectacle parlé et chanté, né sous le second Empire, avant de subir d'innombrables mutations jusqu'au *musical* de Broadway (que certains nommèrent longtemps « opérette américaine »). Les prototypes de cet art nouveau furent créés par Florimond Rongé – dit Hervé – au théâtre des Folies-Concertantes et par Jacques Offenbach aux Bouffes-Parisiens ; mais ces opérettes primitives étaient plus généralement sous-titrées « excentricité musicale » ou « bouffonnerie musicale » – le premier emploi moderne du mot « opérette » revenant à Jules Bovery, dans *Madame Mascarille*, en 1856. Plutôt que de chercher une définition générale, il convient donc d'observer les caractéristiques premières du genre, en ces années 1850. Elles permettent d'en retrouver les sources et d'en comprendre les développements.

Première caractéristique : les opérettes initiales sont fondées sur la parodie de l'opéra. Ce ne sont pas seulement, comme dans l'*operetta* de Mozart, des opéras-en-miniature, employant un nombre réduit de chanteurs et de musiciens ; ce sont le plus souvent des jeux, des pastiches, des fantaisies bâtis autour des conventions de l'opéra sérieux. La nature humoristique des premières opérettes se traduit particulièrement dans les livrets qui détournent les intrigues du grand art lyrique, ou tendent à représenter des situations bouffonnes sur un ton faussement sérieux de grand opéra. Ce principe de détournement se traduit également dans la musique, souvent construite comme une exagération risible des manières de l'opéra français ou italien : bel canto, ensembles dramatiques, etc.

Seconde caractéristique : les opérettes, dès l'origine, sont fondées sur la conjonction musique-théâtre-danse. Tout ce répertoire conservera, jusqu'à nos jours, une alternance régulière entre scènes parlées et scènes chantées; mais il convient également de souligner que la plupart des morceaux d'une opérette sont construits sur des rythmes de danses à la mode (polka, valse, mazurka, galop, dans les années 1850; tango, fox-trot, one-step dans les années 1920). Il arrivera, par la suite, que de petits ballets s'intercalent entre les scènes parlées et chantées, sans pour autant devenir un élément constitutif du genre (contrairement à la comédie musicale américaine).

Troisième caractéristique : l'opérette est, à ses débuts, un genre d'accès facile, destiné à un auditoire diversifié qui peut aller du public populaire aux classes élevées de la société. Même signée par de grands musiciens, elle se cantonne volontairement dans un langage d'apparence aussi simple que possible. Les scènes parlées recourent volontiers à la farce, au quiproquo, au gag, au calembour; les morceaux musicaux adoptent souvent la coupe des chansons à refrains – ce qui n'exclut pas l'invention ni les raffinements prisés par une partie du public. Seuls les ensembles et les finales font appel à une écriture plus complexe inspirée de l'opéra, sans sacrifier la limpidité ni l'entrain de la musique légère.

Art parodique; conjonction théâtre-musique-danse; langage accessible, d'inspiration populaire... Ces trois grands traits désignent l'opérette dès sa naissance et l'accompagneront jusqu'à son déclin, avec certaines nuances. L'élément parodique fluctue selon les époques : prédominant chez Hervé et Offenbach, il tendra à s'effacer par la suite au profit des intrigues amoureuses et sentimentales, des tableaux pittoresques dans lesquelles l'humour se transforme, parfois, en sourire un peu béat. Mais ces deux registres – parodique et sentimental – se côtoient déjà chez Offenbach. Toute l'histoire de l'opérette semble fondée sur leur alternance, leur concurrence, leur domination successive qui permet par exemple à l'esprit satirique de renaître dans les opérettes d'un Claude Terrasse, d'un Christiné ou d'un Maurice Yvain, puis à la sentimentalité de reprendre le dessus dans maintes opérettes à grand spectacle du XXe siècle.

À ces critères esthétiques s'ajoute une autre caractéristique, liée aux conditions de production et de diffusion de l'opérette. Car, dès le second Empire, l'émergence du genre est indissociable de la spécialisation de certains théâtres : à Paris, les Folies-Concertantes et les Bouffes-Parisiens, puis d'innombrables salles, jusqu'aux années 1950, constitueront le terroir de l'opérette. Pendant très longtemps, la distinction entre une «opérette» et un «opéra-comique» paraît liée aux scènes où ces œuvres voient le jour, davantage qu'au genre indiqué sur la partition. Pour prendre l'exemple de Messager, la «comédie lyrique» *Fortunio*, conçue pour la salle Favart, relève du répertoire d'opéra-comique, recourant à des moyens musicaux plus importants et à une écriture plus complexe que l'opérette. Au contraire, *Véronique* – sous-titré «opéra-comique», mais composé pour une scène d'opérette (les Bouffes-Parisiens) – appartient à ce genre léger et fantaisiste. Aujourd'hui, les théâtres spécialisés ayant pratiquement disparu, les grandes scènes lyriques restent seules à reprendre, régulièrement, les opéras-bouffes d'Offenbach, ce qui entraîne parfois des erreurs de «format», ces œuvres ayant souvent vu le jour dans des salles bien plus petites. On ne saurait goûter la spécificité de l'opérette qu'en gardant présentes à l'esprit ces théâtres de dimension modeste qui furent le berceau de la musique légère.

L'opéra-comique

Partant des caractéristiques premières de l'opérette, autour de 1850, il est aisé d'en retrouver les sources ; car les mêmes tendances – avant de constituer un genre à part entière – imprègnent toute l'histoire musicale française.

L'esprit satirique est déjà présent dans les manuscrits musicaux médiévaux. Sa première manifestation connue figure, probablement, dans *Robin et Marion* d'Adam de la Halle (1283), une «pastourelle» amoureuse où l'on voit, notamment, un brillant chevalier (persuadé d'être irrésistible) conter fleurette à une jeune bergère qui n'est pas dupe. L'œuvre mêle théâtre et refrains populaires, ce qui lui vaut d'être parfois qualifiée de «premier opéra-comique français». Quelques années plus tard, le *Roman de Fauvel* (1310-1314), allégorie satirique entrecoupée de musique, dresse un tableau féroce de l'arrivisme et du pouvoir. Mi-âne, mi-cheval, le personnage de Fauvel personnifie tous les vices ; autour de lui, les grands de ce monde, laïcs et religieux, sont tous occupés «à torchier Fauvel». À la Renaissance, Roland de Lassus – parmi beaucoup d'autres – signe des tableaux musicaux comiques (*Un jeune moine est sorti du couvent*) ; et le même esprit se retrouve en Italie, dès la naissance de l'opéra, dans les scènes bouffonnes du *Retour d'Ulysse* ou du *Couronnement de Poppée* de Monteverdi.

Pour trouver un ancêtre plus direct à l'opérette, dans le théâtre lyrique français, il faut toutefois remonter à la fin du XVIIe siècle, lorsque se constituent, à Paris, le genre nouveau qu'on appellera bientôt *opéra-comique*. Chaque année, lors de la foire Saint-Germain (à la fin de l'hiver) et de la foire Saint-Laurent (à la fin de l'été), on peut entendre sur les tréteaux de forains dressés pour l'occasion «de charmantes mélodies, de petites comédies et d'agréables ballets». Quelques spectacles de marion-

nettes réalistes croquent les mœurs du temps et suscitent l'indignation de Bossuet, pressé « d'empêcher les marionnettes où les représentations honteuses, les discours impurs et l'heure même des assemblées portent au mal ».
Très populaire, le « théâtre de la Foire » entre bientôt en conflit avec les deux grandes scènes officielles. L'Académie royale de musique (l'Opéra) et la Comédie-Française, fortes de leurs privilèges royaux – l'une pour la musique, l'autre pour le théâtre – veulent faire interdire ces spectacles hybrides. Mais le théâtre de la Foire se joue habilement des interdictions et renaît à intervalles réguliers. Faute d'autorisation pour déclamer des scènes théâtrales, les forains proposent des parodies muettes des spectacles de la Comédie-Française, en exhibant les textes sur des écriteaux. Ils détournent également les spectacles d'opéra : *Les Jumeaux*, parodie de *Castor et Pollux*; *Le Cocher maladroit*, parodie de *Phaëton*... Au milieu du XVIIIe siècle, le librettiste et comédien Charles Simon Favart (1710-1792) impose définitivement dans *La Chercheuse d'esprit* (1741) la spécificité de l'opéra-comique, fondé sur l'alternance de scènes parlées et de scènes chantées. Doté à son tour d'un privilège royal, il devient compositeur et s'intéresse à des registres de plus en plus variés. Il écrit une parodie des *Indes galantes* de Rameau, intitulée *Ballet des dindons*; mais également des intermèdes dans le style italien, des contes fantastiques ou des pièces d'un genre plus gracieux, charmant et sentimental, interprétées par son épouse, la grande Marie Justine Favart (Offenbach en fera l'héroïne d'une opérette : *Madame Favart*). L'opéra-comique, mélange d'opéra et de comédie, perd ainsi son caractère nécessairement comique.
C'est Jean-Philippe Rameau – musicien savant entre tous – qui va pourtant raviver, au milieu du XVIIIe siècle, la veine musicale humoristique, en composant la partition qu'on peut considérer comme une autre source de l'opérette française. Dès 1723, Rameau avait collaboré au théâtre de la Foire; mais c'est à Versailles, en 1745, qu'il fait représenter *Platée,* comédie-ballet en un prologue et trois actes sur un livret de Jacques Autreau et Joseph le Valois d'Orville. Platée, misérable grenouille qui croupit dans son marais, se croit belle, tente de séduire les dieux, et s'invente des rêveries à la fois ridicules et pathétiques. Au cours d'une intrigue manigancée par Mercure, les élans amoureux de la grenouille pour Jupiter éveillent la jalousie de Junon. L'ouvrage de Rameau reprend les procédés burlesques de la Foire : satire des puissants comme des misérables, jeu des onomatopées (les croassements de la grenouille chantés en chœur), situations absurdes. Mais il se donne des moyens musicaux plus ambitieux dans de grandes pages orchestrales et vocales qui font de *Platée* une préfiguration directe des

opéras-bouffes d'Offenbach. Rameau, lui même, est d'ailleurs l'héritier d'une autre lignée, venue en droite ligne du théâtre versaillais : celle de la « comédie-ballet », inventée par Molière et Lully dans *Les Fâcheux*, puis continuée par Molière et Charpentier dans *Le Malade imaginaire*. Ces spectacles bouffons – dont le prototype reste la «Turquerie» du *Bourgeois gentilhomme* – mêlaient déjà avec humour comédie, danse et musique, offrant un impérissable modèle aux futurs compositeurs d'opérette.

La vague italienne

Jean-Jacques Rousseau, dans sa *Lettre sur la musique française*, qualifie *Platée* de « plus excellent morceau de musique jusqu'ici entendu sur notre théâtre ». Mais le philosophe va bientôt s'opposer à Rameau ; car, autour de 1750, une lutte intense oppose les tenants de la musique française à ceux pour lesquels l'art de chanter et de composer constitue une spécialité exclusivement italienne : c'est la fameuse « querelle des bouffons », entre le « coin de la reine » (dirigé par Rousseau, partisan de la musique italienne) et le « coin du roi » (autrement dit les partisans de Rameau). À l'origine du conflit : les représentations triomphales de *La Serva padrona*, un intermède comique de Pergolèse donné par la troupe des « bouffons » italiens. Au-delà de la bataille idéologique et quasiment politique déclenchée par cette affaire, l'émergence de l'*opera buffa* sur la scène française ranime l'élan un peu assoupi de l'opéra-comique. La verve théâtrale, la musique joyeuse du compositeur napolitain réveillent le goût de la farce musicale, établissant un archétype de comédie amoureuse à trois personnages : un vieux barbon acariâtre (la basse) et deux jeunes amants (la soprano et le ténor). La musique se caractérise par ses airs volubiles, ses rythmes endiablés, ses récitatifs chantés (par opposition aux dialogues parlés de l'opéra-comique). L'influence de Pergolèse – suivi par Piccinni, Paisiello, Cimarosa, puis Rossini à l'aube du XIXe siècle – s'exercera durablement sur la musique française et notamment sur les musiciens d'opérette.

La comédie italienne ne supplante pas, pour autant, l'opéra-comique. En 1753, Jean Monnet, directeur du théâtre de la foire Saint-Laurent, met au programme *Les Troqueurs*, opéra-comique en un acte, habilement présenté comme une composition italienne. En réalité, la musique est composée par Antoine Dauvergne, sur un livret du poète et chansonnier Jean-Joseph Vadé (1720-1757) – surnommé par Voltaire « ce polisson de Vadé ». Celui-ci, d'après Émile Genest (auteur de *L'Opéra-comique connu et inconnu*), « se complaisait à mettre en scène les personnages populaires, voire populaciers, auxquels il n'hésitait pas à prêter leur véritable langage pris sur le vif. Et quel langage employaient maraîchers, paysans, pêcheurs de friture, perruquiers et soldats, sans compter les marchandes de marée, dignes ancêtres de Mme Angot». La musique s'inspire du style italien, avec ses récitatifs chantés; mais le succès des *Troqueurs*, puis la révélation du pot aux roses – il s'agit en fait d'une œuvre française – marquent un point en faveur de l'opéra-comique national, contre la domination transalpine. En 1762, Favart accomplit la fusion du Théâtre de la Foire et de la Comédie-Italienne, pour former cet unique théâtre qu'on appellera bientôt l'Opéra-Comique.

D'abord situé à l'hôtel de Bourgogne puis, à partir de 1783, dans la première «salle Favart», le genre évolue sur plusieurs voies parallèles. Ayant gagné ses lettres de noblesse, il se montre parfois plus «sérieux» quoique, régulièrement, un artiste s'attache à raviver la veine persifleuse. Les premiers grands maîtres du genre passent volontiers d'un registre à l'autre : André Ernest Modeste Grétry (1741-1813) signe des pièces sentimentales (*Le Huron*, *Lucile*) avant d'entreprendre des comédies (*La Caravane du Caire*, *L'Amant jaloux*) ; et son *Richard Cœur de Lion* préfigure le grand opéra historique. Mais Grétry, célèbre dans toute l'Europe, excelle surtout dans l'art de peindre les situations théâtrales et de mettre les mots en musique. François-Adrien Boieldieu (1775-1834) sera fréquemment associé au mouvement de l'opéra-comique vers l'esthétique romantique (*La Dame blanche* en témoigne par son intrigue écossaise et son fantôme) ; mais celui-ci compose également d'excellents ouvrages comiques où Schumann voyait les chefs-d'œuvre du genre. Le sens aigu du rythme théâtral, la vivacité des dialogues chantés, la drôlerie des portraits; tout cela désigne un ancêtre direct de l'opérette, dans des partitions comme *Ma tante Aurore* (1803) ou *Les Voitures versées,* créées en 1808 à Saint-Pétersbourg : dans cette pièce qui commence par un accident de diligence, un châtelain voit débarquer chez lui un groupe de Gascons comportant notamment une vieille fille, un juriste et un chanteur d'opéra croqué sur le mode grotesque.

François-Adrien Boieldieu

L'opéra-comique selon Weber

« On donnera pour la première fois samedi prochain, 3 mai, Jean de Paris, opéra en deux actes, d'après le Français de Saint-Just, musique de Boieldieu. Le genre auquel appartient cet ouvrage a pris naissance il y a quelque dix ans en France, et de là s'est répandu en Allemagne. Il est frère du vaudeville et nous donne, comme ce dernier, la mesure de l'esprit aimable qui est propre à la nation française. La gaieté, l'entrain, la note folle y accompagnent des situations agréables : aussi le goût du public s'en montre-t-il si affriandé.

Tandis que l'idée donnée suffit à la fantaisie germanique pour l'exciter et la faire se répandre en flots mélodieux, et que les seuls mots amour, espoir, etc., suffisent le plus souvent pour atteindre ce but chez les Italiens, le propre de la musique française est de ne tirer sa valeur que du mot qu'elle traduit, attendu qu'elle est éminemment spirituelle par sa nature et sa nationalité.

Aux plus grands maîtres de l'art il appartient de tirer les éléments de leurs œuvres de l'esprit même des nations, de les assembler, de les fondre, et de les imposer au reste du monde. Dans le petit nombre de ceux-ci, Boieldieu est presque en droit de revendiquer le premier rang parmi les compositeurs qui vivent actuellement en France : ce qui place Boieldieu bien au-dessus de tous ses émules, c'est sa mélodie coulante et bien menée, le plan des morceaux séparés et le plan général, l'instrumentation excellente et soignée, toutes qualités qui désignent un maître et donnent droit de vie éternelle et de classicicité à son œuvre dans le royaume de l'art. »

Carl Maria von Weber, *Journal de Dresde* (1817)

Boieldieu par Schumann

« *Jean de Paris*, un OPÉRA de maître. Deux actes. Deux décors, deux heures de durée – tout parfaitement conçu. *Jean de Paris*, *Figaro* et *Le Barbier*, les premiers opéras-comiques du monde, quand ce ne serait que comme miroirs de la nationalité des compositeurs ! »

Robert Schumann, 1847

Dans le sillage de Boieldieu, Ferdinand Hérold (1791-1833) prolonge la veine comique de l'opéra français : en 1819, il compose une nouvelle musique sur le fameux livret des *Troqueurs*. Dans son plus grand succès, *Le Pré aux clercs* (1832), quelques pages brillantes, comme le duo des « rendez-vous », cultivent l'art si français de parler en musique. Chez Daniel François Esprit Auber (1782-1871), le sens de l'humour et la séduction immédiate sont également prédominants, même si le compositeur contribue à la naissance officielle du grand opéra historique et de ses pompes (*La Muette de Portici*, 1828). Toute sa vie, le compositeur privilégiera un répertoire plus léger hérité de la foire et de l'*opera buffa*, recourant parfois à la formule du «vaudeville» (qui fait alterner scènes théâtrales et pages chantées, sur des mélodies empruntées aux chansons populaires). Dès ses débuts, Auber s'est fait remarquer par une «comédie mêlée d'ariettes» : *L'Erreur d'un moment* (1805). Mais on lui doit également une «chinoiserie bouffonne» d'inspiration italienne, *Le Cheval de bronze* (1835), une brillante fantaisie italianisante, *Les Diamants de la couronne* (1841), sans parler de son célèbre *Fra Diavolo* (1830), bandit de fantaisie qui préfigure *Les Brigands* d'Offenbach. et inspirera un film de Laurel et Hardy. Dans certains ouvrages, Auber semble toutefois épouser, lui aussi, l'évolution générale de l'opéra-comique vers une inspiration plus tragique : sa *Manon Lescaut* (1856) ne se rattache au genre «comique» que par l'alternance de scènes chantées et de scènes parlées.

Wagner, admirateur d'Auber

«Cette institution nationale, où les diverses modifications, les changements si curieux du caractère et du goût français se sont manifestés avec le plus de clarté et de la manière la plus populaire, a été de tout temps le domaine exclusif des compositeurs français; c'est là qu'Auber a pu révéler le plus sûrement et le plus facilement toute la fécondité, toute la flexibilité de son talent. Sa musique, tout à la fois élégante et populaire, facile et précise, gracieuse et hardie, se laissant aller avec un sans-façon merveilleux à son caprice, avait toutes les qualités nécessaires pour s'emparer du goût du public et le dominer. Il s'empara de la chanson avec une vivacité spirituelle, en multiplia les rythmes à l'infini, et sut donner aux morceaux d'ensemble un entrain, une fraîcheur caractéristiques à peu près inconnus avant lui.»

Revue et Gazette musicale de Paris, 27 février 1842

Avec Adolphe Adam (1803-1856), nous arrivons enfin aux portes de l'opérette, dans un art qui mêle l'influence rossinienne (du moins celle du *Barbier de Séville*) et la tradition française héritée de Boieldieu. Un opéra-comique en un acte, comme *Le Toréador* (1849) tient nettement de l'*opera buffa* italien par son intrigue amoureuse à trois personnages : le mari acariâtre, la jeune femme et son prétendant recourant à diverses ruses; mais on n'est pas très loin non plus des farces de Molière. L'écriture musicale limpide et rythmée, riche en vocalises est italianisante; mais l'œuvre d'Adam – comme la future opérette – s'amuse des clichés de la musique

Costume pour *Le Cheval de bronze* d'Auber

elle même, dans le grand trio à variations sur *Ah vous dirai-je maman*. L'aspect stéréotypé des situations et des personnages est volontairement outré (surtout le vieux mari jaloux). Par ailleurs, chez Adam comme chez Auber – et plus nettement peut-être dans le bouffe français que dans le *buffa* italien – la musique est efficacement sous-tendue par des rythmes de danse. Renouant avec la tradition de Lully et Rameau, les musiciens légers du XIXe siècle – pour la plupart également compositeurs de ballets – truffent leurs partitions de toute sorte de valses, galops, marches, polkas. Ils préparent ainsi le terrain de l'opérette qui sera, par maints aspects, l'opéra de la danse. Rien d'étonnant à ce qu'Adam et Auber aient parrainé – comme on va le voir – les débuts d'Hervé et d'Offenbach.

Après 1850, toutes ces influences se retrouvent à des degrés divers dans les premières opérettes, sous forme d'imitation ou de détournement. L'opéra historique français (celui de Meyerbeer et d'Halévy) et l'opéra romantique italien (celui de Bellini, Donizetti, Verdi) fournissent la matière des parodies, par leurs stéréotypes dramatiques et musicaux. L'opéra-comique sert plutôt de modèle, dans ses registres tour à tour comiques et sentimentaux. On peut même considérer que l'opérette prend le relais de l'opéra-comique, au moment où celui-ci semble de plus en plus enclin à sacrifier sa propre légèreté au profit de formes dramatiques plus lourdes et d'un registre expressif plus sombre : ce sera le cas dans toute la seconde moitié du siècle, avec *Mignon*, *Manon* ou *Lakmé*, ou *Carmen* qui rapprochent l'opéra-comique de l'opéra à part entière – tandis que l'opérette reprend l'héritage du théâtre de la Foire. Toutes ces données sont fort bien résumées dans la fameuse déclaration d'Offenbach rédigée en 1856, telle une profession de foi du genre nouveau : « On peut suivre aisément la marche de l'opéra-comique depuis son origine jusqu'à nos jours. D'abord petit ruisseau aux eaux limpides, au frais rivage, il s'étend peu à peu, à mesure qu'il avance, jusqu'à devenir ce que nous voyons aujourd'hui, un large fleuve, roulant dans son vaste lit ses ondes imposantes... La cause en est plutôt dans les livrets qui, au lieu de rester gais, vifs, gracieux, se sont transformés en poèmes d'opéra, ont assombri leur couleur, distendu leur cadre et embrouillé la fable dramatique... Le théâtre des Bouffes-Parisiens veut essayer de ressusciter le genre primitif et vrai. Son titre lui-même lui en fait un devoir. Il s'est appliqué jusqu'à présent à y rester fidèle, mais il ne croit pas que là doivent se borner ses efforts. Sans prétention aucune, tout en restant dans une sphère modeste et limitée, il croit pouvoir rendre de grands services à l'art et aux artistes. C'est dans les esquisses musicales renouvelées de l'ancien opéra-comique, dans la farce qui a produit le théâtre de Cimarosa et des premiers maîtres italiens, qu'il a rencontré son succès : non seulement il entend y persévérer, mais il veut creuser ce "filon" inépuisable de la vieille gaîté française.»

chapitre 2

Le grand Jacques

Jacques Offenbach n'est pas exactement l'inventeur de l'opérette (on accorde généralement ce privilège à Hervé) ; il n'est sans doute pas le plus savant des compositeurs légers (Chabrier ou Messager paraissent plus sophistiqués dans leur harmonie ou leur orchestration...). Par son instinct musical et théâtral, il reste, pourtant, le centre et la référence du genre. Nul talent ne devait atteindre, comme le sien, une portée universelle. Son influence sur des générations de musiciens n'a d'égal que le succès continu de ses œuvres. Ses dons naturels, son originalité éclatante et son irrésistible efficacité offrent une parfaite illustration du « génie », comme moteur de l'histoire. Davantage que ses confrères, Offenbach a fait de son caractère artistique personnel le caractère de toute une époque.

Cultivés au cours d'un long apprentissage, ses dons frappent d'abord par leur merveilleuse organisation. Compositeur de théâtre, il reste étranger aux pures recherches musicales qui hantent ses contemporains à l'issue du romantisme ; mais il manie en virtuose les outils légués par la tradition avec un sens précis de son but, et déploie, à partir des usages du temps, un style toujours personnel. D'un bout à l'autre, son travail apparaît dirigé par l'instinct du spectacle – à commencer par le choix de ses librettistes et sa capacité à tirer le meilleur d'eux-mêmes. Le fait n'est pas si fréquent dans l'histoire musicale où maints opéras, et plus d'opérettes encore, se sont affadis par la faute de livrets désuets. La plupart des ouvrages d'Offenbach échappent à ce travers, tant sa musique donne vie au texte, comme Coppélius donne vie à la poupée Olympia. Une énergie quasi diabolique se déploie dans ses mélodies enivrantes et dans ses rythmes obsédants. Doté d'un tel pouvoir, Offenbach peut se permettre d'utiliser tous les ingrédients de l'art théâtral, et particulièrement ceux du comique qui est, pour lui, une seconde nature : calembours et jeux de mots (ils hantent ses œuvres comme toutes celles de l'époque), comique de répétition, sens de l'absurde, pastiche, parodie, satire des mœurs du temps, satire des mœurs humaines dans leur ensemble, détournement des grands thèmes légendaires ou historiques.

Ce prodigieux humour est rare, y compris chez les compositeurs d'opérettes – la plupart se cantonnant aux registres du comique charmant, du gag bon enfant. Les rares exemples comparables – dans le répertoire français – sont ceux d'Hervé et de Claude Terrasse. Mais Offenbach se distingue même de ces fins humoristes par le caractère *spécifiquement musical* de son génie comique : loin de plaquer le gag théâtral sur une musique plus ou moins conventionnelle, il crée un répertoire de procédés étranges, appliqués au langage chanté, et invente l'équivalent musical du sens de l'humour. Sans doute, le décalage d'Offenbach par rapport à la langue française (il conserva toute sa vie un fort accent teuton) explique pour une part cette fascination pour les mots, les syllabes, les phrases, que sa musique scande obstinément et fait danser au détriment du sens, voire contre le sens : déplacement des accents («Ces rois remplis de vaillance, *plis* de vaillance...» dans *La Belle Hélène*), jeu de sonorités sur les phonèmes («Les maris ré-cal-ci-trants» dans *La Périchole*), répétition inlassable d'une syllabe ou d'un mot («Original» dans *Madame l'Archiduc*) ; utilisation des onomatopées (imitation de la poule ou du cor de chasse dans les ensembles de *Geneviève de Brabant*) ; refrain grandiloquent basé sur une lapalissade ou une absurdité («il grandira car il est espagnol» dans *La Périchole*), application des schémas vocaux de l'opéra à une recette de cuisine (le trio des côtelettes dans *Pomme d'api*)...

Ses œuvres, pour autant, n'oublient jamais de laisser la place au charme ni à l'émotion, et parviennent aussi bien à nous enivrer de plaisirs purement musicaux. Pour cela, Offenbach possède deux qualités hors pair, même si ses trouvailles harmoniques ou orchestrales ne cherchent pas à balayer les conventions. Sa verve mélodique est spontanée, inépuisable, entêtante. L'élégante courbe mozartienne (qui lui valait, de la part de Rossini, le qualificatif de «petit Mozart des Champs-Élysées») se déploie à l'infini dans des refrains envoûtants, avec cette obstination un peu folle devenue l'archétype musical des ivresses impériales. De même, son génie rythmique est un véritable torrent sans équivalent dans l'histoire. Il s'empare de toutes les danses – polkas, polkas-mazurkas, valses, galops, tarentelles effrénées, saltarelles endiablées – pour faire de chaque acte d'opéra-bouffe un ballet gigantesque où se déhanchent les figures humaines.

Théâtral, humoristique, mélodique, rythmique, le caractère universel d'Offenbach ne devait pas échapper très longtemps à ses contemporains. Non seulement, il devint la coqueluche musicale de Paris ; mais son œuvre, reprise et pastichée dans le monde entier, quand il ne voyageait pas lui-même pour accompagner ses créations, sert de modèle et de point de départ à toutes les grandes écoles d'opérettes : depuis Vienne (avec

Brasseur (Ménélas) et Juliette Simon-Girard (Hélène) dans *La Belle Hélène* au théâtre des Variétés en 1900

JEUDI 4 MAI 1876. — N° 3. LE NUMÉRO : **10** CENTIMES

LE BACCHANAL

PARAISSANT LE JEUDI

DIRECTEUR ET RÉDACTEUR EN CHEF	ABONNEMENTS				RÉGIE EXCLUSIVE DE LA PUBLICITÉ
M. LÉON BIENVENU		UN AN	SIX MOIS	TROIS MOIS	M. VAVASSEUR
Bureaux : 43, boulevard de Strasbourg	**Paris**	6 »	3 50	2 »	**69 — Rue de Chabrol — 69**
PARIS	**Départements**	7 »	4 »	2 50	PARIS

OFFENBACH

Suppé ou Strauss) jusqu'à Londres (Gilbert et Sullivan) et New York où Offenbach, reçu triomphalement en 1876, devait laisser une empreinte profonde. Par la suite, tandis que l'opéra-bouffe offenbachien faisait place à d'autres modèles – l'opérette raffinée de Lecocq; l'opérette romantique de Franz Lehár – le compositeur de *La Périchole* devait réapparaître, au fil des générations, comme une source inaltérée de fraîcheur et la figure éternelle de l'humour en musique. Un apport plus profond qu'il n'y paraît, comme le constatait Frédéric Nietzsche lui-même, écrivant en 1888 à Peter Gast : «Dans chaque ouvrage, il crée quatre fois, cinq fois une situation d'une bouffonnerie des plus audacieuses, mais dans une forme de goût classique, absolument logique [...] les suites d'Offenbach ont quelque chose d'enchanteur et sont vraiment la seule chose que l'opéra ait faite jusqu'à présent en faveur de la poésie.»

Étapes d'une vie

Né à Cologne le 20 juin 1819, fils d'un musicien de synagogue originaire d'Offenbach, sur le Main, Jacob – qui deviendra Jacques en France – étudie très jeune le violon puis le violoncelle. Il débute avec son frère Julius et sa sœur Isabella dans des cabarets de la capitale rhénane. À l'âge de quatorze ans, son père le conduit à Paris – pôle d'attraction de la vie musicale européenne – et le présente à Cherubini, directeur du conservatoire. Après un bref passage dans l'établissement, Jacques fait ses débuts dans l'orchestre de l'Opéra-Comique; il y joue le répertoire auquel il se référera toute sa vie : Boieldieu, Hérold, Auber, Adam... Ce dernier encouragera d'ailleurs les débuts d'Offenbach, de même que Fromental Halévy avec lequel il étudie la composition.

Vers 1836, le jeune musicien signe des valses qui connaissent une certaine vogue dans les bals parisiens. Ayant quitté l'orchestre de l'Opéra-Comique, il se lance en 1838 dans la carrière de violoncelliste de salon. Le romantisme a mis les virtuoses à la mode; Offenbach conquiert rapidement une place enviable, se produisant en duo avec Anton Rubinstein ou Franz Liszt. Il écrit beaucoup de musique pour le violoncelle, ainsi que des romances et des mélodies – certaines au caractère théâtral déjà marqué, comme *Les Fables de la Fontaine* (1842). Son goût le porte en effet vers la scène. Reprenant la trame d'un vaudeville, il donne son premier ouvrage en un acte, *L'Alcôve*, lors d'un concert à l'Opéra-Comique, en 1847. Cette musique, bien accueillie, doit être reprise au Théâtre national dirigé par Adolphe Adam. La révolution de 1848 fait échouer le projet. Offenbach s'enfuit à Cologne : le futur persifleur de la société n'a rien d'un révolutionnaire. C'est au nom de l'humour et non de l'engagement qu'il accomplira ses charges salutaires!

Ci-contre : Offenbach part pour l'Amérique

De retour à Paris, Offenbach, âgé de trente ans, cherche encore sa voie. Nommé en 1850 chef d'orchestre du Théâtre-Français, il cultive dans la maison de Molière son goût de la comédie, compose plusieurs musiques de scène et pense toujours entreprendre des ouvrages pour l'Opéra-Comique. Mais, au même moment, d'autres événements agitent la vie musicale parisienne. Légèrement plus jeune qu'Offenbach, Florimond Rongé – dit Hervé – a fait représenter en 1847, au Théâtre national, *Don Quichotte et Sancho Pança*, une étonnante parodie musicale sous-titrée « tableau grotesque ». En 1853, il a recueilli un vif succès devant la cour avec *Les Folies dramatiques*, vaudeville musical en cinq actes qui tourne en dérision les poncifs lyriques du temps. À partir de 1854, le même Hervé produit, au théâtre des Folies-Concertantes, une série d'« excentricités musicales » en un acte, intitulées – entre autres – *Le Compositeur toqué*, *Les Turlutaines fantastiques*, *La Fine Fleur de l'Andalousie*... Le succès de ces spectacles comiques incite probablement Offenbach à s'engager dans la voie parodique, à laquelle il s'est exercé lui-même dans quelques duos-bouffes. Tout naturellement, c'est dans le théâtre dirigé par Hervé – rebaptisé Les Folies-Nouvelles – qu'il fait représenter, en juin 1855, *Oyayaye ou la Reine des îles*, une « anthropophagie musicale » qu'on peut considérer comme la première opérette offenbachienne.
Offenbach poursuit cependant un autre rêve : ouvrir son propre théâtre. Mais, comme Hervé, il doit se plier au système des privilèges qui codifie strictement les spectacles musicaux, afin de limiter toute concurrence envers l'Opéra et l'Opéra-Comique. À l'occasion de l'Exposition universelle de 1855, il obtient enfin l'autorisation d'ouvrir sur les Champs-Élysées un petit théâtre, réservé à des spectacles de « bon goût », qui est inauguré en grande pompe le 5 juillet. L'arrêté de la Préfecture de police ne parle pas d'opéra, mais simplement de « scènes comiques et musicales dialoguées à deux ou trois personnages ». C'est pourquoi, lors des premières saisons des Bouffes-Parisiens, Offenbach – comme Hervé – se limitera à la composition de pièces en miniature : un seul acte, deux ou trois chanteurs et un petit orchestre.
Ce premier pan de l'œuvre d'Offenbach n'est guère passé dans le répertoire courant – même s'il fait la joie des troupes d'amateurs. Il comporte pourtant quelques joyaux. Dans la trentaine d'ouvrages en un acte composés entre 1855 et la première d'*Orphée aux Enfers* (1858), la formule offenbachienne se révèle particulièrement décapante. Une jubilation cruelle éclate dès *Les Deux Aveugles* (1855), sur un livret de Jules Moinaux (1815-1896), le père de Georges Courteline. Dans cette « bouffonnerie musicale », deux faux aveugles se disputent la clientèle en chantant sur un pont de Paris. D'autres grands librettistes sont déjà

présents : Ludovic Halévy (1834-1908), neveu de Fromental Halévy et ami intime d'Offenbach, signe le livret de *Ba-ta-clan* (1855), extravagante chinoiserie qui s'ouvre sur un prologue en langue imaginaire et se poursuit en farce patriotique, où l'on découvre que tous les Chinois sont en réalité des Français; Hector Crémieux (1828-1892) signe *Le Violoneux* (1855), *Élodie ou le Forfait nocturne* (1856), *Le Savetier et le financier* (1856)... La diversité des registres est impressionnante : *Croquefer* ou *Le Dernier des paladins* (1857) pousse très loin la loufoquerie musicale, façon Hervé. Dans cette œuvre, Offenbach – qui vient d'obtenir un élargissement de son privilège – est autorisé à faire chanter quatre personnages; mais comme le livret de *Croquefer* en prévoit cinq, l'un d'entre eux s'exprime pendant toute la pièce au moyen de banderoles et, pour ne pas chanter, il aboie. À l'issue de cette aventure médiévale, tous les personnages sont envoyés à l'asile de Charenton; la partition parodie les grands opéras de l'époque : *La Juive* ou *Les Huguenots*. Mais Offenbach s'exerce également à des registres plus délicats, dans l'esprit de l'opéra-comique, lorsqu'il évoque les pastorales du XVIIIe siècle (*Les Bergers de Watteau,* 1856). Avant *La Fille de madame Angot* ou *Ciboulette,* il dépeint également le pittoresque parisien dans *Mesdames de la Halle* (1858) et compose une comédie bourgeoise dans *Un mari à la porte* (1859), nuit de noces au cours de laquelle surgit – par la cheminée – le compositeur d'opérettes Florestan Ducroquet.

Rapidement, le succès d'Offenbach dépasse celui d'Hervé. Même si le grain de folie du « compositeur toqué » reste inimitable, Offenbach possède les qualités qui manquent à son confrère : et d'abord cette dimension *purement musicale* de l'effet comique. Quand Hervé se contente parfois de superposer une musique bien faite et un texte excentrique, son rival combine les mots et les rythmes d'une façon plus inventive. Ses pastiches d'opéra sérieux sont irrésistibles, comme l'a montré René Leibowitz, parce qu'ils égalent souvent leurs modèles en y ajoutant le décalage humoristique. Offenbach, caméléon, maîtrise tous les secrets de l'opéra romantique italien (trio italien de *Monsieur Choufleuri*) ou du grand opéra historique. *Guillaume Tell* de Rossini sert de modèle au trio patriotique de *La Belle Hélène*; *Les Huguenots* de Meyerbeer à la Bénédiction des poignards dans *La Grande Duchesse.* Quand Hervé écrit lui-même ses livrets – mélanges de traits de génie et de farces déconcertantes – Offenbach pilote une équipe très professionnelle. Quand Hervé s'aventure dans l'extravagance totale, Offenbach injecte les traits de folie dans un théâtre bien construit et parfaitement intelligible. Un public diversifié qui va de la classe moyenne en pleine expansion à la haute société du second Empire trouve ainsi son humoriste d'élection.

Offenbach par Debussy

«Il est juste de se souvenir d'Offenbach, musicien dont le bizarre génie était un composé de haine particulière pour la musique et de transcendantale ironie... À l'époque où ce dernier commença d'écrire, la France musicale n'avait d'oreilles que pour le seul Meyerbeer; par ses dons d'ironiste, Offenbach fut peut-être le seul à entrevoir ce qu'il y avait de faux et de boursouflé dans cet art et, surtout, il sut découvrir le secret trésor de haute bouffonnerie qu'il contenait et l'exploita, on sait avec quel succès. Personne ne s'en aperçut, tant il était entendu que Meyerbeer représentait le grand art qui n'admet aucun sourire. Pourtant, le débranchement rythmique [?], l'effet comique qui consiste à détacher la syllabe d'un vers en la répétant éperdument se trouvent en puissance dans Meyerbeer. Que l'on compare plutôt la chanson calviniste des Huguenots, par laquelle sont célébrées les vertus guerrières de M. de Coligny, où de truculentes basses se gargarisent en répétant à tue-tête : "Vive Coligny!" au refrain, avec l'air d'entrée de Pâris au troisième acte de *La Belle Hélène*, et l'on trouvera l'occasion de singuliers rapprochements.
Pourquoi est-ce de la grande musique pour le premier cas, et de la musique bouffe dans le second? C'est une de ces classifications mystérieuses dont le hasard me paraît seul responsable.»

Claude Debussy, *Gil Blas*, 27 avril 1903

La réussite majeure d'Offenbach sera, toutefois, de dépasser ces fantaisies musicales en un acte pour créer un opéra bouffon de vastes dimensions, tel un équivalent comique du grand opéra. Pendant plusieurs années, le compositeur a forgé sa technique de la parodie en miniature. Lorsqu'en 1858, la censure supprime enfin toute limitation du nombre d'actes et de personnages, il s'attaque à la grande forme, et ravive l'héritage du *Platée* de Rameau. Le signal est donné le 21 octobre 1858 aux Bouffes-Parisiens, désormais installés passage Choiseul. La première d'*Orphée aux enfers*, «opéra bouffon» en deux actes, s'ouvre par un irrésistible discours sur l'amour et la haine de la musique, dans le duo d'Orphée et Eurydice. Le rôle de Jupiter est tenu par l'exubérant Désiré (1832-1873), de son vrai nom Amable Désiré Courtecuisse (comédien autant que chanteur, il a créé la plupart des grands rôles bouffons d'Offenbach). Au cours des années suivantes, la formule fait mouche dans *Geneviève de Brabant* (1859), chef-d'œuvre surréaliste avant l'heure où l'armée de Charles Martel s'en va pour les croisades... en prenant le train à la gare du Nord. *Le Pont des soupirs* (1861) s'empare des lieux communs de l'opéra italien et du décor vénitien, culminant dans un grand air de la folie. Après ces œuvres en deux actes, la formule atteint son apogée dans les opéras-bouffes en trois actes composés, à partir de 1864, en collaboration avec Meilhac et Halévy : *La Belle Hélène* (Variétés, 1864), *Barbe Bleue* (Variétés, 1866), *La Vie parisienne*

THÉÂTRE DE LA GAITÉ
Les BRIGANDS
OPÉRA-BOUFFE
en 4 Actes
Paroles de
M.M.
H. MEILHAC & L. HALÉVY
Musique de M. J. OFFENBACH

(Palais-Royal, 1866), *La Grande Duchesse de Gérolstein* (Variétés, 1867), *La Périchole* (Variétés, 1868), *Les Brigands* (Variétés, 1869). Cette série d'œuvres triomphales, emblématiques du second Empire, est parfois réunie sous l'appellation d'Offenbachiade. La plupart des premiers rôles féminins sont créés par Hortense Schneider (1833-1920), associée à Offenbach depuis les débuts des Bouffes-Parisiens et qui prendra des allures de souveraine (merveilleusement suggérées par Yvonne Printemps dans *La Valse de Paris*), avec le triomphe de *La Grande Duchesse de Gérolstein* pendant l'exposition universelle de 1867; mais il ne faut pas non plus oublier Zulma Bouffar (1843-1909), grande interprète – et maîtresse – d'Offenbach qui crée Gabrielle dans *La Vie parisienne* et Fragoletto dans *Les Brigands*.

On peut tenter de caractériser les traits principaux de l'opéra-bouffe offenbachien, tel qu'il s'impose durant cet âge d'or. Musicalement, l'architecture et l'orchestration de ces ouvrages, créés pour la plupart dans le vaste théâtre des Variétés, adoptent les dimensions de l'opéra. Chaque partition parcourt les divers rythmes de danse à la mode (morceaux en forme de valse, de polka, de mazurka, de galop, de saltarelle...) et toute la palette dramatico-musicale (airs, duos, ensembles, chœurs...), sans négliger quelques mélodies simplement charmantes. Les morceaux se succèdent par numéros, l'humour imprégnant les ensembles parodiques, mais aussi parfois une simple chanson («Tu n'es pas beau», dans *La Périchole*), tandis que d'autres morceaux semblent conçus pour le seul plaisir musical («L'amour est une échelle immense», dans *La Vie parisienne*). Même les pastiches ou les ensembles bouffons servent parfois de prétexte à la création d'une vraie danse symphonique joliment colorée : tel le «chœur des policemen» d'*Orphée aux enfers*. Ainsi – pour prendre l'exemple de *La Belle Hélène* – trouve-t-on successivement dans la même partition : un chœur d'opéra plein de ferveur («Amours divins»), une plaisanterie mythologique en forme de valse légère (l'air de Pâris), un grand chœur ridicule avec jeux syllabiques (l'entrée des rois); une parodie de bel canto (l'air de la pomme), un chœur obsessionnel en rythme de galop («Pars pour la Crète»), une polka chantée (les couplets d'Hélène), un grand duo lyrique valsé (le duo d'Hélène et de Pâris), une saltarelle effrénée (les couplets d'Oreste), un trio comique pastichant Guillaume Tell (le «trio patriotique»), etc.

Théâtralement, les grandes œuvres de l'Offenbachiade sont principalement fondées sur la satire sociale : satire des affaires, de la vie amoureuse, du pouvoir, de l'armée, nourrie de multiples références à la France du second Empire. Mais cette satire trop directe est elle-même transposée dans des tableaux qui donnent également l'illusion de profaner joyeusement l'Histoire, les légendes ou la géographie. À première vue, Offenbach et ses librettistes s'attaquent donc à la mythologie grecque (*Orphée aux*

Ci-contre:
Hortense Schneider
en Grande Duchesse
de Gérolstein

enfers, *La Belle Hélène*), à l'histoire de France (*Geneviève de Brabant*), à l'imagerie romantique (*Les Brigands*), aux cours austro-allemandes (*La Grande Duchesse de Gérolstein*) ou aux colonies hispano-américaines (*La Périchole*). Mais le plus souvent, dans ces jeux de miroirs, on se demande qui se moque de qui. Est-ce la France de 1860 qui ridiculise l'*Iliade* ou la noblesse ibérique (l'Empire ayant fort à faire avec l'Espagne depuis le mariage de l'Empereur avec Eugénie)? Ou bien sont-ce Homère et les pseudo-Espagnols qui persiflent – à travers Offenbach – la cour impériale et les nouveaux riches? La dérision générale et les innombrables sous-entendus permettent à chacun de s'en sortir indemne. Il est plus rare qu'Offenbach choisisse de parodier directement la vie française moderne, comme il le fait dans *La Vie parisienne*.

Les livrets, très soignés, doivent sans doute beaucoup de leur éclat au talent de Ludovic Halévy, bientôt rejoint par Henri Meilhac (1831-1897), un ancien employé de librairie devenu auteur de vaudevilles à succès. Désormais indissociables, ces deux éminents boulevardiers se retrouveront plus tard à l'Académie française (on leur doit aussi le livret de *Carmen*, et c'est encore d'une pièce de Meilhac que sera tirée *La Veuve joyeuse*). La conception des œuvres également est néanmoins dirigée par Offenbach. Décrivant le travail du musicien avec ses auteurs, Robert Pourvoyeur insiste sur l'influence prédominante et même totale du compositeur : « Il ressort de sa correspondance qu'il impose ses vues non seulement quant à la structure dramatique, mais aussi quant au texte lui-même, décidant des rythmes et dictant le contenu des vers à écrire... » La magistrale biographie de Jean-Claude Yon, en 2000, ne fera que confirmer cette vision d'un Offenbach contrôlant chacune de ses créations de A jusqu'à Z.

Richard Strauss et Offenbach

« Mon cher Hofmannsthal,

Riez, riez donc : je sais exactement ce que je veux. Quand vous aurez entendu le nouveau prologue, vous me comprendrez et vous verrez que je suis très doué pour l'opérette – et comme ma veine tragique est plutôt épuisée et qu'il me semble pour l'instant assez bête et puéril de montrer du tragique au théâtre après cette guerre, je voudrais activer ce talent indomptable (ne suis-je pas désormais le seul compositeur possédant de l'humour, de l'esprit et un vrai talent pour la parodie ?). Eh oui, je me sens la vocation de devenir l'Offenbach du XXe siècle, et vous serez mon poète et devez l'être. Hélène et Orphée d'Offenbach ont raillé jusqu'à les rendre absurdes les ridicules du « grand opéra ». Ce que je demande, quand je vous bouscule avec mes idées fantaisistes que vous prenez si mal, c'est une parodie politico-satirique virulente.»

Richard Strauss, 5 juin 1916

Les opéras-bouffes qui ont assuré la gloire d'Offenbach ne donnent toutefois qu'une vision limitée de l'activité du musicien à cette époque. Outre les titres évoqués plus haut, d'autres ouvrages n'ont pas connu la même postérité. Meilhac et Halévy signent le livret du *Château à Toto* (Palais-Royal, 1868), et ses délicieux couplets du « Facteur rural », un personnage de Jacques Tati avant l'heure. Halévy et Crémieux écrivent à quatre mains *Le Roman comique* (1861). Jules Moinaux retrouve Offenbach dans *Le Voyage de MM. Dunanan père et fils* (Bouffes-Parisiens, 1862), l'histoire de deux provinciaux qui débarquent à Paris, persuadés d'être à Venise ; puis dans *Les Géorgiennes* (1864). Charles Nuitter et Étienne Tréfeu donnent *Coscoletto* (1865) et *La Princesse de Trébizonde* (Bouffes-Parisiens, 1869) – autre joyau méconnu où l'on entend, parmi beaucoup d'autres, un grand air du mal de dents. D'autre part, si l'opéra bouffe en trois actes constitue sans doute la création la plus personnelle d'Offenbach, le musicien, même durant cette période glorieuse, continue à explorer d'autres registres. Entre deux grandes œuvres, il compose généralement plusieurs pièces en un acte, souvent créées l'été dans la station thermale allemande de Bad Ems, et qui montrent une maîtrise toujours plus affirmée.

Évoquons spécialement *Monsieur Choufleuri restera chez lui le*... (Bouffes-Parisiens, 1861), qui reprend le modèle de l'*opera buffa* à trois personnages – le père autoritaire, la fille et le prétendant. Sur un livret du duc de Morny, demi-frère de l'empereur et protecteur d'Offenbach (qui adopte pour la circonstance le pseudonyme de Saint-Rémy), *Monsieur Choufleuri* s'achève par une extraordinaire parodie d'opéra italien, dont les paroles mélangent le parisien italianisé (« Batignollas », « Montmartro », « Odeone ») et les noms de compositeurs (« Rossini », « Bellini », rimant avec « Auberi », « Wagnerini » ou « Poniatowski »). Une avalanche de clichés dramatiques (« Padre crudele », « Maledictione ») permet à Offenbach de dynamiter les recettes du lamento bellinien ou de la folie donizettienne. D'autres pièces passent en revue les scénarios les plus variés. Dans *Lischen et Fritzschen* (Bad Ems, 1863), histoire de deux Alsaciens, on trouve en germe le duo de la gantière et du bottier de *La Vie parisienne*. Dans *L'Île de Tulipatan* (Bouffes-Parisiens, 1868), pièce très réussie d'Henri Chivot (1830-1897) et Alfred Duru (1829-1889), un jeune homme joué par une fille et une jeune fille jouée par un homme proposent un scénario *transgenre* avant l'heure.

Plus négligées encore, de nos jours, maintes compositions d'Offenbach s'aventurent hors du registre bouffon et apportent leur contribution au répertoire d'opéra-comique, dans ses aspects plus tendres, expressifs, voire sombres ou fantastiques. Le compositeur n'a pas attendu pour cela *Les Contes d'Hoffmann*. La délicate *Chanson de Fortunio* (Bouffes-Parisiens, 1861), d'après *Le Chandelier* de Musset qui allait inspirer plus tard Messager, était de toutes ses œuvres celle qu'il préférait. D'autres compositions non bouffonnes sont représentées à l'Opéra-Comique du vivant d'Offenbach : *Barkouf* (1860), *Robinson Crusoé* (1867), *Vert Vert* (1869). Fort de son succès international, le compositeur donne également hors de France : *Les Bavards* (Bad Ems, 1862) et surtout *Die Rheinnixen* (Vienne, 1864), opéra romantique récemment redécouvert et enregistré en France grâce aux soins de Jean-Christophe Keck... Sans doute, dans ces ouvrages, Offenbach peut-il sembler moins immédiatement original que dans ses opéras-bouffes; mais son sens poétique excelle dans les climats mystérieux et le génie mélodique transfigure certaines pages, comme cette barcarolle qu'il reprendra ultérieurement dans *Les Contes d'Hoffmann*.

Après l'Empire

On a souvent représenté la gloire d'Offenbach déclinant après la guerre de 1870, comme s'il n'avait été que «le musicien du second Empire». Cette vision est pour le moins approximative. Certes, la défaite de 1871 donne le signal aux attaques blessantes, voire insultantes : aux yeux de certains, Offenbach, natif d'Allemagne, aurait été le «pervertisseur» de la nation française. Très rapidement pourtant, le musicien naturalisé français depuis 1860 revient au centre de la vie parisienne; et ces mêmes qualités qu'il a immortalisées sous l'Empire – sens de l'humour, persiflage, esprit de la danse... – lui vaudront sous la République une décennie de nouveaux succès.

En 1873, il donne un chef-d'œuvre en un acte avec *Pomme d'api* (Renaissance), sur un livret d'Halévy et William Busnach, incluant le fameux trio des côtelettes et une ode à la débauche : «J'en prendrai un, deux, trois...» L'année suivante, sur un livret d'Albert Millaud (1844-1892), il donne *Madame l'Archiduc*, opéra bouffe en trois actes représenté plus de cent fois aux Bouffes-Parisiens, traduit dans de nombreuses langues et régulièrement joué jusqu'à la Seconde Guerre mondiale (on y trouve quelques loufoqueries dignes de l'Offenbachiade, notamment le personnage de l'Archiduc «original», un double masculin de la Grande

Orphée aux enfers en 1874, costume de mouche

Duchesse). En 1875, Meilhac et Halévy signent un autre opéra bouffe : *La boulangère a des écus* (Variétés). Avec Crémieux et Halévy, Offenbach présente au grand théâtre de la Gaîté une version augmentée d'*Orphée aux enfers* (1874), véritable « grand spectacle » en trois actes interprété sous par 120 choristes, 100 musiciens et 68 danseuses. Il transforme également *Geneviève de Brabant* en opéra-féerie – même si, pour cette œuvre comme pour *Orphée*, on peut préférer le ton plus incisif de la version initiale en deux actes. Enfin, le style bouffe est toujours à son sommet dans *Maître Péronilla* sur un livret du compositeur lui-même (Bouffes-Parisiens, 1878).

Orphée aux enfers, en 1874 costume de Jaune

Sous la IIIe République, le goût du public connaît toutefois certains changements. L'esprit d'Offenbach collait spontanément à la société de Napoléon III, avec son expansion industrielle et ses nouveaux riches, auxquels il renvoyait un miroir excentrique. Désormais, les faux aristocrates cèdent la première place à une bourgeoise plus puritaine ; la bouffonnerie paraît déplacée, après les événements de 1870-1871 et le répertoire d'opérette s'en ressent. Le succès de Lecocq et de sa *Fille de madame Angot* marque l'avènement d'un genre historique, élégant dans ses tableaux d'époque – auquel Offenbach contribue lui-même dans plusieurs ouvrages présentés au théâtre des Folies-Dramatiques : des évocations de l'ancien Opéra-Comique comme *La Foire Saint-Laurent* (1877) ou *Madame Favart* (joué plus de cent fois en 1879), en attendant la patriotique *Fille du tambour-major,* immense succès en 1879 avec 253 représentations successives aux Folies-Dramatiques (créatrice du rôle de Stella, la jeune Juliette Simon-Girard mourra centenaire en 1959). Le compositeur cultive également la demi-teinte dans *La Jolie Parfumeuse* (Renaissance, 1873) sur un livret de Crémieux et Ernest Blum (1836-1905), l'auteur des *Mémoires de Rigolboche.*

Cette époque est également marquée par la vogue de l'opérette exotique et coloniale – *La Créole* (1875), puis *La Marocaine* (1879) – et surtout celle de l'opérette fantastique, dont Offenbach se fait le champion

Louise Théo
dans *La Jolie Parfumeuse*

dans des œuvres aux dimensions colossales présentées à la Gaîté. C'est d'abord *Le Roi Carotte* (1872), extravagant opéra bouffe féerie en quatre actes sur un livret de Victorien Sardou d'après Hoffmann, où débute Anna Judic (1849-1911), nouvelle diva offenbachienne et femme du librettiste Albert Millaud. L'œuvre comprend notamment une « Romance de la rosée », une « Marche des insectes » et un « Cortège des légumes ». Vient ensuite *Le Voyage dans la lune* (1875), opéra-féerie en quatre actes et vingt-trois tableaux sur un livret de Leterrier et Vanloo, incluant un « Ballet des flocons de neige » ; car il neige beaucoup sur la lune. L'ouvrage est sans rapport direct avec le roman de Jules Verne, contrairement au *Docteur Ox* (1876), opéra bouffe tiré d'une nouvelle de l'écrivain qui décrit une ville en proie à la folie sous l'effet d'un gaz hilarant. Chacune de ces partitions recèle de vraies beautés et elles mériteraient mieux que l'indifférence. Seuls, les ultimes *Contes d'Hoffmann* ont pourtant survécu de cette période, comme une antithèse des opéras-bouffes du second Empire. Une fausse légende reste même attachée à ce chef-d'œuvre inachevé : toute sa vie, Offenbach aurait aspiré à entrer à l'Opéra-Comique, pour y parvenir seulement sur son lit de mort. Comme on l'a vu, il s'est produit régulièrement salle Favart ; mais le cliché court encore et masque une réalité plus fascinante : cette prodigieuse énergie, cette vitalité et ce talent inépuisable qui auront permis au compositeur, pendant vingt-cinq ans, de produire dans les genres les plus divers, en développant ses dons au lieu de les épuiser, jusqu'à sa toute dernière opérette – *Belle Lurette*, orchestrée par Léo Delibes et créée peu après la mort du compositeur au théâtre de la Renaissance. On y retrouve l'artiste aussi à son aise dans les joyeux couplets de la statistique que dans le tendre et mélancolique air des Chandelles qui semble nous faire entendre son adieu au théâtre.

Incarnation de l'esprit de fantaisie, Offenbach a suscité pour cette raison l'admiration et le mépris. Les innombrables réactions à son œuvre dessinent une véritable carte du goût artistique. D'un côté, ceux qui mesurent d'abord l'art musical en terme d'élaboration harmonique (la grande question européenne, de Monteverdi à Schönberg) peinent à appréhender la spécificité de l'art offenbachien, faute d'en percevoir le génie théâtral, les jeux de langage transfigurés en jeux musicaux, l'étonnante verve mélodique et rythmique... S'y sont ajoutés, par le passé, quelques relents d'antisémitisme, ajoutés à l'accusation puritaine d'avoir «perverti» la nation française, tellement insouciante avant la défaite de 1870. Un quart de siècle après la mort du compositeur, le critique Willy écrivait, non sans bassesse : «En fredonnant les airs d'Offenbach, tout un peuple s'est créé involontairement une conscience musicale étriquée... C'est grâce à ce youpin néfaste que l'oreille contemporaine s'est lentement faussée au point de ne trouver mélodiques que les phrases de quadrilles et de déclarer incompréhensibles tous les rythmes qui ne tournent pas sur eux-mêmes en un cercle éternellement maudit.»

Plus nuancé, Debussy reconnaît chez Offenbach un «bizarre génie, composé de haine particulière pour la musique et de transcendantale ironie». Mais l'œuvre d'Offenbach trouve également des appuis enthousiastes chez les plus grands compositeurs : Chabrier, Ravel, Richard Strauss ou Chostakovitch. Sans oublier ces esprits érudits de la musique «légère» qui, tel Reynaldo Hahn, ne cacheront jamais leur fascination pour ce père fondateur, capable de «faire danser les chaises». Ce génie enchante également les philosophes, comme Nietszche, et les poètes surréalistes. André Breton, quoique peu féru de musique, vouait une admiration particulière à ce génie déconstructeur, maître du renversement et de l'absurde. Au second versant du XXe siècle, un René Leibowitz, disciple de Schönberg, propagateur en France du dodécaphonisme – dont les adeptes ne se montreront guère portés vers la musique de divertissement – devait écrire, lui aussi, de belles pages sur Offenbach, dans lesquelles il analyse la spécificité de son génie et son art de «déguiser» le grand opéra (Leibowitz a enregistré, en tant que chef d'orchestre, une version de *La Belle Hélène*).

Dans l'histoire de l'opérette, Jacques Offenbach reste à la fois le compositeur le plus choyé et un méconnu parmi les autres. Le plus choyé, parce que ses grandes œuvres – depuis les années 1860 jusqu'à nos jours – ont toujours offert au directeur de théâtre le plus sûr moyen de remplir une salle et de divertir son public (ce succès, loin de se limiter à la France, est plus frappant encore outre-Rhin, où ses œuvres reviennent continuellement à l'affiche). Mais un méconnu, en raison de la limitation persistante du répertoire offenbachien à une demi-douzaine d'œuvres : *Les Contes d'Hoffmann*, *La Vie parisienne*, *La Belle Hélène*, *Orphée aux enfers*, *La Grande Duchesse de Gérolstein*, *La Périchole* et *Les Brigands*. On déplore de n'entendre presque jamais *Barbe Bleue*, *Geneviève de Brabant*, *Le Château à Toto*, *Le Roi Carotte*, *Madame l'Archiduc* ou *Madame Favart* – sans parler de l'inépuisable fonds d'opérettes en un acte, ni de toutes ces incursions dans le registre fantastique ou romantique... Autant de manques par lesquels Offenbach connaît un sort comparable à celui de ses confrères moins illustres et attend toujours son heure.

chapitre 3

Le compositeur toqué

Un an avant Offenbach, il créait le premier théâtre d'opérette. Plus loin qu'Offenbach, il a poussé – sur la scène des Folies-Concertantes – la bouffonnerie jusqu'au point d'incandescence. Avec plusieurs décennies d'avance, ses œuvres semblent annoncer les «arts incohérents» de la fin du XIXe siècle, l'esprit d'Alphonse Allais ou d'Alfred Jarry. Artiste complet – tout à la fois librettiste, compositeur, chanteur, acteur, chef d'orchestre – il a combiné tous ces talents pour créer une œuvre totale. Outre la loufoquerie des textes, ses contemporains admiraient, dans ses meilleures opérettes, une qualité d'écriture musicale, une finesse d'orchestration inhabituelle dans la musique de divertissement. L'activité de ce Parisien constitue également un chapitre de l'histoire urbaine, indissociable de ce «boulevard du crime» (l'actuel boulevard du Temple) où se mêlaient les classes sociales autour des cafés et des théâtres, entre le «Cirque olympique», les «Funambules» et les «Délassements comiques». Hervé n'en fut pas moins, comme Offenbach, un artiste international; et si le premier triompha à Vienne, le second devint un musicien chéri du public londonien – au point même d'acquérir la citoyenneté anglaise, et de s'attirer la sympathie du très francophile prince de Galles (futur Édouard VII). Aujourd'hui, tandis qu'Offenbach jouit d'une gloire inaltérée à travers quelques œuvres, Hervé, quasiment oublié, absent de la production lyrique et discographique, continue cependant à fasciner les historiens comme un artiste unique, un défricheur dont Wagner se souviendrait plus tard : «Un musicien français m'a étonné, charmé, subjugué : ce musicien, c'est Hervé.»

Hervé, de son vrai nom Florimond Rongé, est né en 1825 à Houdain, dans le Pas-de-Calais. Il était le fils d'une Espagnole installée en France; d'où probablement les innombrables allusions ibériques dans sa musique, de *Don Quichotte et Sancho Pança* aux *Toréadors de Grenade*, en passant par *La Fine Fleur de l'Andalousie* (la nationalité de l'impératrice Eugénie n'est pas non plus étrangère à cette obsession de l'Espagne, également présente chez Offenbach). Après la mort précoce de son père gendarme – la gendarmerie apparaît également dans ses livrets –, le jeune Hervé suit madame Rongé à Paris; il apprend la musique, le chant, l'orgue à la paroisse Saint-Roch, et montre assez de talent pour que son professeur le présente à Auber. En quelques leçons, le glorieux maître de l'opéra-comique initie Hervé aux rudiments de la composition. Engagé en 1840 comme organiste à la paroisse de Bicêtre, aux portes de Paris, Florimond s'installe avec sa mère dans des locaux qui bordent l'asile d'aliénés. Âgé de quinze ans, le jeune homme décide alors de créer une classe de musique pour les fous et de monter avec eux de petits spectacles. Soutenu par quelques médecins, il donne une première représentation sur le texte d'un vaudeville à la mode (*L'Ours et le Pacha*) : initiative qui anticipe simultanément la folie de l'opérette et le sérieux de la musicothérapie.

En 1845, le jeune Florimond Rongé devient organiste à Saint-Eustache. Comme beaucoup de compositeurs d'opérette (Messager, Audran, Terrasse...), il va mener pendant plusieurs années une double vie : le jour, il gagne son pain en accompagnant les cantiques ; le soir, il rêve de faire fortune et accomplit ses débuts d'acteur-chanteur, doté d'une belle voix de ténor, sur les petites scènes du boulevard. Peu à peu, sa vocation se précise : composer, produire, jouer des spectacles. Et, rapidement, son instinct le conduit vers un genre inédit de théâtre musical qui constituera le germe de l'opérette ; un art défini par Hervé lui-même comme « loufoque, burlesque, échevelé, endiablé, cocasse, hilare, saugrenu, catapulteux ». Principal obstacle : les règles de la censure limitent strictement le nombre de protagonistes et la pratique du chant au théâtre, hors des salles officielles d'art lyrique. La plupart des théâtres musicaux populaires se limitent donc à un répertoire stéréotypé de « saynètes », « pantomimes » et autres « vaudevilles », où les numéros scéniques sont entrecoupées par des refrains connus, inlassablement repris d'une œuvre à l'autre. La première idée d'Hervé (nom de scène choisi par Florimond Rongé) consistera donc à composer pour ces vaudevilles des musiques entièrement nouvelles ; la seconde sera d'écrire lui-même des livrets, parodiant les sujets habituels de la littérature, du théâtre et de l'opéra. Le premier, en 1847, est intitulé *Don Quichotte et Sancho Pança*, « tableau grotesque ». Le compositeur chante lui-même le rôle du chevalier à la Triste Figure, tandis que son acolyte, Courtecuisse (le futur interprète d'Offenbach), incarne Sancho Pança. Le spectacle obtient un vif succès et sera repris l'année suivante par Adolphe Adam, sur la scène de l'éphémère Opéra national. *Don Quichotte* ne présente qu'un modeste intérêt musical ; mais Hervé a réussi un coup d'essai qui préfigure le genre nouveau. Durant les années suivantes, le jeune musicien, toujours organiste de Saint-Eustache, semble toutefois hésiter. Il s'essaie à l'opéra-comique avant de revenir à la parodie dans *Roméo et Mariette* (1852). L'œuvre la plus marquante de cette gestation est donnée, en 1853, au théâtre du Palais-Royal sous le titre *Les Folies dramatiques.* Dans ce « vaudeville musical » en cinq actes, Hervé perfectionne l'inspiration de *Don Quichotte.* Après un premier acte intitulé « comédie presque en vers », son livret ridiculise le snobisme du temps, particulièrement la vogue de l'opéra italien dont les clichés musicaux sont parodiés dans la partition. Le duc de Morny – tout puissant demi-frère de l'empereur, qui sera aussi l'un des protecteurs d'Offenbach – fait donner le spectacle aux Tuileries, le 2 mars 1853 : date qu'on peut retenir comme le véritable baptême de l'opérette.

Fort de ce succès, Hervé va passer les années suivantes à décliner toutes les possibilités de la parodie, grâce à son imagination débridée. Il ouvre un petit théâtre sur le boulevard du Temple, haut lieu des cabaretiers, funambules et

HERVÉ, COMPOSITEUR-AUTEUR-ACTEUR, ETC., ETC., PAR GILL.
Rôle de CHILPÉRIC aux Folies-Dramatiques.
ROUTE DE BICETRE
FOLIES DRAMATIQUES
Gill

bateleurs – qui sera en grande partie détruit par les travaux d'Haussmann et reconstitué pour le cinéma dans *Les Enfants du paradis*. Inaugurées en 1854, les Folies-Concertantes sont rebaptisées Folies-Nouvelles dès la saison suivante. Cette salle (qui existe toujours sous le nom de théâtre Dejazet) est alors décrite par Albéric Second comme « le chef lieu de l'extravagance, la capitale de l'éclat de rire sans raison d'être ». Toujours soumis à la réglementation des théâtres, Hervé y donne d'innombrables pièces en un acte jouées par deux personnages : lui-même et son complice, le corpulent Joseph Kelm qui tient généralement les rôles féminins. C'est une avalanche de « pantomimes », « bouffonneries », « excentricités », « pochades » et autres « folies musicales »... Le compositeur qui vient d'abandonner l'orgue de Saint-Eustache signe une vingtaine d'ouvrages par an. L'écriture de ces opéras-miniatures – sans doute un peu hâtive – recourt abondamment au pastiche d'opéra sérieux ; mais les livrets possèdent un vrai grain de folie, tel celui du *Compositeur toqué* (1854), surnom qui restera à Hervé. Le héros de cette bouffonnerie – sorte de Franz Liszt échevelé – compose une symphonie à programme totalement délirante, interprétée en duo avec son valet. Parmi les meilleures œuvres de cette période, figure également *La Fine Fleur de l'Andalousie* (1854), excentricité musicale dans laquelle Joseph Kelm joue le rôle d'une Espagnole obèse, Dona Teresita de l'Andouillas. En 1855, dans *Un drame en 1779* (la censure a interdit le titre, *Un drame en 1789* – on ne plaisante pas avec la Révolution !), Hervé s'accommode des restrictions administratives en jouant trois personnages différents, tandis que la mise en scène prévoit également un cadavre dont le rôle est chanté par le trou du souffleur. En 1856, *Fifi et Nini* porte le sous-titre d'« à propos carnavalesque » et *Le Prince infortuné* celui de « cascade pantomimique ». *Phosphorus*, l'année suivante, est qualifié de « charge chimique allemande ».

Après quelques saisons flamboyantes, la carrière d'Hervé va subir, pendant plusieurs années, un certain ralentissement. Jacques Offenbach qui s'est lancé en 1855 aux Folies-Nouvelles, à l'invitation d'Hervé, prend vite la première place au jeune royaume de l'opérette. Son extraordinaire professionnalisme donne aux bouffonneries un cadre plus maîtrisé et une forme plus élaborée, spécialement dans l'écriture des parodies (si l'invention théâtrale d'Hervé est incomparable, son bagage de compositeur est moins solide et son style musical moins personnel). Les deux créateurs de l'opérette finissent d'ailleurs par se brouiller. Hervé connaît en outre quelques démêlés avec la police des mœurs qui l'obligent à s'effacer quelque temps ; mais il retrouve bientôt une intense activité de chef d'orchestre dans les cafés-concerts parisiens, avant d'être invité au grand théâtre du Caire. Il compose alors quantité de chansons, puis de nouvelles pièces en un acte qui préfigurent les sujets de l'opéra-bouffe : la fausse-tragédie antique fait son apparition dans *Le Retour d'Ulysse* (1862) ou *Le Joueur de flûte* (avril 1864,

Ci-contre :
Hervé vu par Gill
dans *L'Éclipse*,
8 novembre 1868

six mois avant *La Belle Hélène*). Entre-temps, Hervé a rencontré Wagner, à Paris pour *Tannhäuser*, et – si l'on en croit les témoins – sympathisé avec le maître au cours d'un dîner. Il semble aussi que le compositeur allemand ait mal supporté de se voir ridiculisé par Offenbach dans *La Tyrolienne de l'avenir* (1860) ; ce qui l'inclinait à désigner Hervé comme le roi de Paris. Un critique du *Figaro*, Edmond Tarbé, croit bon d'ajouter : « Étant son propre librettiste comme Wagner, Hervé est comme lui un incompris. »

Richard Wagner rencontre Hervé

« "Qui est ce monsieur ? fit Wagner, interrogeant à voix très basse son voisin de droite.
– C'est un musicien qui n'est pas sans talent, Florimond Ronger, organiste à Saint-Eustache.
– Ah ! dit Wagner indifférent, tandis que son voisin de gauche lui glissait à l'oreille :
– Vous ne connaissez pas Hervé, celui qu'on appelle familièrement le "compositeur toqué" ? C'est un personnage étonnant, chef d'orchestre au théâtre du Palais-Royal.
– C'est parfaitement exact. Florimond Ronger l'organiste et Hervé le chef d'orchestre sont une seule et même personne. Organiste le jour, il exécute les requiems obligatoires et funèbres ; chef d'orchestre le soir, il dirige les flonflons et les compose, au besoin... C'est un personnage étrange !
Étrange, en effet, il n'y a qu'à Paris où on peut en trouver de pareils. Il a bien des cordes pour un seul violon. »
[...] Fort avant dans la nuit, les pipes succédèrent aux pipes, les bocks succédèrent aux bocks et la conversation reprit de plus belle.
Hervé, qui avait gagné le piano fermé et silencieux, l'ouvrit, sur l'invitation de la maîtresse de maison, et frappa quelques accords ; alors on fit silence et de sa voix dolente, mais si finement expressive, il entama la gigantesque série de ses folies musicales, et ce fut tour à tour *La Perle de l'Andalousie*, *Le Compositeur toqué*, l'adorable rondeau de *La Polonaise et l'hirondelle*... Que sais-je encore ?
Wagner fut d'abord comme saisi par cette exubérance qui avait, pour lui, le caractère de la folie. Il était resté grave et silencieux, comme en résistance et presque honteux. Puis il en avait pris son parti, ses nerfs s'étaient détendus, et il s'était mis à rire aux larmes – cela ne lui arrivait pas souvent –, contemplant avec un étonnement presque naïf cet énergumène qui s'allongeait sur le piano, jouant des mains, des coudes, de la tête. Il prit, malgré lui, plaisir à l'entendre et à le considérer, tel un lion regarderait un singe gambadant à travers les branches. À deux heures du matin, on était encore là.
Je ne sais si Wagner et Hervé, les deux pôles extrêmes de la musique, se revirent jamais dans la suite. Je ne le crois pas. Cette rencontre n'eut sans doute pas de lendemain. Mais Wagner n'oublia jamais la soirée qu'il avait passée avec le bouffon français. »

Récit d'un dîner entre Wagner et Hervé, rapporté par Félix Duquesnel
(*Le Temps*, 17 juin 1913)

Hervé revient au premier plan dans les dernières années du second Empire, à la tête du théâtre des Folies-Dramatiques. S'il a précédé Offenbach dans l'invention de bouffonneries en un acte, il lui emboîte le pas sur la voie de l'opéra-bouffe en trois actes. Son premier essai du genre s'intitule *Les Chevaliers de la Table ronde* (1866), sur un livret de Chivot et Duru – qui connaîtront la gloire comme auteurs de *La Fille du tambour-major* et de *La Mascotte*. Suivent trois œuvres majeures qui vont permettre à Hervé de lutter (presque) à armes égales avec son rival : *L'Œil crevé* (1867), *Chilpéric* (1868) et *Le Petit Faust* (1869). À la veille de la guerre de 1870, cette trilogie connaît un immense succès parisien, puis des reprises nombreuses à l'étranger. Dans ces livrets et ces partitions, le compositeur a rassemblé tous ses talents et montre un véritable soin d'écriture. On y retrouve la parodie historique et littéraire (Guillaume Tell dans *L'Œil crevé*, les temps mérovingiens dans *Chilpéric*, Faust dans *Le Petit Faust*), mais aussi la parodie musicale (*Le Freischütz* dans *L'Œil crevé*, *Hamlet* d'Ambroise Thomas dans *Chilpéric*, *Faust* de Gounod dans *Le Petit Faust*). Ces recueils de gags et d'extravagances semblent préfigurer les burlesques américains, spécialement la surréaliste légende de « la langouste atmosphérique » dans *L'Œil crevé*, la « chanson du jambon » de *Chilpéric ou* le duel Faust-Siebel dans *Le Petit Faust*. Ils comportent également de belles trouvailles musicales, comme les trois chœurs superposés ou la jolie ballade des *Quatre saisons* du *Petit Faust*. Chaque partition voit se succéder, selon la règle de l'opérette, par

Dans les années 1930, le comique Dranem participa à la reprise du *Petit Faust*, ici au théâtre de la Porte-Saint-Martin en 1934, avec S. Lencret, F. Revoil et Boucot

THÉÂTRE DES Variétés
CHILPÉRIC
OPÉRA BOUFFE
en
3 Actes & 4 Tableaux d'Hervé & Mr Paul Ferrier
Musique d'Hervé
Imp. G. MASSIAS. 17. Passage Daudin-Paris (Ateliers Choubrac)

d'innombrables polkas, valses, mazurkas, romances, chœurs et ensembles débridés. À noter que, si Hervé a signé seul les livrets de *L'Œil crevé* et de *Chilpéric*, il s'est adjoint, dans *Le Petit Faust*, les services d'Hector Crémieux, l'un des meilleurs librettistes d'Offenbach, avec lequel il va régulièrement collaborer au cours des années suivantes.

Après la première de *L'Œil crevé* (primitivement intitulé *Vlan dans l'œil*), à laquelle assiste le tout-Paris, le critique Francisque Sarcey traduit le sentiment général : « Les charges de Meilhac, Halévy et Offenbach sont de la raison pure et de la gravité en comparaison des Folies-Nouvelles dont Hervé était l'inventeur avant l'auteur d'*Orphée aux Enfers.* » Dans leur biographie d'Hervé, Renée Cariven-Galharret et Dominique Ghesquière citent le journal *L'Indépendance belge*, affirmant après la première du *Petit Faust* : « Si les petits crevés et les cocottes avaient voix au chapitre, Hervé entrerait à l'Institut. » De fait, le public d'Hervé, davantage que celui d'Offenbach, mêle le demi-monde, les domestiques, commerçants et milieux interlopes du boulevard, à la haute société venue s'encanailler, du duc de Morny au prince de Metternich. Créatrice des principaux rôles féminins de *Chilpéric* et du *Petit Faust*, Blanche d'Antigny – de son vrai nom Blanche Marie Ernestine Antigny (1840-1874) a été vendeuse en mercerie, écuyère de cirque, et gloire éphémère du théâtre. Elle mourra dans la misère et servira de modèle à la *Nana* de Zola, roman qui s'ouvre par quelques pages hautes en couleur, quoique moralement réprobatrices, sur la fange des spectacles d'opérette !

Autre admirateur d'Hervé, le prince de Galles entraîne le compositeur à Londres pour une reprise de *Chilpéric*, rebaptisé « The King of the Gauls ». Le compositeur qui souhaite chanter le rôle lui même apprend l'anglais. Ses débuts sont si réussis qu'il mènera, pendant une dizaine d'années, une double vie entre Paris et l'Angleterre où il épouse sa seconde femme. En France, il donne de nouveaux opéras bouffes : une parodie de *Bajazet* intitulée *Les Turcs* (Folies-Dramatiques, 1869), une farce historique : *Le Trône d'Écosse* (1871) ou encore l'« opéra-fantaisiste » *Alice de Nevers* (1875) situé

Blanche d'Antigny dans *Le Petit Faust*

au temps de Charles IX (qui croise dans cette œuvre le personnage de Molière. Surpris par l'entrée de celui-ci, en plein XVIe siècle, Charles IX s'exclame : «Déjà!»). À plusieurs reprises, Hervé fait appel aux services d'Hortense Schneider, la diva d'Offenbach; il se réconcilie également avec ce dernier qui l'invite à jouer et à chanter le rôle de Jupiter dans la reprise d'*Orphée aux enfers*. En Angleterre, il adapte ses succès parisiens ou compose des œuvres originales (*Aladdin the Second ou An old lamp in a new light,* Londres, 1870); il dirige les concerts promenade de Covent Garden, mêlant musique légère et grand répertoire, avant de prendre la direction du théâtre Empire, pour lequel il compose plusieurs ballets.

Sans doute, en 1880, alors qu'Offenbach vient de disparaître, Hervé a-t-il donné le meilleur de son extravagant génie. Dans une nouvelle France traumatisée par le désastre de Sedan, où l'opérette de bon goût – lancée par Charles Lecocq – supplante les charges parodiques du second Empire, Hervé réussit cependant une reconversion inattendue. Ses dernières œuvres, après 1880, revêtent un tour moins satirique, gracieusement pittoresque, gentiment comique, dans l'esprit des *Cloches de Corneville,* de *La Mascotte*, ou du *Petit Duc.* Adoptant le moule de la «comédie opérette» (sorte de vaudeville, où de longues scènes parlées alternent avec les intermèdes musicaux), il compose en 1879 *La Femme à papa*; puis il signe, à l'âge de cinquante-huit ans, *Mam'zelle Nitouche* (Variétés, 1883), la seule de ses œuvres restée populaire jusqu'à nos jours. Le livret est signé Henri Meilhac en collaboration avec Albert Millaud et Ernest Blum. Il raconte l'histoire de Célestin Floridor, musicien d'église le jour qui écrit des opérettes la nuit : un double quasi autobiographique d'Hervé au temps de la paroisse Saint-Eustache. L'intrigue comporte tous les ingrédients de l'opérette en ces débuts de IIIe République : du pensionnat de jeunes filles au groupe de militaires... Il y manque sans doute l'énergie abracadabrante de *L'Œil crevé.* Un large public privilégiera toutefois cette bluette composée de main de maître, reprise à Vienne, Londres ou Budapest. et connue également par deux adaptations cinématographiques (l'une de Marc Allégret, en 1931, avec Raimu – l'autre d'Yves Allégret, en 1953, avec Fernandel).

En 1891, Hervé abandonne sa maison anglaise de Folkestone pour se fixer à Paris.

L'ultime année de sa vie sera assombrie par l'échec de son opéra-bouffe *Bacchanale* (1892.) Depuis cette date et jusqu'à nos jours, une certaine poisse a semblé poursuivre le «compositeur toqué» dans la postérité, à l'exception sans doute de *Mam'zelle Nitouche*, occasionnellement repris dans quelques théâtres de province. Un chef-d'œuvre de bouffonnerie comme *Chilpéric* a disparu de la scène dès le début du XXe siècle ; et l'excellent *Petit Faust* n'a fait qu'un discret retour au théâtre Déjazet. *Vlan dans l'œil* (ou *L'Œil crevé*) est apparu brièvement à l'Opéra-Comique en 1998, grâce aux efforts de La Péniche Opéra. Enfin, les nombreux enregistrements effectués dans les années 1950-1960 par la Radiodiffusion française, sous la direction de Marcel Cariven (en compagnie d'irrésistibles acteurs chanteurs comme Jean Giraudeau, Denise Duval ou Jacques Mars), ont préservé – au moins pour les archives sonores – une partie importante de son œuvre. Il reste toutefois paradoxal qu'une des œuvres les plus décapantes du théâtre lyrique (à côté des livrets pré-dadaïstes d'Hervé, combien mièvres paraissent la plupart des sujets d'opérette et d'opéra !) ne sorte pas davantage du purgatoire. Comme le constate Richard Traubner dans son grand ouvrage *Operetta* : «À l'époque des Monty Python et d'un humour vraiment bizarre et déconcertant – sans parler d'une grande liberté de ton vis-à-vis du sexe – les livrets des trois principaux opéras bouffes d'Hervé auraient certainement leur place dans de nouvelles productions scéniques.»

Delibes, Bizet et les autres...

Dès 1855, Hervé accueillait aux Folies-Nouvelles l'une des premières créations d'Offenbach. À son tour, Offenbach allait lancer de jeunes compositeurs dans son théâtre des Bouffes-Parisiens. On peut y voir une part de philanthropie, de curiosité, un encouragement des inventeurs de l'opérette à leurs émules ; il faut également remarquer que la vie des théâtres, fondée presque exclusivement sur les créations, exigeait sans cesse de nouvelles partitions, et donc un rythme de composition intensif. Durant la seule année 1855, Offenbach signait une dizaine d'opérettes en un acte, tandis qu'Hervé en composait plus de vingt ! Cette production encore insuffisante devait pousser les directeurs de théâtre à rechercher de nouveaux collaborateurs. Offenbach et Hervé parrainèrent ainsi les débuts des plus brillants compositeurs de la génération suivante, en particulier Léo Delibes et Georges Bizet.

En 1855, le jeune Léo Delibes, âgé de dix-neuf ans, élève d'Adolphe Adam au Conservatoire, gagnait sa vie comme pianiste accompagnateur au Théâtre-Lyrique, juste en face des Folies-Nouvelles. Hervé lui proposa de composer une opérette en un acte sur un livret de Jules Moinaux.

Encouragé par Adam, Delibes signa cette première partition de théâtre : *Deux sous de charbon* (1856), une «asphyxie lyrique» décrivant la tentative de suicide burlesque de deux amoureux. Encouragé par le succès, il se fit rapidement un nom comme compositeur d'opérettes : en quatorze ans, il en composa quatorze, la plupart en un acte. Après les débuts chez Hervé, la plupart de ces œuvres virent le jour aux Bouffes-Parisiens où Delibes allait apparaître comme l'un des meilleurs disciples d'Offenbach (c'est lui qui acheva *Belle Lurette*, la dernière œuvre du maître). Les célèbres ballets et opéras de Léo Delibes ont laissé dans l'ombre ces premières opérettes. Quelques-unes, pourtant, assez régulièrement reprises jusqu'au début du xxe siècle, mériteraient de revivre : par exemple *Les Deux Vieilles Gardes* (1856), dans lequel deux gardes malades odieuses – jouées par des hommes – s'enivrent au chevet de leur patient et entonnent une polka qui fit danser tout Paris; *L'Omelette à la Follembuche* (1859) dont le livret est signé Eugène Labiche; et encore plusieurs pièces aux scénarios extravagants, dans la lignée d'Hervé : *Le Serpent à plumes* (1864), *Le Bœuf Apis* (1865) ou *L'Écossais de Chatou* (1869). La série s'achève par *La Cour du roi Pétaud* (1869), opéra-bouffe en trois actes qui met en scène un royaume en folie et se moque à demi-mots de la cour de Napoléon III; le livret est d'Adolphe Jaime (1824-1901) et de Philippe Gille (1831-1901) qui signera plus tard *Lakmé*. Dans ces bouffonneries, l'entrain rythmique, la grâce mélodique, le sens du théâtre s'allient à une écriture bien tournée sous son apparente simplicité : Delibes y cultive l'héritage léger d'Adolphe Adam et rôde un métier qui s'épanouira dans ses ballets et ses opéras-comiques. À la fin de sa vie, devenu célèbre, il tendra cependant à minimiser l'importance de l'opérette dans son œuvre, comme s'il avait honte de ces débuts. Orphelin, élevé par ses grands-parents dans la pauvreté, fier de son ascension sociale, «le favori de la fortune rougissait d'avoir été un enfant de la balle», selon la formule de son biographe Adolphe Boschot.

Ami de Léo Delibes, Georges Bizet a débuté lui aussi dans l'opérette. En 1856, Jacques Offenbach organisait un grand concours de composition aux Bouffes-Parisiens. Dans le jury figuraient notamment Ambroise Thomas, Gounod, Massé, Auber... Soixante-dix-huit candidats envoyèrent leur partition, le prix étant remporté ex-aequo par Charles Lecocq (vingt-quatre ans) et Georges Bizet (dix-huit ans). Composées sur le même livret de Ludovic Halévy et Léon Battu (1829-1857), intitulé *Le Docteur Miracle*, leurs deux opérettes en un acte furent représentées alternativement en avril 1857, la faveur du public allant plutôt vers celle de Bizet. Adolescent, celui-ci avait déjà entrepris un petit opéra-comique : *La Maison du docteur* (1854) ; il allait composer, par la suite, un opéra bouffe à la Donizetti : *Don Procopio*

(1859) et deux opérettes en un acte, l'une inédite (*La Prêtresse*, 1861), l'autre perdue (*Sol-si-ré-pif-pan*, 1872). Chez Bizet, contrairement à Delibes, l'opérette ne représente toutefois qu'une activité éphémère et c'est vers des formes lyriques plus sérieuses qu'il oriente rapidement son activité.

À côté de Delibes et Bizet, leur camarade Camille Saint-Saëns ne composera aucune opérette à proprement parler; il s'en approchera toutefois dans ses opéras-comiques : *La Princesse jaune* (1872) et *Phryné* (1893). Il est aussi l'auteur d'une fameuse définition : «L'opérette est une fille de l'opéra-comique, une fille qui a mal tourné, mais les filles qui tournent mal ne sont pas toujours sans agrément.» Jusqu'à sa mort, il entretiendra une correspondance amicale avec Charles Lecocq et André Messager. Enfin, le cadet de cette brillante génération, Jules Massenet, accomplit lui aussi ses premières armes dans l'opérette, avec *L'Adorable Bel boul*, créé en 1874 au Cercle des Mirlitons et ultérieurement détruit par le compositeur.

On le voit en tout cas : en quelques années, l'opérette a conquis le public, au point de devenir un point de passage obligé pour quantité de jeunes musiciens. Parmi les compositeurs de cette génération, d'autres ont sombré dans un oubli total : tel Émile Jonas (1827-1905) qui fut, avec Delibes, l'un des seconds d'Offenbach aux Bouffes-Parisiens. Professeur au conservatoire, il composa une quinzaine d'opérettes dont *Le roi boit* (1857) et surtout *Le Canard à trois becs* (1869), bouffonnerie à grand succès. Léon de Gastinel (1823-1906), grand prix de Rome, auteur d'opéras et d'œuvres symphoniques, signa également des opérettes comme *L'Opéra aux fenêtres*, sur un livret de Halévy. Enfin, Frédéric Barbier (1829-1889), originaire de Metz, reste l'un des plus habiles cousins en bouffonnerie d'Hervé et d'Offenbach. Il laisse une soixantaine d'œuvres : opérettes en un acte, «opérettes parodies» (*Le Faux Faust*, 1858) ou opéras-bouffes (*Les Légendes de Gavarni*, 1867), créées aux Folies-Nouvelles, aux Bouffes-Parisiens puis à l'Eldorado. Certaines d'entre elles, comme *Les Deux Choristes* (1875), joué à la radio dans les années cinquante par Marcel Cariven, donnent envie de voir sur scène ces petits bijoux d'humour parodique. À retenir encore, parmi les créations de cette époque, une œuvre collective : *Malbrough s'en va-t-en guerre*, opérette-bouffe composée en 1867 par quatre musiciens : le premier acte est de Bizet (orchestré par Delibes); le second d'Émile Jonas, le troisième d'Isidore Legouix (1834-1916), un élève d'Ambroise Thomas, et le dernier de Léo Delibes.

Avant de refermer la page de l'opérette sous le second Empire, il faut souligner que les frontières entre l'opéra-comique et l'opérette restent souvent fluctuantes à cette époque. Certes, le genre bouffon d'Offenbach

et d'Hervé est fort éloigné du ton rêveur, sentimental, et même passionné, illustré à la même époque, salle Favart, dans *Mignon* d'Ambroise Thomas. Mais l'Opéra-Comique – et son concurrent, le Théâtre-Lyrique – accueillent également un répertoire de divertissement proche de l'opérette, en particulier, deux petits ouvrages de Gounod, parmi les plus réussis et les moins souvent repris de nos jours : *Le Médecin malgré lui* (1858), retour à Molière où Sganarelle chante les couplets du «petit glou-glou»; puis la charmante et drôle fantaisie mythologique *Philémon et Baucis* (1860). Les ouvrages de Victor Massé (1822-1884), en premier lieu les célèbres *Noces de Jeannette* (1853), rapprochent l'opéra-comique de l'opérette bucolique et sentimentale. N'oublions pas non plus les opéras légers de Ferdinand Poise (1828-1892), un élève d'Adam, particulièrement admiré pour son opéra-comique *La Surprise de l'amour*, d'après Marivaux (1877).
Au lendemain de la guerre de 1870, l'opérette va toutefois devenir l'affaire d'un nouveau groupe d'artistes : Charles Lecocq pour l'invention d'un théâtre historique et pittoresque lorgnant lui-même vers l'opéra-comique; Audran, Planquette ou Varney pour l'invention d'une opérette populaire et bon enfant dont les succès ne se démentirent pas jusqu'à nos jours; Emmanuel Chabrier, pour sa verve et son invention qui préfigurent la musique moderne.

Estelle Kaïque, Flannan Obé et Mélody Louledjian dans *La Cour du roi Pétaud*, mise en scène de Jean-Philippe Salerio, au théâtre de l'Athénée-Louis Jouvet en décembre 2008

chapitre 4

Charles Lecocq et son temps

La guerre franco-allemande marque un premier tournant dans l'histoire de l'opérette. Non que le style «bouffon» du second Empire disparaisse brusquement : comme nous l'avons vu, Offenbach connaîtra, y compris dans cette veine, de grands succès sous la IIIe République, telle la triomphale reprise d'*Orphée aux enfers* en 1874. Pourtant, après une décennie riche en parodies sociales, la catastrophe politique et militaire modifie certains réflexes. Au lendemain de la défaite, les rires trop bruyants semblent déplacés; la parodie bouffonne cède la première place à l'évasion. Le goût est à la rêverie, à l'opérette fantastique, à la féerie à grand spectacle du *Roi Carotte* ou du *Voyage dans la lune*. Mais cette nouvelle époque penche également vers une opérette plus sage, privilégiant les peintures pittoresques de la vie provinciale ou parisienne; à la farce mythologique, on préfère désormais le tableau historique soigneusement reconstitué; le spectacle du ridicule amoureux fait place aux idylles charmantes. On pourrait dire, en somme, que si la veine parodique héritée de *Platée* et du Théâtre de la Foire l'avait emporté entre 1850 et 1870, c'est désormais la veine bucolique, pittoresque, galante de l'opéra-comique qui va servir de modèle, comme en témoigne aussi la dernière manière d'Offenbach avec ses évocations du XVIIIe siècle : *La Foire Saint-Laurent* ou *Madame Favart*. Ce glissement de l'opérette vers l'opéra-comique est une constante de l'histoire du genre, entre des périodes plus bouffonnes. Dans les années folles, au moment ou triomphera la comédie musicale tournant en dérision la vie moderne, un compositeur comme Reynaldo Hahn tentera de retrouver – avec *Ciboulette* – la tradition subtile d'un Lecocq. Celui-ci est en effet le premier musicien qui se voue entièrement au rapprochement du «grand» et du «petit» genre. *La Fille de madame Angot*, créé en 1872, offre le modèle accompli de cette opérette nouvelle.

Lecocq

Charles Lecocq est né à Paris en 1832, dans une famille pauvre de la montagne Sainte-Geneviève. Atteint d'une maladie d'enfance, il passera toute sa vie sur des béquilles. Jouant d'un simple flageolet, il révèle son talent qui lui vaut le soutien d'un professeur de musique. Entré au conservatoire, dans la classe de Fromental Halévy qui ne l'aime guère, le jeune homme doit gagner sa vie en donnant des leçons de piano et il renonce au concours de Rome. En 1856, âgé de vingt-quatre ans, il se fait toutefois remarquer en composant *Le Docteur Miracle* : sa bouffonnerie en un acte remporte – ex-aequo avec celle de Bizet – le concours d'opérettes organisé par Offenbach. L'intérêt du tout-Paris va

toutefois vers le jeune Bizet, à commencer par Offenbach lui-même que Lecocq regardera désormais comme sa bête noire. Éclipsé par le futur compositeur de *Carmen*, Charles Lecocq restera toute sa vie cantonné dans le statut de musicien divertissant. Ses succès populaires seront immenses, mais toujours en marge des grands enjeux artistiques – quand bien même son talent suscite l'admiration des connaisseurs. Plutôt que de s'épuiser dans des symphonies ou des opéras, il s'appliquera donc, modestement, à élever l'opérette, en lui apportant un soin inhabituel. Cette riche culture de Lecocq transparaît dans de longues correspondances avec ses amis Saint-Saëns ou Chabrier.
Après le lancement malheureux du *Docteur Miracle*, le jeune compositeur connaît encore quelques années de galère. Il récolte ses premiers lauriers dans l'opérette *Fleur de Thé*, une chinoiserie créée au théâtre de l'Athénée en 1868. Pour la première fois, Lecocq apparaît comme un possible concurrent d'Offenbach dont il dédaigne les « vieux rythmes alsaciens » au profit d'une écriture plus souple. *Fleur de Thé* est repris jusqu'à Londres et New York, mais l'élan est interrompu par la guerre et la Commune. Décidé à tenter sa chance hors de France, Lecocq propose alors ses services au théâtre des Fantaisies-Parisiennes de Bruxelles où va naître la trilogie qui marque un nouveau départ pour l'opérette française : *Les Cent Vierges* (mars 1872), *La Fille de madame Angot* (décembre 1872) et *Giroflé Girofla* (mars 1874).

Fleur de thé, arrangée pour le piano par Isaac Strauss, dit « le Strauss de Paris »

Les Cent Vierges et *Giroflé Girofla* relèvent encore pour une part de l'opéra-bouffe offenbachien. Le livret des *Cent Vierges* met en scène un groupe d'Anglais installés sur une île tropicale, qui font venir par bateau un convoi de cent vierges... Celui de *Giroflé* raconte l'histoire de sœurs jumelles, filles de Don Boléro d'Alcarazas, entraînées dans un quiproquo amoureux sur fond de piraterie en Méditerranée. Quelques pages des deux ouvrages sont restées longtemps populaires : en particulier la valse des *Cent Vierges* : « O Paris, gai séjour », et les beaux ensembles de *Giroflé Girofla*, prisé dans les pays anglo-saxons (Gilbert, le librettiste de Sullivan, ne cachait pas son admiration pour cette opérette conçue, selon Lecocq, « dans la note de l'opéra bouffe italien »).

Après le succès des *Cent Vierges*, suivi par une reprise à Paris, Lecocq s'est également lancé dans un autre projet pour les Fantaisies-Parisiennes de Bruxelles. Les trois librettistes retenus sont Jules Clairville (1811-1879), un vieux routier du vaudeville déjà auteur des couplets des *Cent Vierges*, associé à Paul Siraudin (1813-1883) et Victor Koning (1842-1894) (un bon mot prétendra que, tandis que ses deux confrères écrivaient, ce dernier « faisait les courses »). Cette fois, Humbert, le directeur du théâtre, pousse les auteurs dans une voie nouvelle : « Que votre pièce sorte des grivoiseries à la mode, qu'elle soit populaire et renferme des rondes et des chansons ! Après les graves événements par lesquels la France vient de passer, on éprouve le besoin de chanter pour les oublier », écrit-il.

Juliette Simon-Girard en Clairette dans *La Fille de madame Angot* (1889)

Le musicien et ses librettistes décident de situer la nouvelle opérette dans le Paris du Directoire, parmi les « incroyables », les « merveilleuses », entre les marchands des halles et les intrigues politiques de Barras. Ils s'inspirent du personnage légendaire de Madame Angot, poissarde enrichie qui a inspiré de nombreuses pièces sous la Restauration. Sur cette trame, les auteurs composent une évocation très vivante de Paris dans laquelle se mêlent figures imaginaires et personnages historiques (l'actrice mademoiselle Lange, le chansonnier Ange Pitou). La partition inclut des chansons d'inspiration populaire (« Ce n'était pas la peine assurément de changer de gouvernement ») composées avec beaucoup de fraîcheur. Les détails harmoniques, la finition des mélodies, la construction dramatique, les ensembles vocaux, l'ouverture orchestrale révèlent un maître. Lecocq a volontairement sous-titré sa partition « opéra-comique » comme, d'ailleurs, la plupart de ses œuvres.

La Fille de madame Angot est créé en décembre 1872 à Bruxelles. Sollicité pour le reprendre à Paris, le directeur des Folies-Dramatiques, Louis Cantin, fait d'abord la fine bouche, assurant que la pièce n'aura aucun succès. La première parisienne du 21 février 1873, dans des costumes de Grévin, restera pourtant dans l'histoire de l'opérette. Quelques mois plus tard, un critique observera que le théâtre des Folies-Dramatiques « devrait se consacrer exclusivement à la pièce de Charles Lecocq et ne plus jamais monter d'autre ouvrage ». Peu après sa création, *La Fille de madame Angot* fait l'objet de nombreuses parodies – *Forte en gueule* ou *Mam'zelle sans dot*. Elle sera reprise dans le monde entier avant d'entrer, en 1918, au répertoire de l'Opéra-Comique sous la baguette de Reynaldo Hahn : suprême consécration pour ce genre mineur.

De plus en plus souvent désigné comme successeur d'Offenbach, Lecocq compose alors *Le Pré Saint-Gervais*, *Kosiki* (qui nous entraîne dans un Japon… d'opérette), *La Marjolaine*, puis *La Petite Mariée* (1875) et *La Petite Mademoiselle* (1879), dans la lignée de ces « petites » opérettes si nombreuses depuis *Le Petit Faust* d'Hervé, en attendant *Les P'tites Michu* de Messager ou *La Petite Bohème* de Hirchmann. L'opérette devient l'opéra des petites passions et Lecocq persiste dans cette voie de l'opéra-miniature en signant, en 1878, son deuxième chef-d'œuvre : *Le Petit Duc*, créé au théâtre de la Renaissance. Si *La Fille de madame Angot* lançait la vogue du tableau historique, *Le Petit Duc*, situé au début du XVIIIe siècle, préfigure un nouveau genre d'opérette florissant sous la IIIe République. Désormais, les intrigues se situeront fréquemment en province et mettront en scène quelques institutions rigides : l'armée, les pensionnats, les couvents ; il s'agira donc de briser ce carcan, en faisant entrer les mousquetaires au couvent ou les jeunes filles dans la caserne. Mais, puisque nous sommes au pays de l'opérette, cette subversion passagère ne prête guère à conséquences : le carcan militaire ou religieux finit toujours par se retourner en faveur des amoureux.

Lecocq, pour cette œuvre, a fait appel aux deux grands librettistes d'Offenbach, Meilhac et Halévy, qui se reconvertissent avec aisance et signent un livret riche en décors (une salle du palais de Versailles,

Edmée Favart dans *La Fille de madame Angot*

un pensionnat de demoiselles nobles, un campement militaire près de Lunéville). Lecocq met à profit son sens inné des mélodies simples aux allures de chansons (la « chanson du petit bossu », par exemple). Certains ensembles comme la « Leçon de solfège » ou la gavotte du premier acte ont l'allure de pastiches rococo (Lecocq, fin connaisseur, réalisait, en 1877, la première édition pour piano et chant du *Castor et Pollux* de Rameau). Mais, s'il donne à son opérette une allure de petit opéra, il reste capable, au détour d'une page, de se livrer à la parodie comique ; par exemple dans le duo *C'est une idylle*, chanté par un vieux précepteur nommé Frimousse, auquel les amours de la littérature antique ont tourné la tête. *Le Petit Duc* est un triomphe pour Jeanne Granier (1852-1939) qui tient le rôle titre en travesti. Actrice autant que chanteuse, elle restera la grande interprète du compositeur, au même titre qu'Hortense Schneider pour Offenbach.

Chaque année, Lecocq compose plusieurs opérettes, avec des résultats inégaux. *La Camargo* (1878), qui évoque le bandit Mandrin, et *La Jolie Persane* (1879) font partie des succès : chaque fois ce sont des histoires bien troussées et des partitions ravissantes. En 1881, brouillé avec Victor Koning, son ancien librettiste devenu directeur de la Renaissance, le musicien entreprend une nouvelle œuvre pour le théâtre des Nouveautés : *Le Jour et la Nuit*, sur un livret d'Albert Vanloo (1846-1920) et Eugène Leterrier (1843-1884), déjà associés dans *Le Voyage dans la lune* d'Offenbach. L'ouvrage, dont l'action se déroule dans un Portugal de fantaisie, était considéré par Lecocq – pourtant porté à l'autocritique – comme l'une de ses meilleures partitions : le chœur d'introduction adopte des proportions d'opéra-comique ; les ensembles bouffes (« Les Portugais sont toujours gais ») alternent avec des morceaux charmants comme le « duo du rossignol et de la fauvette » ou les « couplets du jour et de la nuit ». Si Lecocq ne possède pas cette nature très personnelle qu'on identifie chez Offenbach, Chabrier ou Hahn, l'élégance de son écriture force l'admiration.

Il connaîtra encore de belles heures avec *Le Cœur et la Main* (Nouveautés, 1882) et *La Princesse des Canaries* (Folies-Dramatiques 1883). Sa grande vogue est toutefois passée : le goût de cette fin du siècle oscillera entre les opérettes franchement populaires de Planquette, Varney, Audran, et la modernité d'un Messager, laissant peu de place à ce «juste milieu» qu'incarnait Lecocq. L'échec public de ses dernières œuvres sera compensé par ses débuts salle Favart dans l'opéra-comique *Plutus* (1886), puis le ballet *Le Cygne* (1899), sur un sujet de Catulle Mendès. *Ali-Baba* (Eden-Concert, 1889) montre un Lecocq fidèle à son délicat exotisme. Sa dernière opérette importante, *La Belle au bois dormant*, est créée aux Bouffes-Parisiens en 1900, année où il reçoit la Légion d'honneur. Lecocq écrit à son vieil ami Saint-Saëns : «Mon répertoire n'est plus joué qu'en province et à l'étranger... Oh! la mélancolie des vieux chevaux inoccupés, qui la connaîtra jamais! Et celle des vieux musiciens dont on parlait autrefois et qu'on oublie maintenant!» Charles Lecocq disparaît en 1918. Pourtant, si son œuvre a souffert de l'abandon général du répertoire d'opérette, *La Fille de madame Angot* – et dans une moindre mesure *Le Petit Duc* – se sont maintenus en France parmi la dizaine d'ouvrages emblématiques du genre, au même titre que les opéras-bouffes d'Offenbach. Ce qui n'est déjà pas si mal...

Chabrier

Contemporain des triomphes de Lecocq, son ami Emmanuel Chabrier n'a composé que deux opérettes – *L'Étoile* et *Une éducation manquée* – sans vrai succès. Assez cependant pour marquer profondément l'histoire musicale ; car *L'Étoile* allait susciter, génération après génération, l'admiration des plus grands artistes, de Debussy à Poulenc. Cette œuvre combine la verve bouffonne héritée d'Offenbach avec un style musical plein d'invention, annonciateur des temps modernes par son audace harmonique ou ses mixtures d'orchestre. Si Lecocq s'efforçait d'élever le style de l'opérette, Chabrier l'aborde comme une musique digne de toutes les recherches. Spontanément porté vers l'expression légère, il fascinera les compositeurs de son temps en leur montrant l'exemple d'un divertissement de grand style. Ami des wagnériens, modèle pour Messager ou Reynaldo Hahn, il persuadera ses contemporains qu'on peut composer de la très belle opérette.

Né en 1841, fils et petit-fils de magistrats, Chabrier était destiné par son père à une carrière administrative. Mais il préférait la musique et s'immisça, dès son adolescence, dans le jeune milieu artistique parisien. À vingt ans, il fréquentait les poètes parnassiens, se liant d'amitié avec Catulle Mendès, Villiers de l'Isle Adam et Paul Verlaine qui fut son premier librettiste. De leur collaboration sont nées deux petites opérettes en un acte : *Vaucochard et Fils premier*, composé vers 1864, suivi de *Fisch-ton-Kan*. Cette incursion de Verlaine – archétype du poète maudit – dans l'opérette n'a pour autant rien de fortuit : elle illustre la complexité de la bohème parisienne à la fin du XIXe siècle, dans ses mélanges de mélancolie et de bouffonnerie. En 1891, quand la princesse de Polignac demandera à Gabriel Fauré de collaborer avec Verlaine, celui-ci réitérera son ambition d'écrire une pièce comique, en répondant : «J'espère avoir l'avantage de vous voir bientôt et de vous soumettre les premiers morceaux de cette opérette.» Le beau-frère du poète, Charles de Sivry (1848-1900) est, lui aussi, un musicien, chef d'orchestre des Délassements-Comiques, compositeur d'opérettes et de chansons pour le Chat noir, comme le *Pierrot pornographe*...

Fonctionnaire au ministère de l'Intérieur, Chabrier fréquente également les cercles wagnériens. Avec ses amis, d'Indy ou Duparc, il partage une ambition musicale élevée, presque religieuse. Cette exigence formelle, hostile aux lieux communs harmoniques ou orchestraux, il va pour sa part l'appliquer sans hésitation aux genres réputés mineurs. En 1875, il rencontre, par l'intermédiaire d'Édouard Manet, les deux librettistes Leterrier et Vanloo qui cherchent un compositeur pour mettre en musique leur opéra-bouffe intitulé *L'Étoile*.

Poulenc évoque *L'Étoile*

«La musique est si truculente, sensible et endiablée qu'il n'y a pas un temps mort durant ces trois actes. Grand admirateur d'Offenbach, Chabrier se devait de l'imiter dans certains détails prosodiques. Mais si la musique d'Offenbach fait penser à la mousse du champagne, celle de Chabrier, en dépit de sa verve, est souvent beaucoup plus sentimentale et tendre. Citons à cet effet la Romance à l'Étoile, la scène adorable de l'évanouissement et les couplets de la rose. À côté de tant de charme, peut-on résister à l'entrain du rondo des colporteurs, au comique style frères Jacques, du quatuor des employés de commerce, à l'air du pal et surtout à l'inénarrable duo de la chartreuse verte, sorte de parodie d'une ariette de Donizetti. Il paraît que Debussy riait aux larmes en entendant ce duo. [...] En dehors de ses qualités intrinsèques, *L'Étoile* est la source de l'opérette française et, tout spécialement celle de Messager. Pour la première fois, Chabrier introduisait dans l'opéra bouffe un souci de l'harmonie et de l'orchestration qui avait jusque-là (Offenbach et Lecocq exceptés) fait défaut à ce genre de musique. J'avoue que, personnellement, j'ai beaucoup pensé à *L'Étoile* lorsque j'ai écrit *Les Mamelles de Tirésias*.»

Francis Poulenc (*Emmanuel Chabrier*, 1961)

L'histoire se déroule dans un Orient de fantaisie : le roi Ouf Premier – sorte d'Ubu avant l'heure – a pour habitude d'offrir, le jour de son anniversaire, une exécution capitale. Sa victime apparaît en la personne du colporteur Lazuli qui saura se tirer de ce mauvais pas. Créé en 1877 aux Bouffes-Parisiens, *L'Étoile* n'obtient qu'un succès mitigé, suffisamment tout de même pour faire connaître le nom de Chabrier. Une partie de l'auditoire reste déconcerté par cette opérette d'un musicien « wagnériste » qui apporte un soin inconnu à ce genre de musique. L'orchestre d'ailleurs n'a pas l'habitude de jouer une partition si riche dont les accompagnements évitent toute répétition. Chabrier compose vite, guidé par son imagination ; mais il peaufine l'ouvrage, reprenant chaque détail, chaque accord, chaque doublure, chaque ornementation. Pour Reynaldo Hahn : « C'est précisément l'ensemble de ces beautés, c'est cette qualité artistique exquise et supérieure qui rend le petit ouvrage de Chabrier si difficile à représenter dans un théâtre, à cause de l'exécution parfaite qu'elle implique : une exécution où chaque "valeur" ait sa valeur, où chaque "silence" marque un silence, où pas un détail ne soit négligé dans le rendu des accents expressifs ou rythmiques, où la moindre nuance prescrite soit minutieusement observée. »

Pour cette raison, peut-être, *L'Étoile* restera longtemps oubliée des scènes. Jusqu'à nos jours, elle a suscité l'admiration des esthètes, mais sans s'imposer de façon durable. Cette carrière en demi-teinte n'a sans doute pas été facilitée par le livret un peu lourd et malhabile, qui ne possède ni

Jean-Luc Viala, Jean-Philippe Lafont, Philippe Leygnac, Patrice Thibaud dans *L'Étoile*, mise en scène de Jérôme Deschamps et Macha Makeieff à l'Opéra-Comique en décembre 2007

la pure drôlerie, ni le regard social aigu des opéras-bouffes d'Offenbach (il est curieux que Chabrier, si cultivé et tellement inspiré dans le choix de ses amis, peintres, poètes ou musiciens, se soit tellement trompé dans le choix de ses livrets), Parmi les productions historiques de *L'Étoile*, il faut mentionner la superbe version de l'Opéra-Comique (1941) sous la direction de Roger Désormière, avec Fanély Revoil dans le rôle de Lazuli (suivie d'un enregistrement partiel de l'ouvrage) et, plus près de nous, la production de l'Opéra de Lyon (1984) sous la direction de John Eliot Gardiner, qui donna lieu au premier enregistrement intégral. En 2007, le nouveau directeur de l'Opéra-Comique, Jérôme Deschamps, a choisi symboliquement cette œuvre, dirigée toujours par Gardiner à la tête d'un orchestre d'instruments d'époque merveilleusement rafraîchi, pour marquer l'ouverture de sa première saison.
Après *L'Étoile* – que d'aucuns considèrent comme sa meilleure partition lyrique –, Emmanuel Chabrier devait revenir à l'opérette en 1879, dans *Une éducation manquée*, toujours signé Leterrier et Vanloo. Cette comédie en un acte raconte l'initiation de deux jeunes fiancés auxquels on a tout enseigné, sauf la pratique de l'amour; elle devait connaître un certain succès et fut reprise en 1934 par Diaghilev, directeur des Ballets russes. Darius Milhaud composa, pour l'occasion, des récitatifs à la place des dialogues parlés. Ici s'arrête la brève, mais substantielle, contribution de Chabrier au répertoire d'opérette. Ses œuvres ultérieures conservent cependant certains aspects bouffons et la même verve légère. Entreprenant *Le Roi malgré lui* (1887), il songera d'abord à une forme d'opérette pour ce chef-d'œuvre ruisselant de musique. Le projet évoluera, *malgré lui*, vers un moule plus convenu d'opéra-comique, sur un livret brouillon et décousu… ce qui n'empêchera pas Reynaldo Hahn d'y voir une « colossale opérette ».

Planquette et Varney

À la fin du XIXe siècle, tandis que des musiciens ambitieux – un Lecocq, un Chabrier – anoblissent la musique « légère », l'opérette attire toujours davantage de compositeurs en quête de succès. Grâce à cette vogue, nombre d'artistes peuvent désormais tenter leur chance en mettant, au théâtre, le meilleur de leur métier. Émergeant du lot, Robert Planquette, Louis Varney et Edmond Audran sont les premiers maîtres de ce qu'on pourrait appeler l'opérette « populaire ». Appellation paradoxale puisque l'opérette est, par essence, un genre populaire ; sauf que les Offenbach, Messager, Reynaldo Hahn compteront toujours un double public, composé pour une bonne part d'esthètes et de bourgeois cultivés. Inversement, *Les Cloches de Corneville* ou *Les Mousquetaires au*

Les Mousquetaires au couvent à la Gaîté-Lyrique en 1950

couvent deviendront le répertoire privilégié d'un public moins érudit, qui trouve dans ces spectacles une forme accessible d'opéra léger, pittoresque, riche en airs charmeurs, légèrement égrillard et bien balancé sur les rythmes de danse... La réussite de ces œuvres, apparemment faciles, est parfois irrésistible ; un bon compositeur de chansons peut se montrer plus à l'aise dans ce genre qu'un musicien trop raffiné, cultivant les subtilités. D'où la postérité justifiée de ces « tubes » qui composent un pan essentiel de l'opérette française.

Représentant glorieux de ce répertoire, Robert Planquette (1848-1903) fréquenta brièvement le conservatoire de Paris (le temps d'obtenir un prix de solfège et un deuxième prix de piano) puis entra sans attendre dans le « métier », comme pianiste et compositeur de chansons. Possédant l'instinct des marches militaires, il composait à dix-neuf ans le fameux *Régiment de Sambre et Meuse*, créé au Bataclan par Lucien Fugère, avant de devenir l'emblème de l'armée française. Après s'être essayé à quelques opérettes en un acte pour l'Eldorado ou les Délassements-Comiques, Planquette rencontre Louis Cantin, directeur des Folies-Dramatiques qui lui confie la musique d'une opérette en trois actes : *Les Cloches de Corneville*, sur un livret de Charles Gabet (1827-1904) et Jules Clairville. Créé le 19 avril 1877, l'ouvrage sera joué plus de 400 fois consécutives ; atteignant dès 1886 la millième représentation, il reste l'un des plus durables succès de l'histoire de l'opérette. Sans doute, le livret, autant que la musique, touche-t-il

Les
Cloches
de
Corneville
Paroles de
MrMr Clairville
&
Ch. Gabet
Musique de
Robert Planquette

une fibre sensible du public : une histoire légendaire, dans la tradition de l'opéra-comique (l'ouvrage porte ce sous-titre), se mêle à une peinture complaisante de la vie campagnarde et provinciale – en l'occurrence, la campagne normande – ponctuée de morceaux fantaisistes et d'airs sentimentaux. La partition est enjouée, entraînante (le célèbre air des cloches « digue digue digue », la chanson du cidre de Normandie) ; et l'inspiration mélodique comporte parfois de vraies réussites, comme les « couplets du mousse ». Le succès des *Cloches* s'étendra bien au-delà de Paris, notamment à Londres avec plus de sept cents représentations consécutives.

Simon-Max photographié par Nadar dans *Les Cloches de Corneville* (1878)

Après ce triomphe, Planquette peinera à retrouver la recette magique. Si la combinaison d'un bon savoir-faire et d'une pièce séduisante faisait mouche dans *Les Cloches de Corneville*, le musicien manque de ressources pour aller plus loin. Penchant vers le style troupier – dans *Les Voltigeurs de la 32e* ou *La Cantinière* – Planquette renouera toutefois avec le succès, en 1882, dans *Rip van Winkle*, composé pour une scène londonienne d'après une légende américaine : c'est l'histoire d'un sympathique bon à rien qui chante «Vive la paresse», entrecoupée d'épisodes fantastiques. Reprise à Paris aux Folies-Dramatiques (1884) l'œuvre passera à la postérité, notamment l'air de Rip : « C'est un rien ». La dizaine d'opérettes composées ultérieurement par Planquette, jusqu'à sa mort, n'a guère survécu, à l'exception de *Surcouf* qui devait connaître une certaine vogue à Paris (Folies-Dramatiques, 1887) et à Londres (1889), puis de *Mam'zelle Quat'sous* (1899). Les recettes de Planquette restent sommaires ; il devait parfois se faire aider pour l'orchestration de ses ouvrages (ce qui, après tout, deviendra l'usage dans la comédie musicale). À travers une seule œuvre – *Les Cloches de*

Ci-contre :
Les Cloches de Corneville, affiche de la création (1877)

Les Cloches de Corneville en 1937

Corneville – il demeure cependant l'un des rois de l'opérette populaire. Postérité peut-être excessive – si l'on considère certains chefs-d'œuvre de Terrasse, Hahn ou Beydts totalement oubliés – mais qui souligne combien l'histoire de l'opérette repose sur des combinaisons : le charme, la facilité, l'élan d'un succès, autant que l'élaboration du grand art.

Autre figure de l'opérette populaire, Louis Varney est un enfant de la balle. Son père, Pierre-Joseph-Alphonse Varney (1811-1879), auteur d'un célèbre «Chant des Girondins» et de quelques opérettes, a dirigé l'orchestre des Bouffes-Parisiens à la grande époque offenbachienne. Né en 1844 à La Nouvelle-Orléans où la famille se trouvait pour une saison d'opéra français, Louis a grandi parmi les acteurs et les musiciens. Il acquiert rapidement le savoir-faire du compositeur de théâtre et débute comme chef d'orchestre à l'Athénée-Comique. En 1876, il signe sa première opérette en un acte : *Il signor Pulcinella*. En 1880, Louis Cantin qui a repris la direction des Bouffes-Parisiens propose au jeune Varney une opérette en trois actes, tirée d'un ancien vaudeville de Saint-Hilaire et Duport : *L'habit ne fait pas le moine*, rebaptisé *Les Mousquetaires au couvent*, sur un livret de Jules Prevel et Paul Ferrier (1843-1928). Comme Robert Planquette dans *Les Cloches de Corneville,* Louis Varney semble avoir donné dès ce premier succès le meilleur de son talent. L'intrigue est bien construite, avec son premier acte en forme de prologue (deux jeunes mousquetaires cherchent comment enlever deux jeunes filles enfermées dans un couvent) ; un second acte, situé à l'intérieur du couvent, riche en situations comiques, culminant dans un finale endiablé ; un troisième acte en forme de dénouement. Deux ans après *Le Petit Duc*, trois ans avant *Mamz'elle Nitouche*, Varney établit l'archétype de l'opérette IIIe République, avec son décor provincial, ses mélanges militaires et religieux, ses personnages typés (telle la figure de l'Abbé Bridaine). Assez loin du «bon ton» de Lecocq ou de Planquette, il ravive cependant une insolence délaissée depuis la mort d'Offenbach, et se montre très osé dans les «couplets sur l'amour», véritable ode aux plaisirs de la chair, prononcée devant les jeunes filles par un faux moine complètement ivre – un simple égarement grivois, après quoi tout finit par rentrer dans l'ordre.

LA MUSIQUE POUR TOUS
LES ŒUVRES de L. VARNEY
Les Mousquetaires au Couvent
piano
piano & chant
COUPLETS DES MOINES.
SUITE DE VALSES, pour Piano seul.
VALSE DES RAMIERS de Miss Robinson
VALSE DU COLIBRI de l'Amour mouillé.
C'EST LA FILLE A MA TANTE
de la Femme de Narcisse.

Dès le début, l'immense vogue des *Mousquetaires* relance le théâtre des Bouffes-Parisiens, alors mal en point. Après plus de deux cents représentations, le directeur Cantin interrompt la série pour lancer un autre succès : *La Mascotte* d'Edmond Audran. D'année en année, *Les Mousquetaires au couvent* resteront toutefois l'un des titres les plus prospères de l'opérette française. Chez Varney comme chez Planquette, l'enthousiasme du jeune musicien, le sens théâtral, l'invention mélodique, le succès immédiat, ne font toutefois mouche que dans une seule œuvre. Engagé dans la course au succès, le compositeur compose beaucoup, trop sans doute (au moins deux pièces par an), sans grand renouvellement, mais avec quelques succès. Il faut détacher de son abondante production *Fanfan la Tulipe* (Folies-Dramatiques, 1882), conçu autour de la chanson populaire du même nom, et *Babolin* (Nouveautés, 1884) représentés tous deux plus de cent fois. Suivront *Les Petits Mousquetaires* (Folies-Dramatiques, 1885), une suite des *Mousquetaires au couvent* inspirée de Dumas; ou encore *L'Amour mouillé* (Nouveautés, 1887), *La Fée aux chèvres* (Gaîté, 1890), *Le Papa de Francine* (1896) et *L'Âge d'or* (Variétés 1905) sur un livret de Georges Feydeau. Louis Varney, mort en 1908, est resté comme Planquette l'homme d'une pièce plutôt que l'auteur d'une œuvre.

Audran

Parmi les compositeurs d'opérette qui se partagent les faveurs du public, à la fin du XIXe siècle, le cas d'Edmond Audran est artistiquement le plus intéressant. Né en 1840, fils d'un ténor de l'Opéra-Comique, il a reçu un apprentissage musical poussé à l'école Niedermeyer. Cet établissement de musique classique et religieuse, destiné à former des maîtres de chapelle (on y retrouvera Messager ou Terrasse), préconise l'étude du grégorien et des maîtres anciens. Fort d'un prix de composition, Edmond rejoint en 1861 sa famille à Marseille, où son père devient directeur du conservatoire. Organiste d'église, il partage d'abord sa vie, comme Hervé, entre le cabaret et le bénitier : il signe successivement des chansons en dialecte provençal, de petits opéras-bouffes représentés avec succès à Marseille (*L'Ours et le Pacha* en 1862, *La Chercheuse d'esprit* tiré d'un livret de Favart en 1864) et des œuvres religieuses (une *Messe*

Edmond Audran

en 1873). En 1877, le librettiste Henri Chivot, ami de la famille, écrit pour Audran le livret du *Grand Mogol*, une histoire située aux Indes, où viennent de débarquer deux Parisiens pour y faire fortune. Le succès des représentations marseillaises attire l'attention de Louis Cantin, directeur des Bouffes-Parisiens, qui invite Edmond Audran et va faire de lui, pendant plusieurs années, son compositeur privilégié. Celui-ci débute dans la capitale avec *Les Noces d'Olivette*, opérette marseillaise avant la lettre incluant la valse « Pays du gai soleil », représentée près de cent fois à Paris avant de triompher à Londres (466 représentations).

Nietzsche, admirateur d'Audran

« [...] Une tout autre question m'agite profondément : la question de l'opérette, que votre lettre a soulevée. Nous ne nous sommes pas revus depuis que j'ai obtenu à ce sujet des clartés ! Aussi longtemps que par le concept "opérette" vous entendrez une certaine condescendance, une certaine vulgarité du goût, vous ne serez – excusez la *rudesse* du terme – qu'un Allemand... Demandez donc comment monsieur Audran définit l'opérette : "le paradis de toutes les choses délicates et raffinées, y compris les sublimes douceurs". J'ai entendu récemment *La Mascotte*. Trois heures et pas *une seule* mesure de viennoiserie (= cochonnerie). Lisez n'importe quel feuilleton sur une nouvelle opérette parisienne ; ils sont présentement en France, dans ce domaine, de vrais génies d'espièglerie, de malice indulgente, d'archaïsme, d'exotisme, de choses tout à fait naïves. Il faut dix numéros de premier ordre pour qu'une opérette, pressée par une énorme concurrence, puisse tenir l'affiche. Il y a une vraie science des finesses, du goût et des effets. Je vous conjure, *Vienne est une porcherie*... Si je pouvais vous montrer une véritable soubrette parisienne dans un seul rôle de sa création, par ex. madame Judic ou la Milly Meyer, les écailles vous tomberaient des yeux, j'allais dire des opérettes. L'opérette ne comporte pas d'écailles, les écailles sont spécifiquement *allemandes*... Je vous en demande pardon, mais je ne peux *écrire* en allemand qu'à partir du moment où j'imagine que j'ai des Parisiens pour lecteurs. Le "cas Wagner" est une musique d'opérette. »

Friedrich Nietzsche, Lettre à Peter Gast, 18 novembre 1888

Le 29 décembre 1880, toujours aux Bouffes-Parisiens, *La Mascotte* succède aux *Mousquetaires au couvent* et restera également un succès majeur de l'histoire de l'opérette. Le livret – comme pour la plupart des ouvrages d'Audran – est signé Chivot et Duru (qu'on a déjà rencontrés chez Offenbach et Lecocq). Dans cette œuvre, Audran trouve l'équilibre entre musique facile et musique bien faite. Le ton lui-même opte pour la demi-teinte, entre opérette parodique et opérette bucolique. L'intrigue champêtre (les amours d'une gardeuse de dindons

Germaine Gallois en Bettina, dans *La Mascotte* au théâtre de la Gaîté en 1901

et d'un berger) prend un tour souvent comique (l'immortel duo des dindons et des moutons) ; les ensembles ont une gaieté exubérante digne d'Offenbach (la « chanson de l'orang-outang ») ; la partition est soignée mélodiquement, pleine de détails harmoniques suaves et de chansons joliment valsées (ballade de Peppo, couplets de Fritellini). Reprenant comme tant d'autres le sous-titre « opéra-comique », l'œuvre est néanmoins conçue et orchestrée dans des proportions plus modestes que celles de Lecocq, ce qui permet des reprises nombreuses dans de petits théâtres. Comme le note Florian Bruyas, évoquant les scènes parisiennes de ces années 1880 : « La grande opérette représentée par Lecocq ou par Planquette restait domiciliée aux "Nouveautés"... Aux "Variétés", le joyeux vaudeville-opérette d'Hervé accompagnait de ses flons-flons légers le jeu de la meilleure troupe comique de la capitale et, entre ces deux pôles, l'opérette gracieuse et enjouée d'Audran ou de Varney s'imposait sur les scènes "tempérées" des "Bouffes" ou des "Folies". »

La Mascotte est reprise à Londres, New York, Vienne, Berlin, Budapest. Elle suscite l'enthousiasme de Frédéric Nietzsche qui découvre l'œuvre à Turin, en 1888. Dans une lettre à Peter Gast, il loue la « science des finesses du goût et des effets » d'Edmond Audran, pour affirmer la supériorité de l'opérette parisienne sur l'opérette viennoise (« viennoiserie = cochonnerie »). Artiste plus solide que Planquette ou Varney, Audran se renouvelle au fil des succès. En 1882, *Gillette de Narbonne* – encore une histoire méditerranéenne, dont l'action se déroule au temps du bon roi René – dépasse la centième aux Bouffes-Parisiens et laisse un fameux refrain provencal, « Digué li qué vengué mon bon ». En 1884, la version parisienne du *Grand Mogol*, à la Gaîté, connaît un succès presque égal à celui de *La Mascotte*. En 1886, *La Cigale et la fourmi* – ravissante histoire d'une jeune chanteuse, insouciante comme la cigale – est créé par Jeanne Granier, l'interprète favorite de Lecocq. Nouveau succès ; après quoi l'heureux Audran fera salle

Jeanne Granier
dans *La Petite Mariée*

comble aux Bouffes-Parisiens durant la saison 1890-1891 avec *Miss Heylett*. Chivot et Duru ont laissé la plume à Maxime Boucheron, pour raconter les mésaventures d'une jeune puritaine américaine, conduite à révéler, malgré elle, ses jupons charmants. L'incroyable succès de cette œuvre à l'intrigue très mince – mais très « dessous féminins » – jouée près de 1000 fois consécutives, souligne l'importance des allusions sexuelles dans la popularité de certaines opérettes. Avant sa mort, en 1901, Edmond Audran donne encore *L'Oncle Célestin* (Menus-Plaisirs, 1891), une histoire de nouveaux riches dans le faubourg Saint-Germain, puis *La Poupée* (Gaîté, *1896),* jolie partition dont l'action se déroule dans un monastère, avec une poupée qui rappelle un peu l'Olympia d'Offenbach. La carrière de ce brillant musicien – dont les meilleures pages conjuguent la solidité du métier et une jovialité toute méridionale – prendra fin la même année avec une parodie wagnérienne : *Monsieur Lohengrin*.

Enfin, parmi les routiers de l'opérette populaire, entre 1870 et 1900, il faut citer quelques bons musiciens qui ne connurent pas les honneurs de la postérité. Comme Planquette, Varney ou Audran, ce sont des musiciens de métier, doués pour le théâtre, familiers du succès et dont quelques œuvres mériteraient mieux que l'indifférence. En premier lieu Léon Vasseur (1844-1917), autre élève de l'École Niedermeyer, célèbre dès 1872 avec *La Timbale d'argent,* grivoiserie tyrolienne qui fut l'un des grands succès du répertoire léger dans le dernier quart du XIXe siècle (Anna Judic y triomphe, avant de devenir la grande interprète d'Offenbach et d'Hervé). Vasseur est également le compositeur du *Roi d'Yvetot* (1873) ou du *Droit du Seigneur* (1878). Musicien plus original, Paul Lacome d'Estaleux (1838-1920), né dans le Gers, se fit remarquer en gagnant un concours d'opérette organisé par un journal. Monté à Paris, il devait obtenir plusieurs succès au théâtre, en particulier *Jeanne Jeanette et Janneton* (1876), sur un joli livret de Clairville et Alfred Delacour (1815-1883) ; il composa également de la musique de chambre et d'orchestre. Ami de Chabrier qui l'estimait, il partage avec lui une invention heureuse et ensoleillée.

L'année de la création de *Jeanne, Jeanette et Janneton*, un autre jeune musicien, le Nantais Gaston Serpette (1846-1904), se fait remarquer dans *Le Moulin du Vert Galant*. Cet élève d'Ambroise Thomas, titulaire du grand prix de Rome et licencié en droit, surprend le milieu musical en optant résolument pour la musique légère. Associé à quelques boulevardiers de haut vol, il signera, jusqu'à la fin du siècle, plusieurs opérettes à succès – *Le Manoir de Pic-Tordu* (1875), *Le Château de Tire-Larigot* (1884), opérette fantastique sur un livret de Blum et Toché, *Le Singe d'une nuit d'été* (1886) *La Lycéenne* en collaboration avec Feydeau (1887), *Cousin Cousine* (1893), charmante comédie sur un livret de Maurice Ordonneau (1854-1916). Il laisse également des pièces instrumentales comme sa *Marche funèbre sur la fille de madame Angot*… Serpette, Lacome, ou encore Ernest Guiraud (1837-1892) qui présente, en 1872, son opérette *Madame Turlupin,* avant de devenir le professeur de Debussy, témoignent de l'intérêt renouvelé de jeunes compositeurs pour le genre léger : un intérêt qui va trouver sa plus haute expression, dans les dernières années du siècle, avec l'œuvre de Messager.

chapitre 5

La belle époque de Messager

Grand musicien reconnu par ses pairs, figure centrale de la vie artistique à l'aube du xxe siècle, André Messager a consacré volontairement la plus grande partie de son œuvre au théâtre musical léger. Ce choix marque un tournant dans l'histoire de l'opérette; après lui, le divertissement n'aura plus le même sens. Comme l'écrit son ami Gabriel Fauré : «Malgré la frivolité apparente de certaines de ses œuvres, on y sent toujours la main d'un maître et d'un artiste.» Disciple de Saint-Saëns par son goût d'une musique bien faite, mêlant clarté et pudeur expressive; émule de Chabrier par la passion de l'alchimie harmonique et orchestrale, Messager met surtout en œuvre dans ses opérettes ce que Fauré, Debussy, Ravel, trouvent d'une autre façon dans la musique «sérieuse» : une souplesse de la phrase et de l'écriture mélodique, ponctuée par des accords délicatement choisis... Ses ouvrages sont rarement repris. Est-ce parce que les livrets pèchent parfois par leurs intrigues amoureuses un brin désuètes, dont la fraîcheur semble s'être étiolée pour laisser voir leurs conventions? Sans doute Messager ne possède-t-il pas le génie théâtral d'Offenbach. Mais chaque page de sa musique contient une substance incomparable qui la destine aux meilleurs interprètes : John Eliot Gardiner, dès les années 1980, faisait revivre *Fortunio* avec beaucoup de grâce. D'autres artistes éminents, comme Felicity Lott ou Susan Graham, saluent régulièrement ce compositeur qui fut également l'un des premiers chefs d'orchestre de son temps, créateur de *Pelléas et Mélisande* (Debussy lui a dédié son chef-d'œuvre). Chez Messager, comme chez Chabrier ou Reynaldo Hahn, le monde du grand art et celui de la fantaisie se rejoignent à l'aube des temps modernes.

Messager dirigeant l'orchestre de l'Opéra, portrait-charge par Charles-Félix Gir

Né à Montluçon le 30 décembre 1853, Messager est issu d'une famille parisienne. Âgé de seize ans, il entre à l'École Niedermeyer dont l'enseignement, fondé sur l'étude du grégorien et de la musique ancienne, le marquera durablement. Chez beaucoup de compositeurs français de cette génération, l'empreinte de Niedermeyer se retrouve dans une couleur harmonique modale, qui façonne aussi bien les mélodies que l'enchaînement des accords. On la reconnaît dans le *Requiem* de Fauré comme dans l'opérette *Véronique*. Gabriel Fauré, ancien élève de Niedermeyer, est d'ailleurs l'un des professeurs de Messager; mais il n'ont que six ans d'écart et se lient d'une profonde et durable amitié. Au cours des années suivantes, ils séjournent fréquemment ensemble sur la côte normande, parfois accompagnés de leur aîné et ami Camille Saint-Saëns. Afin de gagner sa vie, le jeune Messager devient organiste à Sainte-Marie des Batignolles. Le reste du temps, il compose, pour les Folies Bergère, des divertissements chorégraphiques intitulés *Fleur d'oranger* ou *Les Vins de France*. Comme beaucoup d'autres musiciens d'opérette – Hervé, Audran ou Claude Terrasse – il partage ses premières années entre l'encens des offices et les parfums du music-hall.

En 1883, Messager, âgé de trente ans, est sollicité pour achever la partition d'un opéra-comique – en fait une opérette dans le style de Lecocq – dont le compositeur, Firmin Bernicat, vient de mourir. Intitulé *François les bas bleus*, l'ouvrage qui a pour toile de fond la Révolution française obtient un grand succès aux Folies-Dramatiques et va orienter la carrière de Messager vers l'opérette. Le compositeur y montre déjà – dans chaque détail d'écriture – une subtilité très au-dessus de la moyenne. Des années plus tard, Reynaldo Hahn n'avait aucune peine à retrouver, sur la partition, l'endroit précis (au cours du duo de « la leçon d'écriture ») où la plume de Messager prend le relais de celle de Bernicat.

Composée peu après, *La Fauvette du Temple* (Folies-Dramatiques, 1885), première opérette entièrement de sa main (quoique toujours sous-titrée « opéra-comique »), nous conduit du carreau du Temple, à Paris, jusqu'à l'Afrique du Nord au temps des conquêtes coloniales. Encore une histoire d'amour dans le bon goût de Lecocq, d'où resteront des pages comme le duo du « Joli songe » ou la marche « À travers le désert immense ». La même année, les Bouffes-Parisiens présentent *La Béarnaise*, une autre fantaisie historique sur un livret de Leterrier et Vanloo, le futur auteur de *Véronique*. L'action se déroule parmi les Français vivant à Parme au temps d'Henri IV. La ligne harmonique a des tours déjà personnels, mais il s'agit encore de besogne alimentaire ; et la personnalité du jeune Messager brille davantage, peut-être, dans la musique de danse. *Les Deux Pigeons*, créé à l'Opéra en 1886, compose une sorte de symphonie à la française, énergique et lumineuse, dans ses couleurs modales quasi fauréennes, cependant que la fraîcheur des combinaisons orchestrales rappelle Chabrier. Comme ce dernier, Messager s'associe également au poète Catulle Mendès pour composer *Isoline*, « conte de fée en trois actes et dix tableaux ». Créé au Théâtre de la Renaissance en décembre 1888, ce voyage parmi les paysages et les créatures fantastiques semble vouloir adapter l'univers symboliste au public du boulevard, plus amateur de froufrous. L'ouvrage reçoit un accueil mitigé, aggravé par la faillite du théâtre qui oblige à interrompre les représentations. C'est seulement en 1930, après la mort de Messager, que Reynaldo Hahn ressortira *Isoline* de l'oubli. La partition comporte également un joli ballet de style archaïsant.

Comme la plupart des jeunes compositeurs français de la fin du XIXe siècle, Messager est un wagnérien passionné – même si Debussy ne verra bientôt là qu'un horizon bouché. Toujours en compagnie de Fauré, il prend la route de Bayreuth ; les frais de voyage sont réglés par Marguerite Baugnies, future madame de Saint-Marceaux et grande amie des musiciens (Messager fréquente également le salon de Winarretta Singer, future princesse de Polignac, avec laquelle il pratique le chant choral). En bons Parisiens, familiers du Chat Noir et des cafés-concerts, Messager et Fauré échappent aux excès de la religion wagnérienne. Admirateurs du *Ring*, ils ne perdent pas le sourire et rapportent de leur pèlerinage une pochade : les *Souvenirs de Bayreuth*, quadrille pour piano à quatre mains sur des thèmes de la *Tétralogie*.

Messager par Fauré

« André Messager et un éclectique, au plus haut sens du mot ; sa curiosité de toutes les formes n'a jamais le caractère de la facilité. Et quel que soit le genre où se plaise son élégant génie, on a toujours avec lui cette certitude, c'est que l'œuvre produite sera toujours d'une parfaite essence musicale.
[...] Ne pensez pas que dans ces derniers opéras bouffes ou ouvrages chorégraphiques, sa plume ait eu moins de distinction que dans les autres. Sa veine mélodique est également généreuse dans ces diverses productions ; elle va d'un rythme alerte, aisé, renouvelé de forme, de ligne très pure et toujours distinguée, sans ambiguïté comme sans banalité, et sans cesse une écriture fine, serrée, mais simple, la rehausse de ses plus délicats ornements. Son orchestre est clair, sonore, riche d'inventions heureuses, abondant en sonorités piquantes ; vous n'y trouverez jamais ce laisser-aller, ces négligences qui ont si souvent compromis la dignité des œuvres de musique légère.
Il n'y pas beaucoup d'exemples dans l'histoire de la musique, d'une artiste d'une culture aussi complète, d'une science aussi approfondie, qui consente à appliquer ses qualités à des formes réputées, on ne sait pourquoi, secondaires. De combien de chefs-d'œuvre ce préjugé ne nous a-t-il pas privés ? Et c'est encore là que se révèle la délicatesse de pensée de Messager, c'est là que son éclectisme nous apparaît une admirable direction d'art. Avoir osé n'être que tendre, exquis, spirituel, n'exprimer que la galanterie des passions, avoir osé sourire alors que chacun s'applique à bien pleurer, c'est là une audace bien curieuse en ce temps.
Et c'est surtout l'affirmation d'une conscience d'artiste. »

Gabriel Fauré, *Musica*, septembre 1908

À ce moment de sa vie, Messager n'a pas exactement trouvé sa voie. Musicien ambitieux, il continue pour vivre à composer des opérettes, mais *Le Mari de la reine* (Bouffes-Parisiens 1889) se solde par un « four ». Son goût le porte surtout vers l'opéra-comique, où Wagner voyait le

meilleur de la musique française. Désireux de s'imposer par une grande œuvre, Messager donne, en 1890, salle Favart, un ouvrage en trois actes sur un livret d'Albert Carré : *La Basoche.* On y rencontre le poète Clément Marot, déguisé en roi de France, dans un quiproquo avec Marie d'Angleterre. Le baryton Lucien Fugère – ancien chansonnier devenu grande figure du chant français – tient le rôle du duc de Longueville. L'ouvrage sera représenté plus de 200 fois en cinquante ans. Lors d'une production londonienne, en 1891, Bernard Shaw écrira : « Dans son genre, *La Basoche* est un si bon opéra que je ne parviens absolument pas à m'expliquer comment il a pu faire son chemin jusqu'à Londres pour être livré à la merci des artistes et du public britannique... »
Pendant quelques années encore, Messager semble encore hésiter sur la voie à suivre. En 1893, il compose la grave « comédie lyrique » *Madame Chrysanthème*, première adaptation musicale du roman de Pierre Loti qui fournira, des années plus tard, la trame de *Madame Butterfly*. Présentée au théâtre de la Renaissance, cette partition se situe mi-chemin de l'opéra et de l'opéra-comique, avec son grand chant des Cigales, sa libre construction où le découpage traditionnel des airs d'opéra se mêle au chant continu wagnérien... Mais ce pas vers la musique sérieuse est immédiatement suivi par de nouvelles opérettes : *Miss Dollar* (1893), puis la charmante *Fiancée en loterie* (Folies-Dramatiques, 1896), une partition hispanisante aux airs enlevés, écrite en collaboration avec Paul Lacome. Le rôle principal est confié à Jean Périer (1869-1954), un artiste qu'on retrouvera bientôt dans *Véronique*... et dans *Pelléas*. Messager compose également, pour la troupe londonienne de Richard D'Oyly Carte (spécialisée dans le répertoire de Gilbert et Sullivan), l'opérette *Mirette* (1894), en collaboration avec miss Hope Temple, une musicienne britannique qui va devenir sa seconde femme (il n'est pas impossible, d'ailleurs, que Messager, anglophile convaincu, ait subi l'influence des opérettes, si finement agencées, d'Arthur Sullivan). En 1896, nouvelle composition ambitieuse en cinq actes : *Le Chevalier d'Harmental*, d'après Alexandre Dumas. L'architecture de cet opéra-comique traduit encore l'influence wagnérienne, mais la faiblesse du livret explique, pour une part, l'échec d'un ouvrage abandonné après quelques représentations salle Favart et laissant Messager complètement déprimé.

Véronique

Peut-être cet échec referme-t-il la jeunesse de Messager, en l'orientant vers une voie plus personnelle. On peut également supposer que l'essor de sa carrière de chef d'orchestre va lui donner plus de liberté dans son activité de compositeur. Quoi qu'il en soit, au cours des années suivantes, renonçant à l'opposition marquée entre « grandes » œuvres et répertoire « alimentaire », le compositeur se tourne résolument vers le théâtre d'opérette. Mais il aborde désormais ce genre mineur comme un art à part entière, et met à profit son bagage d'artiste pour composer une musique personnelle, sans rompre l'apparente simplicité du genre populaire. Coup sur coup, deux chefs-d'œuvre, *Les P'tites Michu* (1897) et *Véronique* (1898), vont donner un tour nouveau à l'histoire de l'opérette.

Selon l'indication du compositeur, *Les P'tites Michu* est une opérette, et *Véronique* un opéra-comique. En réalité, ces deux ouvrages voient le jour dans le même théâtre, les Bouffes-Parisiens, et la différence est minime : une intrigue plus naturaliste située dans les halles de Paris pour les *P'tites Michu* ; un sujet plus historique dans *Véronique*, avec en toile de fond la cour de Louis-Philippe. Peinture populaire et enjeux aristocratiques se mêlent cependant dans les deux livrets, signés par le même duo d'auteurs : Albert Vanloo, vieux routier de l'opérette (déjà librettiste de *L'Étoile*), désormais associé à Georges Duval (1847-1919). Le titre des *P'tites Michu* a quelque chose de désuet, qui prête à sourire. De fait, les deux œuvres sont empreintes d'une sentimentalité un peu datée, dans leurs intrigues amoureuses où l'on se fait la cour sans jamais « conclure ». On y retrouve de beaux militaires et quelques dimanches à la campagne. Loin des parodies extravagantes du second Empire, le théâtre de Messager, comme celui de Lecocq, colle aux conventions sociales du monde bourgeois ; c'est pourquoi sa mise en scène exige beaucoup de finesse. Elle ne peut se satisfaire des « détournements » qu'on inflige à Offenbach. Ces opérettes sont un opéra du quotidien, où les petits drames amoureux se substituent aux grands enjeux de la tragédie.

L'originalité de ces deux œuvres reste avant tout musicale : les lignes mélodiques, proches de la parole comme une mélopée grégorienne, bénéficient d'un soin d'écriture inhabituel (tout semble clair, mais rien n'est banal dans cette écriture) ; l'orchestration présente des contrechants et des doublures raffinés ; l'harmonie s'appuie volontiers sur les degrés faibles, avec des accords suaves aux consonances modales. Quant à l'architecture, elle mêle habilement l'esprit de la chanson (la ronde des Halles dans *Les P'tites Michu*) et celui de la danse (la fameuse valse de « l'Escarpolette ») dans une construction souple, discrètement inspirée par l'expérience wagnérienne. La musique de Messager joue sur le registre de l'émotion légère, de la mélancolie, sur le charme de l'écriture, plutôt que sur le comique. En ce sens, elle appartient surtout à l'école française de la fin du XIXe siècle. Cultivant la nuance et la demi-teinte, elle rejoint par son expressivité contenue les mélodies de Fauré ou Debussy ; et l'on comprend que Jean Périer, créateur de Florestan dans *Véronique* au côté de Mariette Sully, ait pu incarner *Pelléas* quatre ans plus tard. Au cœur de presque toutes les opérettes de Messager figure d'ailleurs cette voix élégante de baryton « Martin », si caractéristique de la musique française de l'époque – quand l'opérette offenbachienne privilégiait la voix de ténor dans les rôles de jeune premier.

Après *Les P'tites Michu* et *Véronique*, Messager donne, en 1905, une troisième opérette sur un livret de Van Loo et Duval : *Les Dragons de l'Impératrice*. Cette œuvre n'a pas connu le succès des précédentes bien qu'elle possède, selon Michel Augé Laribé, « l'entrain de la première, le charme de la seconde, avec plus de force comique » ; on y remarque notamment le cœur joyeux et un peu canaille du « royaume du cancan », et, toujours au deuxième acte, le beau duo baryton-soprano (« Eh bien parlez monsieur... »). À la même époque, Messager accède comme chef d'orchestre aux plus hautes sphères musicales. L'année de la création de *Véronique*, il est nommé par Albert Carré directeur de la musique de l'Opéra-Comique. Au cours des années suivantes, il va imposer et diriger plusieurs créations marquantes : *Fervaal* de Vincent d'Indy (1898), *Louise* de Charpentier (1900), *Pelléas et Mélisande* (1902), ou encore la première française de *Tosca* (1903). Le talent de Messager, sa curiosité pour les divers courants de la création le conduisent également à diriger, de 1901 à 1907, la saison d'opéra de Covent Garden.

Malgré cette intense activité dans les premières années du XXe siècle, Messager revient comme compositeur au registre mi-grave mi-léger de la « comédie lyrique » avec *Fortunio*. L'argument d'Alfred de Musset avait déjà inspiré Offenbach dans *La Chanson de Fortunio* ; Messager et ses éminents librettistes, Robert de Flers (1872-1927) et Gaston Arman de Caillavet (1869-1915) en tirent un parti très différent et donnent, en cinq actes, un modèle de conversation en musique. Sur le plateau de la salle Favart, le 5 juillet 1907, on retrouve Lucien Fugère et Jean Périer. Le lendemain de la première, Saint-Saëns écrit à Messager : « Savez-vous bien que vous êtes le seul, actuellement, pour faire de la musique à mon goût ? » Marque de l'esprit conservateur de Saint-Saëns à la fin de sa vie ? Ou parenté entre deux compositeurs qui ont tenté, chacun à sa façon, une synthèse entre la liberté formelle du drame wagnérien, les schémas clairement découpés de l'opéra italien, et la prosodie particulière de la langue française ?

À la veille de la Première Guerre mondiale, Messager semble totalement absorbé par ses activités de chef d'orchestre. Après Covent Garden, il prend en 1908 la direction du premier orchestre français – la Société des concerts du Conservatoire – puis la direction musicale de l'Opéra de Paris. À ce poste il dirige, en 1909, les premières représentations du cycle intégral la *Tétralogie* au Palais Garnier. En mai 1914, il se tourne brièvement vers le genre « grave » et donne à Monte-Carlo une

André Messager au piano

légende lyrique en quatre actes, intitulée *Béatrice*. Créée à la veille de la guerre, cette partition a sombré dans un oubli total. Pendant le conflit mondial, Messager se signale – comme Ravel – en refusant d'adhérer au combat contre la musique allemande conduit par Saint-Saëns, d'Indy et même Debussy. De retour sur scène dès 1918, avec *Monsieur Beaucaire*, il va se consacrer de nouveau à l'opérette et à la comédie musicale. Nous évoquerons longuement dans le chapitre suivant cette floraison d'ouvrages signés – dans son vieil âge – par le plus raffiné des compositeurs légers.

Claude Terrasse

Véronique de Messager reste le modèle d'une opérette « Belle Époque ». Après les folies de l'opéra-bouffe sous le second Empire, après les tableaux historiques de Lecocq et le dépaysement provincial d'Audran ou de Planquette, la couleur musicale se rapproche des boulevards et des guinguettes chers aux impressionnistes. Le décor semble plus familier, plus quotidien dans son pittoresque : un magasin de fleurs à Paris, un dimanche à la campagne. L'amour devient un flirt charmant, jusque dans ses cruautés ; et l'aspect comique se réduit à quelques portraits bouffons : le père Michu dans *Les P'tites Michu*, ou la tante Ermerance chantant ses amours dans *Véronique*... Secondaire chez Messager, cette veine parodique, héritée d'Hervé et d'Offenbach, va connaître dans les premières années du XXe siècle un regain de faveur, grâce à l'un des vrais humoristes de l'histoire musicale : Claude Terrasse.
Né en 1867 à l'Arbresle (département du Rhône), Terrasse a commencé ses études au conservatoire de Lyon avant d'entrer, lui aussi, à l'École Niedermeyer, dans la classe d'Eugène Gigout. Pendant quelques années, il accomplira les besognes d'organiste, notamment à Arcachon, mais sa fantaisie naturelle le conduit aussi bien, lorsqu'il tient l'orgue, à improviser un quadrille sur des motifs de Bach... De retour à Paris, après sa

nomination à la paroisse de la Trinité, Claude Terrasse devient un personnage du milieu bohème et provocateur où se forge un art nouveau : il fréquente Alphonse Allais, Charles Cros, Jules Renard, Verlaine, Satie, et surtout Pierre Bonnard, son futur beau-frère et ami pour la vie. Sur des poèmes humoristiques de Franc-Nohain, il compose trois *Chansons à la charcutière*. En 1896, il participe à la première d'*Ubu Roi*, pour lequel il signe la musique de scène et la «chanson du décervelage». Rejoignant Bonnard et Terrasse, Alfred Jarry devient le troisième larron d'une bande inséparable. Ils inventent notamment le Théâtre des Pantins qui présente des spectacles de marionnettes dont les programmes sont illustrés par Bonnard. Toujours sur une musique de Terrasse et un texte de Franc-Nohain, *Vive la France!* est interdit par la censure pour obscénité.

L'esprit de cette génération préfigure simultanément les avant-gardes et la dérision de l'avant-garde. Quelques années plus tôt, au «Salon des arts incohérents», Alphonse Allais présentait un tableau tout blanc intitulé *Communion de jeunes filles chlorotiques par temps de neige* : il inventait le monochrome tout en s'en moquant... Avec sa grande taille maigre, sa barbe noire, son sourire, son goût de la vie et du bon vin, Terrasse ressemble, selon Franc-Nohain, à «un diable qui sort de sa boîte». Doté d'un bon métier musical, il se distingue par sa curiosité artistique et littéraire. Après quelques collaborations au théâtre (notamment *Panthéon-Courcelles* avec Georges Courteline), il rencontre le succès grâce à une opérette biblique : *La Petite Femme de Loth* (1900), sur un texte de Tristan Bernard. Ces deux actes créés au théâtre des Mathurins rompent avec le ton sentimental de Lecocq ou de Messager, et ravivent l'esprit comique des «Folies-Nouvelles» d'Hervé.

Porté vers l'opéra-bouffe, Claude Terrasse s'associera le plus souvent à un excellent duo de librettistes : Robert de Flers et Gaston Arman de Caillavet – qui sont un peu les Meilhac et Halévy de la «Belle Époque». Ils signent, pour commencer, *Les Travaux d'Hercule* (Bouffes-Parisiens, 1901), une fantaisie directement héritée de *La Belle Hélène* ou de *Geneviève de Brabant*, qui conte les aventures d'un pitoyable Hercule, trompé par sa femme et incapable d'accomplir ses fameux travaux (même si quelques malentendus historiques laissent croire qu'il en est l'auteur). La parodie de la société moderne est moins sensible dans *Les Travaux d'Hercule* que chez Offenbach, mais la farce pseudo-mythologique y gagne en efficacité théâtrale et en drôlerie. Il manque peut-être à la musique de Terrasse le puissant génie de son grand aîné; il en retrouve toutefois l'entrain, la gaieté, l'efficacité, avec davantage de finesse dans l'écriture harmonique ou orchestrale. On reconnaît aussi dans ses accompagnements la pâte de l'école de Niedermeyer, le goût des degrés faibles et des couleurs modales; et son œuvre enrichit l'opérette de rythmes typiques des années 1900, comme celui de la valse lente.

Claude Terrasse et ses librettistes, Robert de Flers, Gaston Arman de Caillavet

L'association Terrasse/Flers/Caillavet obtient, dans les premières années du siècle, quelques grands succès : *Chonchette* (Capucines, 1902) incluant une célèbre «valse du beau linge»; puis *Le Sire de Vergy* (Variétés, 1903) dont le héros, censé combattre les infidèles en Terre sainte, mène en réalité une vie de patachon sur la butte Montmartre; pour donner le change, il rentre chez lui avec trois faux prisonniers loués pour la circonstance. Debussy – qui avait pourtant la dent dure – a consacré à cette œuvre une chronique élogieuse : «Offenbach orchestrait péniblement, C. Terrasse orchestre finement; là encore, je me permettrai de lui affirmer qu'il y aurait dans certaines associations de timbres inattendus une mine inexploitée de drôlerie. Il le sait mieux que moi certainement, et la trompe d'automobile qui annonce le retour des "Croisés" de Terre sainte, dans *Le Sire de Vergy*, est une invention indéniable.» Après ce succès (joliment repris en 2000 aux Bouffes-Parisiens) viennent *Monsieur de la Palisse* (Variétés, 1904), évocation très cocasse d'un descendant du fameux personnage qui «une heure avant sa mort était encore en vie», désormais chargé d'une mission spéciale à la cour d'Espagne; puis encore *Pâris ou «le bon juge»* (Capucines, 1906) et son charmant satyre dégoûté par l'amour.
Si les grands opéras-bouffes sont presque tous de Flers et Caillavet, les pièces en un acte de Claude Terrasse font appel à son ami Franc-Nohain (1872-1934), futur librettiste de *L'Heure espagnole*, qui excelle dans une manière poétique et surréaliste avant l'heure. Ils donnent ensemble le très délirant *Au temps des croisades* (Liège, 1901), interdit par la censure et repris à Paris sous le titre *Le Péché véniel*; cette histoire de ceinture de chasteté comporte une inénarrable *Valse des péchés*, joliment gravée par le duo comique Charpini et Brancato : l'un des seuls morceaux de Terrasse qu'on ait pu longtemps trouver en disque. Suivront notamment *La Fiancée du scaphandrier* (Mathurins, 1902) et *La Botte*

secrète (Capucines, 1903) qui se déroule dans le Paris souterrain, où l'on chante : « Les égouts de Paris c'est Venise chez soi. »
En 1910, Terrasse présente à l'Opéra-Comique *Le Mariage de Télémaque*, sur un livret de Jules Lemaître et Maurice Donnay, autre grande figure du Chat Noir. L'œuvre sera représentée cinquante fois jusqu'en 1922. Évoquons encore la « grande œuvre » du compositeur : *Pantagruel,* un opéra-bouffe en cinq actes, sur un livret d'Alfred Jarry et Henri Gauthier-Villars (Willy), créé à Lyon en 1911 avec un demi-succès, mais qui mériterait toute notre curiosité selon Philippe Cathé, le biographe du compositeur. On peut encore mentionner *L'Ingénu libertin* (Bouffes-Parisiens, 1907) sur un beau texte de Louis Artus, puis une nouvelle collaboration avec Tristan Bernard : *Miss Alice des PTT* (Cigale 1912). Parmi les compagnons de bohème de Terrasse figure également André Ferdinand Herold (1865-1940), petit-fils du compositeur du *Pré aux clercs*, qui écrit le livret de *La Farce du poirier* (Bouffes-Parisiens 1916). Au lendemain de la Première Guerre mondiale, la grande heure de Terrasse semble toutefois passée. Il donnera encore *Le Cochon qui sommeille* (1918) sur un livret de Rip et Dieudonné (duo d'auteurs qu'on retrouvera dans ces pages). L'œuvre de ce maître humoriste s'achève sur *Faust en ménage* créé un an après sa mort, en 1924 : une parodie de Gounod dans laquelle Marguerite et Faust se sont mariés tandis que Méphisto s'est mis à boire, après avoir été licencié par Satan.
L'oubli dans lequel sont longtemps restées les opérettes de Claude Terrasse paraît injuste. Les textes ont bien vieilli : ni sentimentalisme démodé, ni surabondance d'allusions datées n'entravent leur compréhension. Beaucoup de scènes ont conservé leur force comique, soutenue par une musique efficace et délicieusement « Belle Époque ». Malgré une reprise de *La Petite Femme de Loth* en 1957 – avec Jacqueline Maillan dans le rôle principal – cet abandon s'est longtemps prolongé pour de mauvaises raisons : la disparition des théâtres d'opérette ; la méconnaissance du répertoire léger et, plus généralement, l'oubli de cette fantaisie anticonformiste qui, dans le Paris de la Belle Époque, préparait le terrain aux aventures de l'art moderne. Au tournant du XXIe siècle, on s'est donc réjoui de voir les plus jeunes

Jacqueline Maillan et Jacques Dufilho dans *La Petite Femme de Loth* au théâtre La Bruyère en 1957

et les plus dynamiques compagnies d'opérette s'intéresser à cette œuvre très loufoque, en montant *La Botte secrète* et *La Fiancée du scaphandrier* (Péniche Opéra) ; puis, *Chonchette* ou *Au temps des croisades* (Les Brigands), tandis qu'on redécouvrait, dans des productions plus importantes, *Les Travaux d'Hercule* à l'Opéra de Rennes ou *Le Sire de Vergy* aux Bouffes-Parisiens. L'heure du renouveau aurait-elle enfin sonné pour rendre à Terrasse la place qu'il mérite auprès de ses amis Bonnard et Jarry ?

Ganne, Hirchmann et l'opérette Belle Époque

Malgré les succès d'André Messager et de Claude Terrasse, la Belle Époque est marquée par un relatif déclin de l'opérette, le premier depuis l'apparition du genre. Après les triomphes populaires de la période 1870-1890, la vogue reflue peu à peu à la fin du siècle. Chez les grands compositeurs, malgré l'exemple de Chabrier, les tendances nouvelles autour de Franck, puis de Debussy, restent assez éloignées de la tentation du divertissement. Au même moment, l'extraordinaire essor de la chanson, du café-concert et du music-hall, offre au public de nouvelles attractions dont témoignent la popularité de Thérésa, Paulus, Aristide Bruant, Yvette Guilbert, suivis par Mistinguett, Dranem ou Mayol. Par ailleurs, beaucoup de théâtres d'opérette vivent encore sur la lancée des succès d'Audran, Planquette ou Varney qui continuent à produire de nombreuses partitions sans vraiment renouveler leurs modèles. Dans les années 1890, la forme du « vaudeville opérette », avec ses couplets

Fabienne Guyon, Bernard Alane, Cerise et Jean Paul Farré dans *Le Sire de Vergy* de Terrasse, mise en scène d'Alain Sachs, aux Bouffes-Parisiens en avril 2000
Bouffes Parisiens

simplifiés entre de longues scènes de théâtre, tend à vider le genre de toute élaboration musicale. Les recettes diminuent tellement que de nombreuses salles parisiennes, à l'aube du XXe siècle, abandonnent l'opérette pour le théâtre. C'est le cas des Nouveautés, de l'Athénée et même des Bouffes-Parisiens.

Durant cette période, l'opérette populaire va toutefois s'enrichir d'un de ses grands maîtres : Louis Ganne dont *Les Saltimbanques* connaîtront, jusqu'à nos jours, un succès digne des *Cloches de Corneville* ou de *La Mascotte*.

Né dans à Bruxières-les-Mines, en 1862, tout près de Montluçon où Messager passa son enfance, Ganne a reçu au Conservatoire de Paris un solide apprentissage dans les classes de Théodore Dubois et de César Franck. Doté d'un prix d'harmonie et d'un prix d'orgue, il débute lui aussi comme musicien de paroisse, et rode son métier en composant pour les scènes de music-hall des marches militaires ou de charmants petits ballets : *Les Sources du Nil*, *Merveilleuses et gigolettes*, *L'Heureuse Rencontre*, *L'Heure du berger* sont présentés aux Folies Bergère ou au Casino de Paris. Jusqu'à sa mort, en 1923, Ganne restera un important fournisseur du répertoire de danse. Devenu chef d'orchestre des bals de l'Opéra de Paris, il signe d'innombrables polkas, valses ou mazurkas (mais aussi gavottes et autres danses anciennes qui connaissent un regain de faveur). On lui doit notamment d'avoir lancé en 1892 la célèbre *Marche lorraine*. Au début du XXe siècle, installé à Monaco, il dirigera encore les Concerts Ganne qui joueront sous sa direction la quasi-totalité du grand répertoire de symphonies et de concertos.

Ce professionnel aguerri va surtout enrichir le répertoire d'opérettes au tournant du siècle. Après un premier essai en 1893 (*Les Colles des femmes*), il compose *Les Saltimbanques* créé le 30 octobre 1899 dans le vaste théâtre de la Gaîté. Sur un livret de Maurice Ordonneau (1854-1916), l'ouvrage est sous-titré « opéra-comique en trois actes et quatre tableaux ». Avec son important effectif, son intrigue haute en couleurs et ses amples dimensions il s'agit déjà d'une opérette à grand spectacle. Un esprit bon enfant domine cette peinture heureuse d'un cirque itinérant, où les amours légères l'emportent sur la verve comique. Malgré une intrigue un peu tarabiscotée (avec le mariage final entre la pauvre acrobate et le jeune homme de bonne famille), l'ouvrage comporte de belles pages, d'allure un peu facile, mais troussées par un vrai musicien. Visant plus haut que les procédés d'un Planquette, Louis Ganne conçoit l'opérette comme un recueil de scies et de danses recourant aux rythmes nouveaux, comme celui de la valse Boston, mais empruntant également les accords de la musique moderne et de chatoyantes combinaisons orchestrales. Passage presque obligatoire en cette période revancharde, « un gentil soldat » chante la gloire de la

France sur une efficace marche à 6/8, emblématique du style de Louis Ganne. Immortalisé par la valse finale du troisième acte («C'est l'amour»), l'ouvrage sera représenté partout en France et en Europe.

Le style du compositeur paraît plus accompli dans son autre grand succès : *Hans le joueur de flûte*, créé à Monte-Carlo en avril 1906, sur un livret de Georges Mitchell et Maurice Vaucaire (1863-1918) qui adaptera en français plusieurs opéras de Puccini. On y retrouve, dans les deux rôles principaux les créateurs de *Véronique*, Jean Périer et Mariette Sully. Inspirée par la légende du joueur de flûte de Hamelin, c'est encore une aventure pleine de bons sentiments, mais surtout une partition savoureuse qui, sans pousser la recherche musicale aussi loin que Messager, conjugue l'efficacité de la danse à une écriture harmonique savoureuse, dès la marche de la garde qui ouvre la partition. L'ouvrage connaîtra lui aussi le succès international, de Paris (Apollo, 1910) à New York (Manhattan Opera House, la même année). Ganne composera encore plusieurs opérettes : *Rhodope* (Monte-Carlo 1910), et surtout *Cocorico* (Apollo) dont le titre prend une résonance particulière en 1913. Dans cette intrigue située à la fin du XVIIIe siècle, on voit des émigrés français d'une principauté allemande se retrouver sur un refrain inspiré par le chant du coq. L'allusion à l'Alsace-Lorraine – toujours sur un rythme de marche à 6/8 – semble à peine voilée, quelques mois avant la Revanche ; mais on peut y voir un autre symbole, au moment où la lutte fait rage entre l'opérette française et l'opérette viennoise, trop envahissante au goût de certains.

Carte postale popularisant *Les 28 jours de Clairette*

Contemporain de Louis Ganne, Victor Roger (1863-1903) laisse, lui aussi, quelques opérettes dont le succès ne se démentira guère pendant un demi-siècle : *Joséphine vendue par ses sœurs* (Bouffes-Parisiens, 1886) est une parodie de *La Légende de Joseph* de Méhul, sur un livret du boulevardier Paul Ferrier (1843-1928). Suivent *Les 28 jours de Clairette* (Folies-Dramatiques, 1892), un classique du répertoire militaire, adapté au cinéma en 1933, avec la jeune chanteuse Mireille dans le rôle principal. Venu lui aussi de l'école Niedermeyer, Roger ne possède pas toujours la finesse musicale des précédents ; mais il conquiert un vaste public comme roi du «vaudeville opérette», dans la lignée de *Mam'zelle Nitouche*. Beaucoup d'histoires de lit, de caserne, des jeux de mots parfois douteux («Ugène, Ugèn', Tu m' fais languir. Où y'a d'l'hygiène y'a plus d'plaisir»), de nombreuses références à la petite bourgeoisie et à l'armée française expliquent peut-être que ses succès n'aient guère franchi les frontières. Avec quelques autres, les œuvres de Roger, contribueront à renforcer une vision un brin «franchouillarde» de l'opérette. Image réductrice, car ses compositions ne manquent ni d'entrain ni d'habileté parodique : par exemple dans ce quatuor avec chœur de *Joséphine vendue par ses sœurs* qui superpose un duo d'opéra et une romance populaire. Quelques années avant sa mort, Victor Roger donnera encore, sur un livret de Maurice Ordonneau, la très drôle *Auberge du Tohu-Bohu* (Folies-Dramatiques, 1897), qui confirmera ses talents d'héritier d'Hervé et d'Offenbach et tiendra l'affiche deux cents soirs d'affilée.

Autre musicien en vogue dans les premières années du siècle, Henri Hirchmann (1872-1961) a étudié sérieusement la musique dans la classe de Jules Massenet. De son vrai nom Henri Louis Hirschmann (il emploie également le pseudonyme d'Henri Herblay), il connaît son premier succès à Berlin avec *Das Schwalbennest (Les Hirondelles)*, créé en 1904. En ce début de XXe siècle, l'opérette intéresse de plus en plus la capitale allemande, longtemps à la traîne de Paris et de Vienne. Cette histoire de pensionnaires dans la tradition de Varney et Lecocq est reprise à Paris en 1907. Plus populaire encore, *La Petite Bohème* (Variétés, 1905) n'est pas exactement une parodie de la «grande» *Bohème* de Puccini. Sur un livret de Paul Ferrier, il s'agit plutôt d'une variation légère sur le même sujet d'Henri Murger. La recette fonctionne et sera suivie par *Mademoiselle Don Juan* (1909) et *La Petite Manon* (1913). D'une plume lyrique très sûre dans les airs et les duos, Hirchmann sait également trousser des pages vives et dansantes; mais sa reconversion dans la comédie musicale nouveau genre, après la Première Guerre mondiale, ne lui permettra guère de retrouver le succès.

Son jeune confrère Charles Cuvillier (1877-1955), autre élève de Massenet, connaît le succès dans les premières années du siècle grâce à un sens comique digne de Claude Terrasse. Remarqué en 1905 dans *Avant-hier matin*, sur un texte de Tristan Bernard, il donne l'année suivante *Son petit frère*, sur un livret d'André Barde (1874-1945), futur librettiste à succès de Maurice Yvain. Créé à Marseille peu avant la guerre, *La reine s'amuse* (un détournement de *Rigoletto* alias *Le roi s'amuse*) connaîtra un grand succès à Paris en 1918 sous un nouveau titre : *La Reine joyeuse.* Jouée à l'Apollo, toujours sur un livret d'André Barde, l'œuvre est longtemps restée dans les mémoires pour sa valse «Oh la troublante volupté de la première étreinte». Mais Cuvillier connaît surtout la gloire en Angleterre et aux États-Unis. Créée en version allemande (Leipzig, 1905), son opérette *Der Lila Domino* est remarquée par un agent américain qui l'adapte pour Broadway (1914), puis Londres (1918), où *Lilac Domino* sera représenté plus de sept cents fois. Le compositeur enchantera une seconde fois le public anglo-américain avec *Agfar* (1919), adapté d'une de ses opérettes françaises d'avant guerre. Les œuvres de Cuvillier, tant par leur sens parodique que par leur goût des nouvelles danses anglo-américaines, préfigurent l'opérette des années folles. Évoquons encore le nom d'Émile Pessard (1843-1917), grand prix de Rome, compositeur du *Capitaine Fracasse* pour l'Opéra-Comique puis d'opérettes comme *Mam'zelle Carabin* (1893), *La Dame de trèfle* (1898) ou *L'Armée des vierges* (1902). Son élève Justin Clérice (1863-1908), né à Buenos Aires, a également suivi l'enseignement de Léo Delibes avant de connaître un certain succès dans *Les Petites Vestales* (1900), *Ordre de l'empereur* (1902) ou *Un béguin de Messaline* (1904). Ernest Gillet, né en 1856, élève de Niedermeyer, est le compositeur de *La Fille de la mère Michel* (1903) et de *Mam'zelle Vendémiaire* (1917). Enfin, si beaucoup d'excellents compositeurs apportent leur concours occasionnel à l'opérette, il arrive que l'expérience ne soit pas concluante. Tel est, selon Florian Bruyas, le cas de Raoul Pugno (1852-1914), pianiste célèbre (il termine ses concerts « en saisissant le piano entre ses dents », écrit Debussy), qui s'obstine sans grand succès dans la voie de l'opérette avec *Ninette* (1882), *Sosie* (1887), *La Vocation de Marius* (1890) ou *La Petite Poucette* (1891). Dans ses souvenirs, Albert Carré, directeur de l'Opéra-Comique, prétendra que Pugno était, en réalité, le compositeur de *Joséphine vendue par ses sœurs*, le grand succès de Victor Roger. Cela reste à confirmer…

Les Viennois à Paris

Les premières années du siècle, on l'a dit, marquent un certain recul de l'opérette française. Pour compenser cette désaffection, quelques producteurs tentent de lancer des spectacles étrangers. Dès 1903, une opérette américaine, *La Belle de New York* de Hugh Morton – dans laquelle débute une certaine Yvonne Printemps – fait courir le public au Moulin-Rouge puis en province. Mais le vrai coup de tonnerre se produit, en 1909, au théâtre de l'Apollo : c'est le triomphe de *La Veuve joyeuse* qui lance en France la vogue de l'opérette viennoise.

Cette installation tardive sur les scènes parisiennes d'un genre apparu à Vienne dès les années 1860, puis déjà largement diffusé dans le monde, a plusieurs raisons. D'abord, l'opérette étant née à Paris – avant de faire école en Autriche, sous l'influence Offenbach – les spectacles viennois ont longtemps fait figure d'imitations, nullement destinées à revenir dans la capitale française. S'il a sacré Johann Strauss roi de la valse, le public parisien préfère en matière d'opérette les œuvres françaises plutôt que leurs cousines viennoises, un brin dénaturées par des livrets moins

drôles et plus sentimentaux. Les rares tentatives de représentations des œuvres de Strauss, Millöcker ou Suppé, à la fin du XIXe siècle, se sont soldées par des succès mitigés. Après une tentative en 1877 au théâtre de la Renaissance, *La Chauve-souris* de Johann Strauss, adapté en français par Paul Ferrier, est revenu aux Variétés en 1904 ; *Le Baron Tzigane* est passé du Havre aux Folies-Dramatiques en 1895 ; et on a pu voir dans le même théâtre, en 1882, *Boccace* de Suppé, revu par Chivot et Duru. *L'Étudiant pauvre* de Millöcker est apparu rapidement aux Menus-Plaisirs en 1889. Pour certaines œuvres se sont ajoutées les difficultés liées aux droits d'auteurs, car nombre d'opérettes viennoises (*La Chauve-souris* et *La Veuve joyeuse* en premier lieu) sont tirées de pièces françaises, adaptées par des auteurs allemands, ce qui rend problématique leur ré-adaptation pour la scène française.

Pourquoi, dans ces conditions, la première parisienne de *La Veuve joyeuse,* dans une version française de Flers et Caillavet (quatre ans après la première viennoise, en 1905), marque-t-elle un tournant? Sans doute parce que Lehár, davantage que ses prédécesseurs, se dégage des sources offenbachiennes pour illustrer une veine musicale nouvelle, au lyrisme abondant. Après plus de deux cents représentations consécutives à l'Apollo, la vogue de l'opérette viennoise se répand dans l'hexagone comme une traînée de poudre. En 1910, dans le même théâtre – situé rue de Clichy et dirigé par Alphonse Franck – c'est l'adaptation française de *Rêve de valse* d'Oscar Straus, créé par Alice Bonheur et Henry Defreyn. Oscar Straus a commencé dans la parodie offenbachienne avec ses *Joyeux Nibelungen*, avant de devenir un maître de l'opérette sentimentale. Revu par le célèbre auteur de chansons Léon Xanrof (1867-1953) et Jules Chancel, *Rêve de valse* devient l'un des grands succès de la scène française ; mais on peut découvrir également, du même Oscar Straus, *Le Soldat de chocolat* d'après George Bernard Shaw, créé à Lyon en 1911, puis repris dans toute la France avant d'arriver à Paris l'année suivante. Toujours en 1911, le théâtre du Vaudeville donne une « saison viennoise » incluant *Le Comte de Luxembourg* de Lehár, *Le Baron tzigane* et *Sang viennois* de Strauss, *Princesse Dollar* de Léo Fall et *L'Étudiant pauvre* de Karl Millöcker en langue originale. Mais ce sont également de nouvelles versions françaises auxquelles contribuent les meilleures plumes. De Franz Lehár se succèdent *Eva*, créé à Bruxelles dans une adaptation de Maurice Ordonneau (1911)*; L'Amour tzigane* revu par Willy (Henry Gauthier-Villars), toujours à Bruxelles la même année; puis *Le Comte de Luxembourg* par Flers et Caillavet (Apollo 1912). De Léo Fall, on peut entendre *La Divorcée* (Apollo, 1911), *La Princesse Dollar (*Nice), puis *L'Éternelle Valse* (Folies Bergère, 1912); et en 1914, aux Célestins de Lyon, le jeune Emmerich Kalman présente ses *Manœuvres d'automne*.

On remarque dans ces productions l'importance du rôle des théâtres de province, mais aussi des scènes bruxelloises qui innovent souvent et rodent les œuvres destinées à Paris (un peu comme aux États-Unis, Boston ou Philadelphie servent de banc d'essai aux comédies musicales). Pendant les cinq années 1909-1914, malgré les tensions franco-allemandes, le public français s'enthousiasme pour le charme romantique de l'opérette viennoise. Mais il se précipite également à l'Apollo aux représentations de *La Chaste Suzanne*, opérette du compositeur berlinois Max Winterfeld (1879-1942), francisé pour l'occasion sous le nom de Jean Gilbert, et bientôt sacré «roi de l'opérette moderne». Cet ouvrage enlevé dans la tradition du vaudeville est tiré de *Fils à Papa*, une pièce française d''Anthony Mars et Maurice Desvallières (1857-1926), un proche de Georges Feydeau. Trois ans après la création allemande, la version française, présentée aux Célestins de Lyon, est reprise à l'Apollo avec dans le rôle principal Henry Defreyn, l'interprète fétiche de Danilo dans *La Veuve joyeuse*.

La Première Guerre mondiale interrompra brutalement cette vogue. Dès le début du conflit, l'opérette viennoise disparaît complètement

Costumes de Fost et Jenny Carré pour *La Veuve joyeuse* à Mogador en 1942

des scènes. Inversement, l'opérette française va connaître, entre 1914 et 1918, un regain de faveur, teinté de nationalisme, avec les œuvres d'Henri Goublier père (1856-1926) et Henri Goublier fils (1888-1951). Le premier a signé maints refrains populaires comme *L'Angélus de la mer* ou *Le Credo du paysan,* avant de se consacrer à l'opérette dans *Boule de neige* (1898), *Mam'zelle Boy-Scout* (1915) ou *Les Surprises d'une nuit d'amour* (1919). Solidement formé au conservatoire, son fils compose le plus grand succès patriotique de la Grande Guerre : *La Cocarde de Mimi Pinson*, sur un livret de Maurice Ordonneau et Francis Gally. L'œuvre est créée en 1915 à l'Apollo qui a radicalement changé de répertoire. Aussi cocardière que son titre l'indique, cette opérette en trois actes raconte l'histoire d'amour entre une petite cousette, devenue infirmière aux armées, et le fils de son patron, blessé au combat. Goublier fils signera encore *La Fiancée du lieutenant* (Apollo, 1917) et quelques ouvrages d'une facture musicale toujours soignée : *Mariage parisien* (Variétés, 1919), *Billy Bill* (Scala, 1931) ou l'opérette romantique *Carnaval* (Gaîté-Lyrique, 1942).

chapitre 6

Les années folles

Après le « désastre de Sedan », l'opérette française s'était éloignée du style parodique, en vogue sous le second Empire, pour se tourner vers le pittoresque d'un petit opéra-comique. La Première Guerre mondiale produit exactement l'effet inverse ; comme si la victoire de 1918 redonnait soudain primauté à l'esprit déluré de l'opérette. Le lancement de *Phi-Phi* aux Bouffes-Parisiens, le 12 novembre 1918, marque une renaissance de la comédie qui prédominera durant les « années folles » chez les librettistes (Albert Willemetz, André Barde, Yves Mirande...), les compositeurs (Maurice Yvain, Henri Christiné, Raoul Moretti...) et les vedettes de music-hall désormais au centre des distributions (Maurice Chevalier, Dranem, Milton, Pauline Carton, Arletty...). Le lyrisme de l'opérette viennoise, triomphant vers 1910, reste absent de la scène, car Paris se tourne résolument vers l'ouest et cultive ses affinités avec la comédie musicale américaine naissante.

Willemetz et Christiné

Henri Christiné, qui lance en musique cette nouvelle vague, n'est ni un jeune loup ni un compositeur savant. Né à Genève en 1867, il a débuté comme professeur de latin-grec tout en pratiquant le piano. Amoureux d'une chanteuse de café-concert, il a composé ses premières chansons pour son égérie. Quittant la Suisse pour Nice, fréquentant la capitale française, il y a révélé son talent comme trousseur de couplets et de refrains : Christiné sait mettre en valeur les textes, adapter ses mélodies au caractère des voix, trouver des airs faciles à mémoriser. Dans les premières années du siècle, il a écrit pour les grandes figures du café-concert comme Dranem, Mayol, Polin, Fragson, plusieurs refrains restés célèbres : *Elle est épatante cette petite femme-là* ou *La Petite Tonkinoise,* reprise beaucoup plus tard par Joséphine Baker. Il s'est également essayé à un genre d'opérette galante, voire érotique – *Service d'amour* (1903), *Les Vierges du harem* (1907), *Cinq minutes d'amour* (1908) – sans grand succès. La grande vogue de Christiné, compositeur d'opérettes, commence seulement en 1918, alors qu'il est quinquagénaire.

Au temps de ses chansons à succès, Christiné avait été contacté par un jeune auteur de théâtre à la recherche d'un musicien : Albert Willemetz. Né à Paris en 1887, esprit brillant, plume légère, maître de la rime et du jeu de mots, Willemetz est un ami d'enfance de Sacha Guitry. Lui aussi connaît par cœur son grec, son latin et ses refrains de café concert ; il a même été le secrétaire de Clemenceau. Fait exceptionnel pour un librettiste, sa personnalité va déterminer pour une large part l'histoire de l'opérette parisienne jusqu'à sa mort en 1964, et spécialement pendant la décennie 1920-1930. Willemetz a remporté ses premiers petits succès de parolier dans des revues, pendant la guerre. En 1918, le directeur de théâtre Gustave Quinson accepte enfin de monter une de ses pièces, basée sur une satire de l'antiquité : Phi-Phi est le petit nom du sculpteur grec Phidias ! Willemetz sollicite Christiné pour en mettre les couplets en musique. Prévue initialement pour une scène modeste, l'œuvre est élargie aux dimensions des Bouffes-Parisiens. Fixée le 11 novembre 1918, la première est reportée au lendemain « pour cause de victoire ». Le succès tarde un peu, mais les représentations vont finalement attirer un un public très nombreux où le chanteur Mayol côtoie le philosophe Bergson (qui enverra à Willemetz un exemplaire du *Rire* pour le remercier). Atteignant plus de quinze cents représentations consécutives, *Phi-Phi* est le premier et le plus grand succès scénique de l'après-guerre.

Comment caractériser le genre en train de naître ? Le livret, par son sujet de parodie antique (il conte les démêlés amoureux de la femme de Périclès), rappelle les opéras-bouffe de Meilhac et Halévy ; mais le ton de Willemetz est plus familier, plus quotidien : une comédie de boulevard pleine d'allusions grivoises et de calembours. La musique, de son côté, rompt avec l'ampleur de l'opéra-bouffe comme avec les raffinements de la Belle Époque (Christiné, d'ailleurs, ne possède pas le métier nécessaire). Elle se résume à une suite de chansons et d'ensembles bien rythmés et ponctue l'action plutôt qu'elle ne la conduit. Ainsi s'affirme le principe de la « comédie musicale » parisienne qui prédominera dans les années vingt : un esprit nouveau, mais une forme assez proche du vaudeville, fondée sur l'alternance dynamique de scènes de théâtre et de refrains, soutenus par un orchestre réduit. Les rythmes de

Costume de Pol Rab pour Aspasie dans *Phi-Phi*

Alice Cocéa et Maurice Chevalier dans *Dédé* aux Bouffes-Parisiens en 1921

la partition marquent un autre changement : ils accordent encore une large place à la valse («Ah tais-toi, tais-toi tu m'affoles»), mais privilégient les danses rapides binaires, spécialement le foxtrot et le one-step, fraîchement arrivés d'Angleterre et d'Amérique. Enfin, les rôles principaux sont accordés à des «fantaisistes» : acteurs-chanteurs issus du café-concert. Urban et Dréan sont têtes d'affiche avec Alice Cocéa dans *Phi-Phi*, juste avant l'arrivée sur les scènes d'opérette de Dranem, Koval, Chevalier, Milton, Pauline Carton, Arletty, Michel Simon, Fernandel, Gabin… Un bon résumé de l'esthétique de *Phi-Phi* est donné dans cette publicité parue le jour de la première : «Costumes grecs, esprit gaulois, musique française, danse anglaise.» En quelques mois, Christiné devient un compositeur illustre, *Phi-Phi* est joué dans toute l'Europe. Willemetz se lance dans une fulgurante carrière entre opérette, revues de music-hall et chansons à succès (*Mon homme*, *Valentine*, *Félicie aussi…*), avant de reprendre lui-même la direction des Bouffes-Parisiens qu'il assumera jusqu'en 1958. Dès 1921, les deux hommes se retrouvent dans une nouvelle opérette à succès dont le rôle principal sera tenu par Maurice Chevalier, en duo avec Alice Cocéa. *Dédé* calque son titre en double-syllabe sur celui de *Phi-Phi*, mais l'action se déroule à l'époque moderne. C'est l'histoire d'un marchand de chaussures qui, pour attirer la clientèle, transforme sa boutique en music-hall peuplé de danseuses légères. Chevalier triomphe en chantant «Dans la vie faut pas s'en faire», refrain emblématique des années folles. La musique syncopée tient une plus grande place que dans *Phi-Phi*. Les jeunes compositeurs de Broadway – Irving Berlin, George Gershwin – applaudissent un succès qu'on envisage de reprendre outre-Atlantique. De fait, les parentés seront nombreuses, durant ces années vingt, entre les comédies musicales présentées de part et d'autre de l'océan, où l'on prise les mêmes intrigues modernes et loufoques, sur des musiques bien rythmées.

En 1923, le duo Christiné-Willemetz donne encore *Madame* au théâtre Daunou. Mais Albert Willemetz abandonne de plus en plus l'écriture intégrale des livrets pour se concentrer sur celle des paroles chantées, rebaptisées «lyrics». Virtuose de la rime, il noircit des carnets à la recherche de phrases et de formules qui font mouche. Le plus souvent il

LE GRAND SUCCÈS DU THÉATRE DES BOUFFES PARISIENS
PHI-PHI
OPERETTE LEGÈRE. PAROLES DE A. WILLEMETZ ET F. SOLLAR
MUSIQUE DE H. CHRISTINÉ
ONE STEP
(LES PETITS PAÏENS)
PIANO SEUL
3f 50.
sans Augmentation
Editions Francis Salabert - Paris

Davia assise à table dans l'opérette *Madame* en 1923

trouve ses paroles d'après la musique, contrairement à la vieille habitude de composer la musique sur les paroles. Parmi les nouveaux librettistes en vogue, à ses côtés, figurent plusieurs auteurs de revues de music-hall. Saint-Granier, de son vrai nom Jean de Granier de Cassagnac (1890-1976), rejoint Willemetz et Christiné dans *J'adore ça* (Daunou, 1925) et *J'aime* (Bouffes-Parisiens, 1926). Rip – caricaturiste et auteur de revues à succès, de son vrai nom Georges Gabriel Thenon (1884-1941) – signe de son côté le livret de *PLM* (Bouffes-Parisiens, 1925) : une action située dans un wagon de chemin de fer, où Dranem chante le rôle du contrôleur («Je suis trop nerveux»). À l'approche des années trente, Christiné signe encore plusieurs comédies sur des livrets d'André Barde : *Arthur* (1929), *Encore cinquante centimes* (Nouveautés, 1931) en collaboration avec Maurice Yvain, et *La Madone du promenoir* (1933). Il retrouve Willemetz dans l'adaptation

André Willemetz et Henri Christiné

VOICI DES LIS
CHANTÉ PAR ALICE COCÉA ET URBAN
DÉDÉ
OPÉRETTE EN 3 ACTES DE
ALBERT WILLEMETZ
MUSIQUE DE
H CHRISTINÉ
POUR PIANO ET CHANT
J'avais tout ça (Leroydet)
Voici des Lis (Denise, André)
Dans la vie faut pas s'en faire (Robert)
Elle porte un nom charmant (André)
Tango chanté (Odette, André)
Pour bien réussir (Robert)
Je m' donne (Robert)
Valse du Désir (Odette)
Plaisir d'Amour C'est un plaisir si grand (Odette)
J'ose pas (Odette, Robert)
Tous les chemins mènent à l'amour (Denise, André)
Si j'avais su (Denise, Robert)
POUR PIANO SEUL
Je m' donne, Fox-Trot et Shimmy
Dédé - Fox-Trot (Dans la vie ...)
Dédé - Shimmy (Si j'avais su)
Dédé - Valse (Valse du Désir)
Dédé - One Step

d'une ancienne pièce de Francis de Croisset, *Le Bonheur Mesdames* (Bouffes-Parisiens, 1934), transformée en vaudeville à couplets chanté par Arletty, Michel Simon, Koval et la jeune Simone Simon. Son talent se limite toutefois à la composition de chansons amusantes ; il manque de ressources musicales pour renouveler le prodigieux succès de *Phi-Phi* et *Dédé*. À la fin de sa vie, sollicité par les producteurs d'opérettes à grand spectacle, Christiné se partage la tâche avec un compositeur plus rodé, Tiarko Richepin : ce dernier composant les airs et ensembles élaborés, tandis que Christiné signe les chansons à refrains. Ils s'associent à Willemetz dans *Au temps des merveilleuses* (Châtelet, 1934) – où le chansonnier Bach interprète une croustillante parodie bretonne – puis dans *Yana* (Châtelet, 1936). Inventeur de la comédie musicale à la française, Henri Christiné s'éteindra avec le Paris qu'il a connu, en 1941, aux heures les plus sombres de l'occupation.

Maurice Yvain

Si Christiné a fixé, dès 1918, la recette du succès, il revient à son cadet Maurice Yvain de donner au genre nouveau toute sa substance musicale. Grande figure de l'opérette française – à côté des Offenbach, Lecocq ou Messager – il va porter au sommet l'art parisien de la « comédie musicale », à mi-distance de l'opérette traditionnelle et des revues de music-hall. Encore trop délaissée, malgré d'épisodiques redécouvertes, l'œuvre d'Yvain a connu, dans l'Europe de l'entre-deux-guerres, un succès considérable qui en fait la dernière grande contribution de l'opérette française au répertoire international.
Maurice Yvain est né à Paris, sur la butte Montmartre, en 1891. Son père joue dans l'orchestre de l'Opéra-Comique où le petit garçon entend d'innombrables créations comme *Louise* ou *Pelléas et Mélisande*. Il grandit parmi d'excellents musiciens : l'épouse du futur grand chef d'orchestre Pierre Monteux le guide dans l'apprentissage du piano. Adolescent, il s'impose comme accompagnateur et improvisateur hors pair. Il travaille l'harmonie au Conservatoire dans la classe de Xavier Leroux et joue le dimanche au cabaret des Quat-z-arts. Il fréquente Le Bateau Lavoir, devient l'ami de Max Jacob et de Picasso, puis collabore avec d'autres jeunes artistes, Sacha Guitry et Tiarko Richepin, dans leur première opérette, *Tell père, Tell fils*. Il est alors engagé comme pianiste par Louis Ganne – l'éminent compositeur des *Saltimbanques* – qui anime la saison musicale de Monte-Carlo. Sous sa baguette, Maurice Yvain va jouer en soliste la quasi-totalité du répertoire classique et romantique, arrangé pour petit orchestre. Le reste du temps, il pianote dans des cafés de Monaco.

Maurice Yvain en 1920

«Smet me dirigea sur une boîte de Montmartre : "Le Savoy". Le métier consistant à saisir au vol les premières notes lancées par le violoniste qui "faisait les tables".
[...] Au répertoire habituel, nous ajoutions les derniers succès américains. L'engouement du public pour cette nouvelle musique fut instantané. Les danses qui jusqu'ici étaient à la mode sont renversées, détrônées, périmées en un temps record. Le victorieux Rag-time s'installait pour régner en maître. Le plus fameux reste l'Alexander rag-time band. Son auteur, Irving Berlin et ses émules allaient bouleverser le monde. Leur innovation ? Ils apportaient le rythme. Notre vieux monde était essoufflé. En France, Debussy et Ravel avaient composé leurs grandes œuvres, Fauré et Florent Schmitt aussi. [...] Ce rythme démoniaque devait secouer les colonnes du temple d'Euterpe. Ils n'en mouraient pas tous, mais tous en furent frappés, car pas un compositeur n'échappa à son sortilège. Du plus grand au plus modeste, ils essayèrent de se servir des richesses et des possibilités de ce nouveau chapitre ajouté à leur traité par les noirs d'Amérique du Nord. La "syncope" devint le principe fondamental de toute composition...
Pour ma part, au travers de ce rythme obsédant, de ce magma sonore qui me martelait le cerveau, j'essayais d'extraire un semblant de mélodie, avec un petit "je n'sais quoi" de chez nous, un peu du parfum de Paris.»

Maurice Yvain, *Ma belle opérette* (La table ronde, 1962)

Talent exceptionnel, musicien éclectique lancé dans la carrière sans but précis, le jeune Yvain est réquisitionné en 1912 pour accomplir un service militaire qu'il avait complètement oublié. Là encore, il s'impose surtout... comme pianiste, en première ligne chaque fois qu'il est question de spectacle. Il se lie d'amitié avec le – déjà célèbre – Maurice Chevalier qui accomplit son service dans le même régiment et l'initie aux nouveaux rythmes anglo-américains. Grâce à Chevalier, Yvain rencontre Mistinguett. En permission à Paris, il découvre le monde du music-hall où semble l'appeler une nouvelle vie... quand éclate la Première Guerre mondiale. Entré dans l'armée à vingt et un ans, Yvain n'en ressortira qu'en 1919 après sept ans de service... Dans les tranchées, il compose néanmoins quelques morceaux d'opérette. Fait prisonnier en 1918, il impressionne un officier allemand par ses talents musicaux, en profite pour s'évader et termine la guerre incognito en jouant du piano chez une jeune ballerine-poétesse de Kassel. De retour dans la capitale française, fin 1919, Yvain reprend son métier dans les cabarets où s'imposent le tango, le foxtrot et quantité de nouvelles danses. Il découvre surtout la musique américaine : notamment l'*Alexander's ragtime band* d'Irving Berlin. Après un premier succès («Savez

Pas sur la bouche!
opérette en 3 actes
de André Barde
musique de
Maurice Yvain
Partition piano et chant
R. de Valerio
Editions Francis Salabert
paris et new-york

vous danser le foxtrot?»), Chevalier présente Yvain à Albert Willemetz, en quête de musiciens pour ses innombrables chansons destinées au Casino de Paris. Dès l'année suivante, Yvain et Willemetz s'associent dans la revue *Cach'ton piano.* Quelques mois plus tard, dans *Paris qui Jazz*, Mistinguett créée leur plus grand succès : *Mon homme*, paroles de Willemetz, musique d'Yvain. Ils décident alors d'entreprendre ensemble une opérette. Le livret de *Ta bouche* est confié à Yves Mirande (1875-1957), grande figure du théâtre et du cinéma français entre les deux guerres, Albert Willemetz se chargeant d'écrire les «lyrics». Créé en 1922 au théâtre Daunou, nouvelle scène à la mode de style art-déco, dirigée par la comédienne Jane Renouardt, *Ta bouche* est l'une des meilleures comédies musicales à la française – même si elle porte encore l'appellation d'opérette. Le sujet, très immoral, mêle continuellement histoires d'amour et histoires d'argent, durant trois actes où les positions sociales se font et se défont, avec un sens de l'éphémère caractéristique de l'après-guerre. L'action met en scène des stations balnéaires à la mode (Truc-sur-mer et Pouic-les-flots), de faux aristocrates et de vrais domestiques, dans une alternance de comédie, de refrains incroyablement efficaces aiguisés par Willemetz («Le petit amant», «Ça c'est une chose», «Machinalement»), de chansons mélancoliques («De mon temps») et d'ensembles enjoués («Non non, jamais les hommes»). Dans les finales, Yvain montre un métier très supérieur à celui de Christiné : qu'il s'agisse de construction musicale, de courbe mélodique ou d'enchaînements rythmiques, l'opérette nouvelle a trouvé son artiste. Assez éloigné des recherches harmoniques d'un Messager, Yvain rêve de conjuguer l'énergie du swing et le «parfum de Paris».

Jusqu'à la Seconde Guerre mondiale, ses opérettes et comédies musicales vont se succéder au rythme d'une ou deux par an; régularité d'autant plus impressionnante qu'Yvain compose également de nombreuses chansons. Tout à tour, il présente *Là-haut* (Bouffes-Parisiens, 1923), *La Dame en décolleté* (Bouffes-Parisiens, 1923), *Gosse de riche* (Daunou, 1924), *Pas sur la bouche* (Nouveautés, 1925), *Bouche à bouche* (Apollo, 1925), *Un bon garçon* (Bouffes-Parisiens, 1926), *Yes* (Capucines, 1928), *Elle est à vous* (Nouveautés, 1929), *Jean V* (Daunou, 1929), *Kadubec* (Nouveautés, 1929), *Pépé* (Daunou, 1930), *Encore cinquante centimes* (Nouveautés, 1931, en collaboration avec Christiné), *Oh Papa* (Nouveautés, 1933), *La Belle Histoire* (Madeleine, 1934), *Vacances* (1934), *Un coup de veine* (Porte-Saint-Martin, 1935), *Au soleil du Mexique* (Châtelet, 1935).

Parmi les pièces les plus marquantes, citons d'abord *Là-haut*, toujours signé Mirande et Willemetz, peut-être le chef-d'œuvre des années vingt, celui qui unit idéalement l'esprit de l'opérette et celui du music-hall. L'action de cette bouffonnerie se déroule au paradis; mais ce paradis-là ressemble comme deux gouttes d'eau au Casino de Paris, et les anges y forment un chœur de girls. «Le seul, le vrai paradis, c'est Paris», chante d'ailleurs le héros, créé par Maurice Chevalier. Pourtant, dès la première, le chanteur comique Dranem (1869-1935), dans le rôle de l'ange gardien lui ravit la vedette, laissant Chevalier passablement déprimé. L'œuvre regorge de trouvailles de Willemetz. Certains de ses refrains passeront même dans le langage courant : «Si vous n'aimez pas ça, n'en dégoutez pas les autres»; et la musique d'Yvain est merveilleusement habile pour trouver des thèmes insinuants, comme pour broder le finale haletant du second acte.

Yvain par Honegger

«Je n'ai pas pu trouver de place au Théâtre des Nouveautés où se jouait la nouvelle opérette de Maurice Yvain, *Pas sur la bouche*. Je le regrette, car j'aime l'invention spontanée et l'allure de cette musique. Il y a, dans *Là-haut*, des pages charmantes écrites avec une réelle élégance. Le finale du deuxième acte avec son thème qui rappelle un peu une symphonie de Haydn; l'air d'Emma qui continue avec le chœur; le "J'm'en balance" de Fristoin sont autant de preuves de l'indiscutable talent de ce musicien. La France entière, que dis-je, le monde entier ont chanté *Mon homme* et *La Java*. Une telle emprise sur la foule prouve quelque chose et n'est pas à la portée du premier venu.

Arthur Honegger, *Musqique et théâtre*, 15 mars 1925

S'ouvrant sur un tableau de joueurs au casino de Deauville, mais d'une facture par moments plus proche de l'opéra-comique, *La Dame en décolleté*, toujours avec Yves Mirande, ne connaît pas autant de succès. Dans *Pas sur la bouche*, Yvain retrouve la veine moderne et boulevardière avec un entrain, une légèreté qui en font un modèle de comédie musicale française (Alain Resnais choisira cette pièce pour l'adapter au cinéma en 2003). Le livret est signé André Barde (1874-1945), auteur d'avant guerre qui adopte parfaitement le ton des années folles et va devenir le principal collaborateur d'Yvain; c'est l'un des rares librettistes à travailler seul et à écrire lui-même ses lyrics. *Pas sur la bouche* fait alterner couplets licencieux («Un baiser...»), rythmes syncopés («Je me suis laissé embouteiller»), finales endiablés («Sur le quai Malaquais»). La distribution accorde une place prédominante aux acteurs comiques : Pauline Carton en concierge dans «Par le trou de la serrure» (encore une chanson gri-

Pauline Carton, Spinelli, Marina Hotine dans *Pas sur la bouche* en 1948

voise), mais aussi René Koval (1885-1936), merveilleux acteur chanteur spécialisé dans les rôles d'Anglais ou d'Américain où son accent fait merveille. Après la création de *Bouche à bouche*, troisième volet de cette trilogie « buccale », le compositeur humoriste Betove parodie le nouveau style en vogue dans un numéro intitulé *A bouche ta bouche avec ma bouche*. Dans *Gosse de riche* et *Un bon garçon*, Yvain perfectionne encore sa spécialité : le finale polyphonique en forme de conversation musicale, où les paroles s'enchaînent et se superposent à un tempo effréné. André Messager salue ce genre de bavardage mondain à sept voix « qui nous reporte aux traditions de l'opérette la meilleure ». Les œuvres suivantes font encore appel à de nombreuses vedettes du music-hall et bientôt de cinéma, comme le fantaisiste Milton. La jeune Arletty crée *Yes* dont l'accompagnement est entièrement écrit pour deux pianos, dans l'esprit du duo de Jean Wiéner et Clément Doucet. D'une œuvre à l'autre, la musique d'Yvain reste fondée sur quelques recettes qui expliquent sa production abondante. Comme tous les auteurs de comédie musicale, il alterne inlassablement chansons à couplets, petits ensembles et finales. Mais il épouse merveilleusement le rythme théâtral. Le sens de la comédie se traduit, dans sa musique, par une véritable jubilation et tout un contrepoint léger qui autorise Honegger, admirateur d'Yvain, à écrire : « J'aime l'invention spontanée et l'allure de cette musique. Il y a, dans *Là-haut*, des pages charmantes écrites avec une réelle élégance. Un finale d'Yvain, c'est ficelé comme un finale de Haydn. Ce petit musicien est un maître. Une telle emprise sur la foule prouve quelque chose et n'est pas le fait du premier venu. »

Compositeur à la mode, champion du renouveau de l'opérette parisienne, le jeune Yvain mène une existence à l'image de ses livrets. Dans les années vingt, il acquiert des voitures de sport, travaille avec ses librettistes dans des villas sur la côte d'Azur. Il restera surtout un vrai passionné de musique, inoubliable pianiste, présent à toutes les créations des jeunes compositeurs modernes, quand il ne recherche pas des partitions de classiques oubliés. Il se lie également d'amitié avec les Américains de passage à Paris, en particulier Richard Rodgers et George Gershwin, avec lequel il improvise à quatre mains. Il se déplace dans les capitales où ses pièces sont reprises. En 1929, *Un bon garçon* est présenté à Broadway, sous le titre *Luckee Girl*. Dans les années trente, Yvain signe également de nombreuses musiques de film, tel le fameux refrain de *La Belle Équipe* : « Quand on se promène au bord de l'eau ». En collaboration avec Henri-Georges Clouzot, il écrit des chansons pour Lys Gauty, Marie Dubas ou Yvonne Printemps (le merveilleux *Je chante la nuit*) ; puis ils signent ensemble *La Belle Histoire*, une opérette en 12 tableaux. L'année suivante, à la demande de Maurice Lehmann, directeur du Théâtre de la Porte-Saint-Martin, Yvain écrit *Un coup de veine*, une comédie musicale sur mesure pour Mistinguett, entourée de la divette Fanély Revoil et de Germaine Roger; l'œuvre ne remporte qu'un succès mitigé. À partir de cette date, Yvain se tournera davantage vers le genre qui commence à supplanter la comédie musicale : l'opérette «à grand spectacle». Nous reviendrons, dans le dernier chapitre, sur les importantes contributions de Maurice Yvain à ce genre, depuis *Au soleil du Mexique* (1935) jusqu'à sa mort en 1965.

L'Amérique et le grand spectacle

Il faut toutefois, dès à présent, pour comprendre l'évolution de l'opérette française entre les deux guerres, évoquer ce glissement progressif de la comédie musicale légère vers les productions spectaculaires recourant à des distributions nombreuses, à une accumulation de décors et de costumes induisant un partage croissant du travail entre les différents corps de métier. Chez Christiné ou Yvain, une discrète influence américaine se manifestait dans le choix des rythmes de danse. La musique syncopée, les chœurs de «boys» et les «girls» se fondaient dans un vaudeville-opérette, ponctuée par les couplets très français de Willemetz. Plus qu'une influence, une évidente parenté d'esprit rapprochait la comédie musicale parisienne de sa jeune cousine américaine. Du même esprit joyeux et loufoque, quelques succès de Broadway furent d'ailleurs représentés en France dès les années vingt. En 1926, *No, no Nanette* de Vincent Youmans et son fameux *Tea for two* – dans la version française du chansonnier Paul Colline (1895-1980) – suscitait l'admiration du vénérable mais toujours moderne André Messager. En 1929, *Mississippi* de Jerome Kern – une adaptation de *Show Boat* par Lucien Boyer (1876-1942) – faisait l'affiche du Châtelet. La même année, les Folies-Wagram proposaient *Tip-Toes* de Gershwin sur des lyrics français d'André Mauprey. Cette folie d'amour et d'argent, dont l'immoralité n'est pas sans parentés avec *Ta bouche,* était interprétée par Loulou Hégoburu et Adrien Lamy, le duo à succès de *No No Nanette.*

Dès la fin des années vingt, les principaux succès importés d'Amérique vont toutefois privilégier un courant très différent de la comédie musicale : le «grand spectacle» avec ses chanteurs, ses acteurs, ses danseurs et ses multiples effets scéniques, sur d'ambitieuses partitions composées par des compositeurs d'Europe centrale émigrés à Broadway. Si les comédies légères de Youmans, Kern, Berlin, Gershwin, se caractérisaient par l'influence du jazz, les *musicals* de Romberg ou Friml ravivent la tradition de Strauss et Lehár par leurs tableaux pittoresques ou sentimentaux, accommodés au goût américain avant d'être transposés selon les canons français. Les frères Émile et Vincent Isola, deux anciens acrobates, pionniers du cinéma, passés par la direction de l'Opéra-Comique, lancent la nouvelle mode le 9 avril 1927 avec *Rose Marie* du compositeur tchéco-américain

Rudolf Friml (1879-1972), un ancien élève de Dvořák. Créée sur la scène de Modagor, immense salle inspirée du Palace londonien, cette œuvre adaptée par Saint-Granier et Roger Ferréol (1880-1959) sera l'un des triomphes de l'entre-deux-guerres, avec mille deux cent cinquante représentations consécutives et un refrain resté dans les mémoires : « O ma Rose Marie ». Dès le début des années trente, Maurice Lehmann, au Châtelet, prend le relais en montant les « opérettes américaines » du Hongrois Sigmund Romberg (1887-1951) : *Robert le pirate* (1929), adaptation de la comédie musicale *New Moon* interprétée par André Baugé; *Le Chant du désert* (1930); *Nina Rosa* (1932); et surtout *Rose de France* (1933), composé spécialement pour Paris sur un livret de Willemetz et André Mouëzy-Eon. La vogue des grandes mises en scène et des histoires d'amour lyriques touche un public nostalgique des valses et des romances, par contraste avec le style « swing » des années 1920. Patron du Châtelet, mais également directeur du théâtre de la Porte-Saint-Martin, Lehmann propage activement ce « grand spectacle » auquel on peut trouver également des origines françaises depuis les opéras féeries d'Offenbach comme *Le Voyage dans la lune*, et les spectacles à sensation donnés au Châtelet pour la clientèle familiale, dès la fin du XIXe siècle (en particulier *Le Tour du monde en 80 jours*, joué plus de deux mille fois).

Albert Willemetz et Saint-Granier

Parallèlement aux petites comédies légères, les artistes en vogue seront de plus en plus régulièrement associés à ces somptueuses opérettes faisant appel à tous les métiers : un metteur en scène qui se confond parfois avec le directeur du théâtre, des compositeurs de chansons pour les couplets comiques, des musiciens chevronnés pour les pages lyriques et les ensembles, d'efficaces paroliers pour les lyrics, des boulevardiers à succès pour les scènes parlées... Étroitement associé aux grands spectacles du Châtelet, le librettiste André Mouëzy-Eon (1881-1967) – auteur de nombreux vaudevilles et opérettes depuis le début du siècle – restera jusqu'à sa mort l'un des principaux fournisseurs du

N° 2
Les femmes sont perfides
(SERENADE OF LOVE)
Tango chanté par André BAUGÉ
THÉATRE DU CHATELET _ Monsieur MAURICE LEHMANN présente :
NINA · ROSA
Opérette en 2 Actes et 12 Tableaux
d' après
HARBACH
par
MOUÉZY-ÉON
Lyrics de
ALBERT WILLEMETZ
Musique de
ROMBERG
Pour Piano et Chant. Chaque : 6fr
1_Nina-Rosa
Fox-Ballade
2_Les femmes sont perfides
Tango
3_Toutes les roses..
Mélodie
4_Un seul regard
Valse
5_Marche des Gauchos
Copyright by
HARMS
Inc. N.Y.
propriété de
SEMFA
pour
L'EUROPE CONTINENTALE
Agence exclusive : ÉDITIONS SALABERT _ PARIS.

genre. Mais on y retrouve aussi Albert Willemetz, infatigable producteur et auteur, qui signe les lyrics d'une bonne part de ces productions.

Entre opérette et music-hall

Qui sont donc ces compositeurs en activité à côté d'Yvain et de Christiné, entre comédie musicale et grand spectacle ? Dans la seconde moitié du XXe siècle, ces foisonnantes années 1920-1930, encore trop proches, semblaient tombées dans un oubli profond – même si chacun connaissait, sans le savoir, quelques refrains d'opérette immortalisés par la chanson : « La Fille du Bédouin », « Les Palétuviers roses »... Le temps de la redécouverte est peut-être venu pour cet âge d'or du spectacle musical, où l'opérette paraît alors indissociable du music-hall. Chaque année, dans les revues du Casino de Paris, du Moulin-Rouge ou des Folies Bergère, des auteurs spirituels – Willemetz, Rip, Saint-Granier... – parodient l'actualité sociale et politique et des vedettes créent leurs nouvelles chansons. Les mêmes artistes se retrouvent sur les scènes de comédie musicale et d'opérette à grand spectacle, où les « fantaisistes » côtoient les chanteurs lyriques. Tout est affaire de couplets et de refrains bien troussés sur des rythmes à la mode.

Raoul Moretti et Albert Willemetz

Principal concurrent d'Yvain et de Christiné dans l'entre-deux-guerres, Raoul Moretti est né à Marseille en 1893. Après quelques études de piano dans la cité phocéenne, puis à Paris, dans la classe de Louis Diémer, il se fait connaître comme compositeur de chansons et son talent attire l'attention de Willemetz. Les deux hommes entreprennent, pour les Bouffes-Parisiens, une opérette bouffe moyenâgeuse : *En chemyse* (1924), évocation parodique des bourgeois de Calais qui suscite les protestations du maire de la ville. Les scènes parlées sont de Cami (1884-1958) que Charlie Chaplin qualifiait de « plus grand humoriste du monde ». Dranem, vieux champion de la « chanson idiote » et nouvelle coqueluche de l'opérette,

Michel Simon dans *Les Joies du Capitole* au théâtre de la Madeleine en 1935

déploie son talent comique en «pétardier du roi». Les chemins de Dranem et Moretti se croiseront désormais régulièrement : si le premier est un merveilleux «diseur», le compositeur sait idéalement adapter ses chansons au style de ses interprètes. *Troublez-moi* (Bouffes-Parisiens, 1924), sur un livret de Mirande, déguise Dranem en toréador. Chansons comiques, esprit bouffon, finales haletants désignent un nouveau compositeur à la mode. Moretti retrouve Yves Mirande (pour le livret) et Willemetz (pour les lyrics) dans son plus grand succès : *Trois jeunes filles... nues* (Bouffes-Parisiens, 1925), œuvre emblématique de la comédie musicale parisienne dont le titre suscite l'indignation d'un groupe de «familles françaises». Le sujet rappelle celui de *Mam'zelle Nitouche*, avec Dranem en surveillant des jeunes filles, mais sur un ton sensiblement plus délirant. Willemetz concocte pour l'occasion sa fameuse réplique : «Est-ce que je te demande si ta grand mère fait du vélo?» (en 2006, *Trois Jeunes Filles nues* fera l'objet d'une production télévisuelle mise en scène par Francis Perrin). Pour *Le Comte Obligado* (Nouveautés, 1927), l'histoire d'un garçon d'ascenseur devenu millionnaire pour trois jours, Moretti compose «La Fille du Bédouin», créé par Milton.

Pendant dix ans, Moretti reste l'un des rois du spectacle. Après la création de *Six filles à marier* (Scala, 1930) sur un livret de Jean Guitton (1887-1973 – à ne pas confondre avec le philosophe du même nom), le one-step «Un millionnaire» fait fureur dans les dancings. Le compositeur s'essaye également, en compagnie de Willemetz, à l'opérette filmée dans *Il est charmant* (1931) autour du jeune premier Henri Garat. En 1932 il revient aux Bouffes-Parisiens avec un grand succès : *Un soir de réveillon* – sur un livret du boulevardier Marcel Gerbidon (1868-1933) et des lyrics du cinéaste Jean Boyer (1901-1965). Albert Willemetz, directeur du théâtre, participe également à l'écriture des lyrics. Dans cette œuvre qui emprunte quelques rythmes des Caraïbes, on retrouve Garat, Dranem et la jeune Arletty chantant dans une baignoire. L'opérette sera adaptée au cinéma. Citons encore *Les Sœurs Hortensia* sur un livret d'André Barde et du romancier Henri Duvernois (1875-1937), bon succès aux Nouveautés (1934) sur fond de rumba et le paso-doble. Toujours avec Willemetz et les vedettes de l'époque (Arletty, Michel Simon, Garat, Koval, Duvaleix....), *Les Joies du Capitole* (Madeleine, 1935) puis *Simone est comme ça* (Besançon, 1935) n'obtiendront pas le succès escompté. Moretti signe d'autres musiques de film, comme *Sous les toits de Paris* de René Clair, ou *Il est charmant*. Mais, après la guerre, il est complètement oublié et finit son existence dans une certaine amertume. Il meurt à Marseille en 1954. Roi de l'opérette en chansons, habile dans la bouffonnerie et la chanson égrillarde, ce musicien reste l'un des authentiques héritiers d'Hervé à l'heure du swing.

Claude May et Henri Garat en pleine gloire en 1935 dans *Simone est comme ça*

La vogue de la comédie musicale attire également des personnalités moins jeunes et moins attendues : en premier lieu le polonais Joseph-Zygmund Szulc (prononcer «Choultz»). Né en 1875 dans une famille de musiciens – son père dirigeait l'orchestre de l'Opéra de Varsovie –, Szulc vient en France en 1899. Il étudie auprès de Massenet puis voyage à travers l'Europe avant de s'établir à Paris. Excellent compositeur, il signe plusieurs œuvres de musique de chambre, des mélodies avec piano et se fait remarquer par un ballet créé à la Monnaie de Bruxelles : *Une nuit à Ispahan*. Accompagnateur de Jean Périer, il attire également l'attention du chanteur sur l'intérêt de *Pelléas et Mélisande*. Mais Szulc est également attiré par l'opérette et il connaît un nouveau succès bruxellois avec *Flup* (1913). Repris à Paris en 1920, cet ouvrage relève encore du style viennois d'avant guerre, mais ses fox-trots et ses tangos annoncent les années folles. Les succès du *Petit Choc* (Daunou, 1923) et surtout de *Mannequins* (1925), accompagné seulement par un piano, sacrent Szulc parmi les nouveaux rois de la comédie musicale, sur la petite scène des Capucines qui deviendra son terrain d'élection. Au centre de la distribution figurent deux éminents chanteurs : Jean Périer qui donne la réplique à Edmée Favart (1879-1941), la plus exquise soprano légère de l'entre-deux-guerres, par son aisance vocale combinée au talent de diseuse. Le même couple interprète *Quand on est trois* (Capucines, 1925), comédie musicale sur des lyrics de Willemetz. Les œuvres se succèdent, accordant une place prééminente au fox-trot, mais aussi au one-step ou à la java. En 1929, Szulc retrouve Willemetz dans *Couchette n° 3* (Capucines, 1929) et surtout dans *Flossie* (Bouffes-Parisiens, 1929), son plus grand succès. Sur un livret de Marcel Gerbidon, c'est l'histoire d'une petite Anglaise en séjour dans une

COPAIN - COPINE
THÉATRE DAUNOU
Chanté par Régine FLORY et Paul VILLÉ
LE PETIT CHOC
OPÉRETTE EN 3 ACTES LIVRET DE P. L. FLERS
MUSIQUE DE JOSEPH SZULC
R. de Valerio
POUR PIANO ET CHANT
CHAQUE : 3 fr. 50
1. Le Petit Choc (Féfé)
2. L'ouverture de la pêche (Alfred)
3. Copain-Copine (Féfé, Maurice)
4. Tous les deux (Féfé, Maurice)
5. Il faut savoir prendre les femmes (Alfred)
6. On a toujours ce qu'on ne veut pas (Féfé)
7. J'aime (Féfé)
8. Avoir le piano (Suzette, Alfred)
9. Va! quand l'amour ordonne! (Féfé, Maurice)
POUR PIANO SEUL
CHAQUE : 3 fr. 50
1. Le Petit Choc
2. Valse du Petit Choc
3. Il faut savoir prendre les femmes
4. Le Petit Choc 4 fr.
ÉDITIONS FRANCIS SALABERT 35 Bd des Capucines 107 Av. Victor Hugo 12 Bd des Italiens Paris

rigoureuse famille de protestants suisses. Dans la distribution, autour de Jacqueline Francell, figurent Koval, Gabin père et Mireille. L'esprit swing se conjugue à un soin d'écriture digne de Lehár et de Messager : « Pour ma part, déclare Szulc, j'aime beaucoup le fox-trot, mais à condition que le fox-trot soit écrit musicalement avec de jolies harmonies et des rythmes amusants. »
À partir de 1930, Szulc se tourne vers l'opérette à grand spectacle : il est l'un des premiers compositeurs parisiens à s'illustrer dans ce genre avec *Sidonie Panache* (Châtelet, 1930), « opérette à grand spectacle en deux actes et seize tableaux ». Le livret de Mouëzy-Eon et Willemetz nous conduit en Algérie où s'affrontent le général Bugeaud et Abd el Kader. Quarante-six personnages mettent en valeur d'innombrables décors, costumes, ballets, airs spectaculaires et charges de cavalerie. Dans cette œuvre comme dans l'histoire du brigand *Mandrin* (Mogador 1934) ou dans *Le Coffre-fort vivant* (Châtelet, 1938), l'opérette semble vouloir concurrencer le cinéma (*Sidonie Panache* sera d'ailleurs adapté en 1934) ; à moins qu'elle ne ravive l'esprit du « grand opéra » à la Meyerbeer. Le style spectaculaire exige plus d'effets que d'invention ; toutefois sous la plume de musiciens tels que Szulc, l'opérette « Châtelet » reste loin des effets vulgaires qui envahiront parfois la scène après 1950. Et c'est dans la fidélité aux comédies musicales des années vingt que le compositeur signe, avec Willemetz, sa dernière œuvre : *Pantoufle* (Capucines, 1945). Tirée par Léopold Marchand de la pièce de Marcel Gerbidon *Un chien qui rapporte*, l'œuvre permet d'entendre la jeune Suzy Delair (née en 1917) dans le rôle de Josyane Plaisir. Joseph Szulc meurt à Paris en 1956.

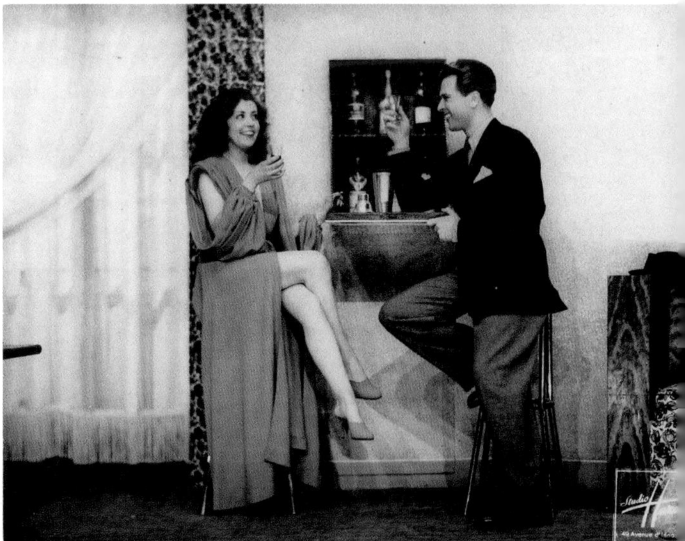

Suzy Delair et Roger Danu dans *Pantoufle* de Szulc au théâtre des Capucines en 1945

Tiarko Richepin (1884-1956), comme Joseph Szulc, est un musicien complet. Fils du grand écrivain Jean Richepin, il a grandi dans le milieu artistique et littéraire avant d'apprendre son métier à l'école Niedermeyer. En 1909, il compose avec Sacha Guitry une opérette intitulée *Tell père Tell fils*, parodie de Guillaume Tell qui permet aux deux jeunes auteurs d'évoquer leur condition de fils d'hommes célèbres, et surtout à Sacha de régler ses comptes avec son père (Maurice Yvain tient le piano). À la veille de la guerre, Richepin obtient un certain succès à l'Opéra-Comique avec *La Marchande d'allumettes* (1914), saluée par Reynaldo Hahn. Après le triomphe de *Phi-Phi*, il s'associe à Willemetz dans *Rapatipatoum* (Édouard VII, 1919) ; mais il se montre également fidèle à une opérette traditionnelle et raffinée dans *Venise* (1927), conçu comme un opéra-comique avant d'être adapté pour Marigny comme « opérette en trois actes et quatre tableaux » – toujours sur des lyrics de Willemetz et un livret de Mouëzy-Eon. Dans la distribution figurent notamment André Baugé et Raimu. Au cours des années suivantes, Richepin écrit des chansons à succès pour Lys Gauty ou Réda Caire ; il compose *Le Renard chez les poules* (1929) où chante la jeune Mireille, puis *La Tulipe noire* (1932), nouvelle collaboration avec Willemetz pour le théâtre de la Gaîté-Lyrique. Son solide métier lui vaut d'épauler Christiné dans plusieurs opérettes à grand spectacle : *Au temps des merveilleuses* (Châtelet, 1934) puis *Yana* (1936) – l'une des plus grandes féeries d'avant guerre qui, des neiges de l'Himalaya au temple de Boudha, ne comporte pas moins de vingt-cinq tableaux. Dernière œuvre importante de Tiarko Richepin, sur un livret de Georges Hirsch, *L'Auberge qui chante* (Gaîté-Lyrique, 1941) est créé en pleine occupation par le jeune ténor André Dassary. José Bruyr voit cette œuvre comme la seule opérette marquante « créée à la lumière bleue des années noires ».

Autre figure importante, Marcel Lattès, né à Nice en 1886, se fait d'abord remarquer dans *La Jeunesse dorée* (Apollo, 1913). Dès ses débuts, cet admirateur et protégé d'André Messager souhaite reprendre le fil d'une opérette raffinée, recherchée dans son écriture et son orchestration. Son premier grand succès, *Maggie* (1919), est créé à Londres où la musique française est en vogue au lendemain de la guerre. Puis Lattès arrange l'œuvre pour Paris sous le nom de *Nelly* (Gaîté-Lyrique, 1919), avec Denise Grey et Henry Defreyn. Le style du compositeur s'affirme dans *Monsieur l'amour* (Mogador, 1922) et surtout *Le Diable à Paris* (Marigny, 1927), sur un excellent livret de Robert de Flers (qui meurt avant la création), Francis de Croisset et Albert Willemetz. Dranem y joue le rôle du diable qui revient sur terre, enchanté de découvrir Paris – et qui se laisse finalement berner par les humains, bien plus rusés que lui. Dans la distribution figurent également Raimu et Edmée Favart dans la croustillante *Chanson des Loups*. La partition regorge de charme et d'idées. Neveu de Maurice Leblanc, Marcel Lattès connaît à nouveau le succès dans *Arsène Lupin banquier* (Bouffes-Parisiens, 1930), « opérette policière » en trois actes où Jean Gabin joue l'un de ses derniers rôles chantés, avant de passer au cinéma. Le compositeur signera encore *Xantho chez les courtisans* (Nouveautés, 1932) sur un livret de Jacques Richepin (le frère de Tiarko), puis il s'associera à Willemetz et Léopold Marchand dans *Pour ton bonheur* (Bouffes-Parisiens, 1935), histoire d'une riche Américaine qui prétend acheter tous les maris qui lui plaisent, avec notamment Albert Préjean et Saturnin Fabre. Élégant serviteur de la musique légère, Marcel Lattès paiera comme tant d'artistes pour son origine juive. Arrêté une première fois par la police de l'occupation, relâché grâce à des interventions d'artistes célèbres, il ne mesure pas suffisamment le danger, reste à Paris, et finit par disparaître dans la nuit de la déportation, à Auschwitz, en décembre 1943.

Parmi les bons compositeurs d'opérette des années vingt, il faut encore évoquer Félix Fourdrain (1880-1923), élève comme tant d'autres de l'école Niedermeyer. Il se fait connaître par son incroyable talent de pasticheur, créant à l'orgue les *Heures violettes* d'après Debussy ou les *Sites olfactifs* d'après Ravel. Protégé de Massenet, aussi doué pour la peinture que pour la musique, il compose un opéra-comique, *La Légende du point d'Argentan* (1907) et plusieurs drames lyriques (dont un *Vercingétorix* à l'Opéra de Nice en 1912), avant de signer la musique d'une « féerie en 4 actes et 22 tableaux » : *Les Contes de Perrault* (Gaîté, 1913) où la jeune Yvonne Printemps tient le rôle travesti du Prince Charmant. Sa première opérette, *Les Maris de Ginette*, est donnée à l'Apollo en 1916. Après guerre, Fourdrain poursuit son évocation des légendes dans *Cadet Rousselle* (Trianon-Lyrique, 1919) ; il donne également une opérette moderne : *Dolly* (Rouen, 1921), avant de revenir à une forme plus traditionnelle dans *La Plus Jolie Fille de France* (Le Havre, 1923) ou *La Hussarde* (Gaîté-Lyrique, 1925). Sa mort prématurée privera l'opérette d'un de ses meilleurs musiciens.

Autre génial pasticheur, l'humoriste musical Betove (1884-1965), de son vrai nom Michel-Maurice Lévy, est en réalité un grand prix de Rome aux inspirations parfois wagnériennes… Ce qui ne l'empêche pas d'écrire *Pom-Pom*, opérette en trois actes jouée par Henri Laverne et Jeanne Saint-Bonnet (Potinière, 1928), puis *D'Artagnan* à la Gaîté-Lyrique en 1945. Henri Casadesus (1879-1947) se montre, quant à lui, fidèle à l'esprit de l'opéra-bouffe et à la musique de Lecocq dans *Le Rosier* (Liège, puis Folies-Dramatiques, 1924), *Cotillon III* (Gaîté-Lyrique 1927) qui se déroule sous le règne de Louis XV, et *Sans tambour ni trompette* (Folies-Wagram, 1931). Enfin, avec des moyens musicaux plus modestes, Albert Chantrier se fait une réputation « licencieuse » avec *Le Harem en folie* (1919), *Gigoletto* (Cigale, 1920), sur un sujet de Rip et Dieudonné ou *Bebel et Quinquin* (1923), une parodie d'Abel et Caïn. Il arrive également que plusieurs compositeurs se partagent une opérette : dans *Mon vieux* (Potinière, 1924), « comédie en trois actes mêlée de chansons », se retrouvent Pierre Chagnon (chef d'orchestre omniprésent dans les créations de l'époque), Joseph Szulc,

Albert Chantrier, Raoul Moretti, Gaston Gabaroche et Fred Pearly (1885-1972).

Petits maîtres

De nombreux artistes de music-hall enrichissent également le répertoire : la vogue de la comédie musicale et son style simple rendent le théâtre accessible à toute sorte de musiciens, même s'il leur faut parfois s'aider de compositeurs chevronnés pour l'orchestration. Parmi ceux ci, Charles Borel-Clerc (1879-1959), le compositeur de *Ma pomme*, signe en 1925 *Ri-Ri* sur un livret de Mirande et Willemetz. Gaston Gabaroche (1884-1961), chansonnier à succès, tant comme compositeur que comme interprète, se tourne vers l'opérette où il révèle un vrai talent dans des partitions soignées. On lui doit notamment *Enlevez-moi* (Comédie-Caumartin, 1930) où débute son jeune protégé Réda Caire; et surtout *Azor* (Bouffes-Parisiens, 1932), opérette parisienne et policière, où triomphe le duo Arletty-Koval, sur des lyrics... d'Albert Willemetz. Après *Deux fois deux* (Daunou, 1932), on retrouvera plutôt Gabaroche comme compositeur de chansons – voire acteur de cinéma dans *French Cancan* de Jean Renoir. Pendant ce temps, le jeune René Mercier (vers 1890-1973) donne avec succès *Déshabillez-vous* sur un livret d'André Barde (Bouffes-Parisiens, 1928) et *Bégonia*, créé par Dranem (Scala, 1930). De son côté, Mireille Hartuch, alias « Mireille » (1906-1996), bonne musicienne de formation classique, passionnée de jazz, s'essaie à la composition d'opérette dans *Ah la belle bergère* (Capucines, 1933). L'année précédente, ses plus jolies chansons, sur des paroles de Jean Nohain (*Les Pieds dans l'eau*, *La Partie de bridge*...) avaient paru sous le titre *Un mois de vacances*, qualifié d'« opérette disquée ».

Arletty et René Koval dans *Un soir de réveillon* de Moretti aux Bouffes-Parisiens en 1932

Originaire du Gard, Roger Dumas (1897-1951) est un ancien chef d'orchestre du casino de Toulon où il a présenté *Flouette* (1924), avant de se tourner vers la musique de film. Il connaît la consécration avec *Ignace* (Marseille, Variétés, 1935 – puis Porte-Saint-Martin 1936), un immense succès pour Fernandel entouré d'Andrex et de Marie Bizet. Le livret de cette comédie militaire est signé Jean Manse, beau-frère du comédien, parolier attitré de ses chansons. Devenu leur partenaire régulier (ils se retrouveront en 1947 dans *Le Chasseur d'images*), Dumas a également composé une opérette pour le chanteur Milton : *Un de la musique* (Célestins de Lyon, 1935, Porte-Saint-Martin, 1937). De son côté, Casimir Oberfeld (1903-1945), compositeur à succès pour Mistinguett et Fernandel (*Chantez*, *Paris sera toujours Paris, Félicie aussi)*, signe plusieurs œuvres pour le théâtre : *La Pouponnière* (Bouffes-Parisiens, 1932) et *Cœurs en rodage* (Folies-Wagram, 1935) en pleine vogue de la rumba. Dans *Le Rosier de madame Husson* (Porte-Saint-Martin, 1937), une pièce tirée de la nouvelle de Maupassant, Fernandel chante la fièvre amoureuse sur un ton irrésistible ; puis Oberfeld présente encore sa « revue-opérette » *La Féerie blanche* (Mogador, 1938) où l'on retrouve l'humoriste Milton. Tragique ironie du sort : c'est à une opérette-bouffe d'Oberfeld, *La Margoton du bataillon* (Porte-Saint-Martin, 1937), que deux auteurs peu scrupuleux « emprunteront » le thème de « Maréchal nous voilà » véritable hymne de l'occupation. Loin d'en profiter, Casimir Oberfeld, figure du Paris joyeux d'avant guerre, sera déporté et mourra à Auschwitz.
Au même moment, la grande ethnologue Germaine Tillion (1999-2008), prisonnière à Ravensbrück, luttant comme elle peut contre le désespoir, parvient à se fournir un petit carnet sur lequel elle esquisse un livret d'opérette : *Le Verfügbar aux Enfers* (en référence à *Orphée aux Enfers* d'Offenbach). Elle y raconte avec humour, sur le ton d'un exposé d'entomologie, la vie des femmes au camp de concentration, et spécialement celle des «Verfügbar», les plus maltraitées d'entre elles. Les couplets sont écrits sur des airs de chansons d'avant guerre, mémorisées par Germaine Tillion. Cette œuvre étonnante, où la légèreté tient lieu de moyen de survie, sera créée au théâtre du Châtelet en 2007, peu avant la mort de Germaine Tillion. Ces moments d'histoire où se côtoient l'opérette, la guerre et la mort, rendent particulièrement détestables certains lieux communs, selon lesquels l'opérette (comme d'ailleurs toute la vieille culture populaire française) serait foncièrement « pétainiste » ou « collabo ». Cela s'entend parfois dans des bouches ignorantes !
Parmi les Parisiens d'adoption, l'Espagnol José Padilla (1889-1960) débute dans la zarzuella avant de lancer, à Paris, quelques tubes des

Albert Willemetz
et Sacha Guitry
au Royal Hôtel d'Évian

années folles. *La Violetera*, chantée par Raquel Meller, *Valencia* ou *Ça c'est Paris* créés par Mistinguett, sont emblématiques des grandes revues à plumes avec leurs rythmes à 6/8 et leurs contrechants d'orchestre... Padilla compose également, sans grand succès, les opérettes *Pépête* (1924), *Chipie* (1926) et plus tard *Symphonie portugaise* (Gaîté-Lyrique, 1949) qui fera écrire à Maurice Yvain : « Si Puccini vivait encore, il aurait un rival heureux en Padilla. » De son côté, l'Allemand Werner Richard Heymann (1896-1961) a connu ses premiers succès comme compositeur sérieux, puis dans le monde des cabarets berlinois, avant de devenir le champion des films musicaux : *Le congrès s'amuse* et *Le Chemin du paradis* avec Lilian Harvey – et Henri Garat pour les versions françaises. D'origine juive, il vient à Paris où il se tourne vers l'opérette. Sur un livret de Sacha Guitry et Albert Willemetz, il donne *Florestan premier prince de Monaco* (Variétés, 1933), où Henri Garat célèbre l'insouciance en chantant « Amusez-vous » – en pleine montée des périls. Suivra la comédie musicale *Trente et quarante* (Bouffes-Parisiens, 1935) où Pierre Brasseur interprète l'un des rôles principaux. L'œuvre est accompagnée par deux pianos, comme *Yes* de Maurice Yvain.

Soulignons enfin qu'en cette époque éprise de rythmes nouveaux, les vents américains ne soufflent pas seulement de Broadway. La scène française de chanson et d'opérette connaît, dans les années trente, un regain de vitalité grâce au souffle chaud des Caraïbes, qui fait danser le public sur les rythmes de la biguine ou de la rumba. Principal promoteur de ces rythmes nouveaux dans l'opérette parisienne : le compositeur cubain Moïse Simons (1889-1945) a commencé par écrire des zarzuelas et des revues de music-hall, avant de voyager en Amérique du Nord et de mêler la musique cubaine aux couleurs du jazz. Sa chanson *El Manisero* (en espagnol *The Peanut Vendor*), reprise en France par Mistinguett sous le titre « Le marchand de cacahuètes », a connu un succès fou à New York et lancé la mode latine à travers le monde. Installé à Paris, Simons joue à la Coupole avec son orchestre, le Rico Creole Band, puis il présente aux Bouffes-Parisiens *Toi c'est moi* (1934), opérette en deux actes et onze tableaux, sur un livret d'Henri Duvernois, des lyrics de Bertal-Maubon et Chamfleury – mais aussi d'Albert Willemetz, bien que son nom ne figure pas à l'affiche (directeur du théâtre, cet homme infatigable contribue souvent, discrètement, aux ouvrages qu'il produit). La partition utilise toutes les bonnes ficelles de la comédie musicale : morceaux swing finement interprétés par les duettistes Jacques Pills et Georges Tabet (« Adieu Paris »), morceaux sentimentaux par l'actrice débutante Simone Simon (« Pourquoi donc, lorsque l'on s'aime »), duos comiques : en particulier le fameux « duo des Palétuviers » par René Koval et Pauline Carton. On retrouvera Moïse Simons en 1936 au Théâtre de Paris dans *Le Chant des tropiques* avec une nouvelle chanson à succès : «Y'a bon li doudou ». L'année suivante, il signera pour la fantaisiste Jeanne Aubert le célèbre refrain « Le cul sur la commode ».

Vienne de retour

Avec *Toi c'est moi* de Simons ou *Un soir de réveillon* de Moretti, la comédie musicale parisienne et son style de music-hall – léger, amoureux, comique et dansant – semblent encore en pleine forme. Pourtant, à la veille de la Seconde Guerre mondiale, le goût de l'opérette à grand spectacle s'impose de plus en plus. Lancé par les succès de Friml et Romberg, ce mélange sentimental et pittoresque prend davantage de place encore avec le retour en force de l'opérette viennoise.

Les « années folles » s'en étaient détournées pour découvrir l'Amérique. L'exceptionnelle personnalité musicale d'un Franz Lehár ne pouvait toutefois rester absente des scènes françaises. Ses opérettes lyriques, faites pour magnifier la voix humaine – non sans parentés avec les opéras de Puccini – allaient exercer, dans les années trente, un nouvel et irrésistible attrait sur le public du monde entier. Dès 1922, les Célestins de Lyon reprenaient *La Veuve joyeuse*, de retour à Paris, à l'Apollo, en 1925. Mais l'art de Franz Lehár allait surtout s'épanouir dans une nouvelle floraison d'ouvrages, présentés en France peu après leur création viennoise. En 1924, le théâtre du Ba-ta-clan donnait *La Danse des libellules*, où le maître autrichien semblait vouloir s'adapter aux rythmes en vogue – fox trot, one step et même une étonnante « java-gavotte ». En 1928, la Gaîté-Lyrique présentait les amours de *Paganini*, dans l'adaptation française d'André Rivoire (1872-1930) –

un succès exceptionnel pour André Baugé dans le rôle titre. L'année suivante on pouvait découvrir à Paris *La Mazourka bleue* (Ba-Ta-Clan) et, aux Célestins de Lyon, *Le Tzarévitch*, magnifique partition dont les langueurs slaves se déclinent parfois sur un rythme de tango (l'œuvre sera reprise à Paris en 1935 sous le titre *Rêve d'un soir,* avec la jeune Fanély Revoil). En 1930, *Frédérique,* à la Gaîté-Lyrique, racontait la jeunesse strasbourgeoise de Goethe. En 1932, *Le Pays du sourire,* « opérette romantique » adaptée par André Mauprey et Jean Marietti, s'installait durablement dans le même théâtre : cette chinoiserie musicale, au lyrisme parfois tendu, entre des pages charmantes (« Prendre le thé à deux »), est restée en France l'œuvre la plus populaire de Lehár avec *La Veuve joyeuse.* En 1933, *Frasquita* (donné au Havre dès 1931) faisait son entrée à l'Opéra-Comique : marque d'honneur exceptionnelle accordée au compositeur qui, pour la seconde fois depuis le début du XXe siècle, se retrouvait sacré empereur de l'opérette. En 1935, le public de la Monnaie de Bruxelles découvrait l'ultime chef-d'œuvre du maître : *Giuditta,* « comédie musicale en cinq tableaux » adaptée par André Mauprey – où le style de Lehár lorgne de plus en plus vers l'opéra, et n'hésite pas à conclure dans des couleurs mélancoliques.

L'influence profonde de Lehár sur l'opérette française ne se manifeste pas seulement dans ce parti pris « romantique », qui éloigne le genre des sources comiques et le tourne vers une sentimentalité généreuse en clichés – mais servie par une musique de grande classe. Chacune de ces œuvres propose également une sorte de voyage où l'exotisme du spectacle le dispute à celui de la partition : l'Italie de *Paganini*, la Russie du *Tzarévitch*, la Chine du *Pays du sourire*, l'Espagne de *Frasquita*... L'opérette à grand spectacle s'en souviendra au lendemain de la guerre, en prenant parfois des allures de carte postale. Lehár systématise également certains schémas de l'opérette viennoise (également présents dans la comédie musicale américaine), comme la présence de deux couples au centre de l'action : l'un jeune, beau, romantique à souhait ; l'autre gentiment ridicule et comique, dévolu à des chanteurs fantaisistes.

Offenbach, sous le second Empire, se rendait à Vienne pour assurer le lancement de ses œuvres ; à l'inverse, on voit désormais nombre de maîtres austro-allemands séjourner à Paris ou s'y établir. Porté par ses succès parisiens, Franz Lehár fréquente assidûment la capitale française. L'approche de la guerre accentuera encore ces mouvements : soit que les compositeurs fuient le régime nazi, soit qu'ils l'accompagnent, comme le fera Lehár, en voyage officiel pendant l'occupation ! Avant même la « montée des périls », Oscar Straus commence à s'établir à Paris dès 1927. Tout en connaissant parfaitement les ficelles sentimentales de l'opérette lyrique, comme il l'a prouvé dans *Rêve de valse*, cet artiste aime également se montrer ironiste dans le goût français. Après les demi-succès de *La Teresina* (Champs-Élysées, 1927), il écrit avec Sacha Guitry une comédie très parisienne : *Mariette*, jouée au théâtre Édouard VII en 1928 par Guitry lui-même, en Louis Napoléon Bonaparte et Yvonne Printemps – sublime dans les enregistrements de cette production. En 1936, la version française de *La Dernière Valse* est donnée à la Gaîté Lyrique. Entre-temps, Yvonne Printemps (1894-1977) a quitté Sacha Guitry pour l'acteur Pierre Fresnay, et c'est pour ce couple qu'Oscar Straus adapte son opérette *Les Trois Valses*, créée à Zurich en 1935. La version française, revue par Léopold Marchand (1891-1952) et Willemetz, est créée aux Bouffes-Parisiens en avril 1937. Ce sera l'un des plus grands succès d'avant guerre, avec ses valses chantées de Johann Strauss père et Johann Strauss fils, sans oublier le fameux fox-trot d'Oscar Straus : «Je ne suis pas ce que l'on pense». L'œuvre est adaptée au cinéma en 1938. Mais Straus, juif d'origine, doit lui aussi quitter la France pour l'Amérique – où il écrit de nombreuses musiques de film (il signera encore, en 1950, celle de *La Ronde* de Max Ophüls). Malgré

Pierre Fresnay et Yvonne Printemps dans *Les Trois Valses* d'Oscar Straus aux Bouffes-Parisiensen 1937

la déportation et la mort de toute sa famille, il regagnera l'Autriche pour y mourir en 1954.

Variations sur *Trois Valses*, par Albert Willemetz

« On dit que les peuples heureux n'ont pas d'histoire. Les pièces heureuses, souvent, en ont une. C'est le cas de *Trois Valses*.
Yvonne Printemps me téléphone de Londres qu'Oscar Straus vient de lui jouer la partition d'une opérette qui a obtenu un succès à Vienne, que l'on joue actuellement au Théâtre de la Monnaie, à Bruxelles, et dont la musique est, pour les deux premiers actes, de Strauss (avec deux S), père et fils, et pour le dernier, de lui (avec un seul S).
Quelques jours après, nous prenions, Yvonne Printemps, ma femme, Pierre Fresnay et moi, le train pour la Belgique. Je nous revois tous les quatre à la Monnaie, et notre air déconfit, en sortant du théâtre à la fin de cet opéra-comique presque entièrement chanté par un ténor qui tenait le rôle principal. Notre déception était telle qu'Yvonne me déclara : « Cela ne valait pas la peine de nous déranger ; jamais je ne jouerai cela ! »
Le thème général et la musique nous ayant, malgré tout, séduits, dès mon retour à Paris, je reconstruisis entièrement les trois actes en axant l'action sur le couple d'amoureux et en arrangeant, naturellement, la partition de telle sorte que les airs importants soient confiés à la voix de la merveilleuse et unique Yvonne Printemps.
Elle et moi avions une grande estime pour le talent d'Henri Duvernois et une grande amitié pour l'homme. Consulté, il accepta d'écrire les dialogues, mais demanda, pour le troisième acte qui se passe dans un studio de cinéma, la collaboration d'un confrère plus familiarisé que lui avec le climat et la faune de ces plateaux. Mon ami Léopold Marchand rentrait alors d'un long séjour à Hollywood, comme scénariste. À peine s'étaient-ils mis ensemble au travail que l'auteur d'*Edgar* tomba gravement malade et mourut quelques semaines après : ce fut Léopold Marchand qui écrivit, avec brio, les dialogues de la pièce entière. Notre enthousiasme fut tel qu'en quinze jours l'opérette était entièrement terminée et en vingt jours de répétitions, grâce à la précision de la mise en scène de Pierre Fresnay et à la nouvelle formule de décors inventés par Fernand Ochsé, l'opérette était prête à affronter le public et la critique.
La répétition des couturières dut être interrompue au milieu du troisième acte pour cafouillage technique. Le lendemain, la générale fut un triomphe ! Chose assez rare : la critique, mes confrères et Paris furent unanimes. »

Albert Willemetz : *Dans mon rétroviseur* – La Table Ronde 1967

En 1930, le public du théâtre Marigny peut également découvrir *Madame Pompadour* de Léo Fall, l'un des plus fins compositeurs viennois de la génération de Franz Lehár, disparu depuis 1925. L'œuvre, comme tant d'autres, est adaptée par Albert Willemetz (pour les lyrics),

Max Eddy et Jean Marietti. Mais cette période voit aussi s'imposer une nouvelle génération de compositeurs, nés à l'aube du XXe siècle, et plus curieuse des rythmes nouveaux. C'est le cas d'Emerich Kalman dont on peut d'abord entendre *La Bayadère* (Célestins de Lyon, 1925, puis Mogador 1926). Ce musicien bénéficie surtout du succès tardif de *Princesse Czardas* (Trianon-Lyrique 1930), neuf ans après la première adaptation française (Anvers, 1921). Le public est également au rendez vous pour *Comtesse Maritza*, tiré comme beaucoup d'opérettes viennoises d'un sujet français (*Le Roman d'un jeune homme pauvre* d'Octave Feuillet). Cette partition de 1924, qui mêle le style tzigane à celui de l'opérette moderne, est donnée à Mulhouse (1930) puis au théâtre des Ambassadeurs. Kalman compose également le très parisien *Violette de Montmartre* (Marseille, 1932 ; Porte-Saint-Martin 1935) et il choisit de s'établir dans la capitale française en 1938. La guerre en décidera autrement : après l'exil aux États-Unis, couronné par d'autres succès, il revient pourtant en France où il meurt en 1953. Le destin sera plus cruel pour son brillant cadet Paul Abraham, qui représente le renouveau de l'opérette viennoise, en prise avec la fraîcheur du music-hall. Celui-ci est d'abord bien accueilli par le public parisien qui applaudit *Victoria et son hussard* (Moulin-Rouge, 1933, sous le titre *Cœurs de Vienne*), et *Fleur de Hawaï* (Alhambra, 1933). Contraint lui aussi de quitter l'Allemagne, le musicien compose à Paris quelques chansons et musiques de films. En 1939, son opérette *Billie et son équipe* – qualifiée de « gaie, trépidante et sportive » – est adaptée par Mouëzy-Eon et Willemetz, puis jouée à Mogador, en incluant de nouvelles musiques de Jean Sautreuil, Maurice Yvain et Michel Emer. Paul Abraham doit cependant gagner l'Amérique où, dans l'impossibilité de récupérer ses droits d'auteur, il sombrera dans la misère, puis dans les troubles mentaux.

Le plus éclatant triomphe de cette période reste toutefois celui de *L'Auberge du Cheval-blanc*, opérette à grand spectacle créée à Berlin en 1930 avant d'entreprendre le tour du monde. La version française de Lucien Besnard (1872-1955), sur des couplets du chansonnier René Dorin (1891-1969), est créée au théâtre Mogador, à l'initiative des frères Isola, le 1er octobre 1932. La plus grande partie de la partition est signée Ralph Benatzky, mais certains airs sont composés par Robert Stolz – dont le public de Nantes et d'Angers a pu déjà applaudir les opérettes *Une seule nuit* (1929) et *La Comtesse du dancing* (1931). La musique est efficacement fabriquée dans son pittoresque tyrolien, efficace dans son alternance comique et sentimentale. Le plateau compte ce qu'il faut de choristes, figurants, décors nombreux et impressionnants (un bateau, un chemin de fer...). Les rôles « lyriques » sont confiés

L'AUBERGE

Josepha, l'aubergiste, présente des fleurs

à des chanteurs chevronnés (Gabrielle Ristori en vedette), tandis que le personnage bouffe de Léopold revient au fantaisiste Milton (Bourvil s'illustrera plus tard dans le même rôle). Tous les ingrédients du succès sont réunis, au détriment, sans doute, de la subtilité.

La double vogue de l'opérette viennoise et de l'opérette à grand spectacle incite également les producteurs de spectacles à lancer quelques adaptations, en piochant dans le répertoire la substance d'ouvrages inédits. Dès la mort de Johann Strauss, Adolf Muller avait créé à Vienne un pot pourri de ses airs célèbres intitulé *Sang viennois*. L'ouvrage est repris à Paris – en version française d'André Mauprey – sous le titre *Les Jolies Viennoises* (Trianon-Lyrique, 1934). L'année précédente, Maurice Lehmann présentait au théâtre de la Porte-Saint-Martin *Valses de Vienne*, sur un livret de Mouëzy-Eon : des pages célèbres de Strauss y sont cousues et arrangées sous forme d'opérette par Eugène Cools.

L'Auberge du Cheval blanc à Mogador en 1932

Parmi les grands succès de cette année 1933, il faut citer également la reprise de *Chanson d'amour*, donné pour la première fois à Paris en 1921, dans une adaptation d'Hugues Delorme (1868-1942) et Léon Abric (1869-1942 – par ailleurs inventeur du terme «cruciverbiste»). Cette étonnante opérette du compositeur allemand Heinrich Berté, créée à Vienne en 1916, est entièrement construite sur des mélodies célèbres de Schubert; elle raconte la vie de bohème du compositeur, ses amitiés et ses amours. Le kitsch du procédé n'empêche pas la partition d'atteindre son but, avec beaucoup de charme et de fraîcheur.

Le goût pour la «recomposition» d'œuvres du passé touche également le répertoire purement français : Albert Chantrier présente *Le Passage des Princes* (Madeleine, 1933), opérette en quatorze tableaux sur des airs d'Offenbach. De son côté, l'infatigable Willemetz se lance dans l'adaptation et la réécriture plus ou moins heureuse de plusieurs opérettes du répertoire : *La*

Joséphine Baker
dans *La Créole* en 1934

Créole d'Offenbach (Marigny, 1934), puis *Les Cent Vierges* de Lecocq en 1942. La même année, en pleine occupation, le Châtelet présentera un très patriotique *Valses de France*, « Fantaisie musicale » à grand spectacle d'Albert Willemetz, entièrement écrite sur des valses françaises arrangées par Henri Casadesus.

Outre ces créations scéniques, il convient d'évoquer l'essor de la TSF qui popularise, avant guerre, les airs d'opérette, repris par des chanteurs dans d'innombrables pots-pourris. À mentionner également les nombreuses opérettes filmées tournées au cours des années 1930, qui donnent une idée vivante de ce répertoire malgré les libertés qu'elles prennent souvent par rapport aux livrets d'origine. Willemetz – encore lui – est associé à beaucoup de ces adaptations. Dans un catalogue surabondant – et malheureusement souvent introuvable – on peut recommander, entre autres, un irrésistible *Dédé*, avec Albert Préjean et Daniel Darrieux (René Guissart, 1934), le très loufoque *Toi c'est moi*, à découvrir au moins pour le duo Pauline Carton-Saturnin Fabre (René Guissard, 1936) ; un mélancolique *Coups de roulis* (Jean de la Cour, 1931) avec le baryton Roger Bourdin, l'une des plus belles voix de l'opérette française ; ou encore la *Ciboulette* de Claude Autant-Lara (1932-1933).

Jenny Carré
à côté d'un de ses costumes
pour *Valses de France*

chapitre 7

L'opérette des musiciens

Au moment où Christiné, Yvain, Moretti lancent la comédie musicale parisienne, nombre de compositeurs de tradition classique continuent à montrer leur sympathie pour l'opérette : soit qu'ils avouent leur curiosité pour les nouveaux courants de la musique légère ; soit qu'ils prétendent redonner à la tradition d'Offenbach et Lecocq ses lettres de noblesse. En tête de ces personnalités, une figure majeure de la vie musicale accomplit son retour. André Messager, âgé de soixante-cinq ans en 1918, va connaître, dans sa dernière décennie, un étonnant regain de vitalité.

La vieillesse de Messager

Après l'échec de sa légende lyrique *Béatrice*, créée en 1914 et balayée par la guerre, ce compositeur anglophile, chef d'orchestre habitué des scènes londoniennes, revient à la musique légère au lendemain de la victoire avec *Monsieur Beaucaire*. Cette « opérette romantique » a pour sujet l'amitié franco-britannique, transposée dans une histoire de cour du XVIIIe siècle : sous les traits du barbier monsieur Beaucaire, émigré en Angleterre et amoureux de Lady Mary, se cache en fait le duc d'Orléans, cousin du roi de France. « Nos deux peuples sont amis » entonne plusieurs fois le chœur. Créée en 1919 à Birmingham puis à Londres, en version anglaise, l'œuvre sera reprise en 1925 à Paris (Marigny), dans une adaptation d'André Rivoire et Pierre Veber. Derrière les intrigues de cour et d'amour (qui rappellent parfois *Véronique*), la partition se distingue par son élégance : une orchestration plus que raffinée, de merveilleux élans mélodiques (la grande valse du rossignol, l'air de la rose), d'admirables duos lyriques entre Beaucaire et Lady Mary entre lesquels s'intercalent les duos bouffes de Molyneux et Lady Lucy. *Monsieur Beaucaire* sera pour longtemps, à côté de *Véronique*, le premier succès du compositeur. Créateur du rôle dans la version française, André Baugé (1893-1966) restera de son côté le plus populaire des barytons d'opérette (on lui doit également le livret de *Beaumarchais*, sur des musiques de Rossini arrangées par Eugène Cools).

Marcelle Denya et André Baugé dans *Monsieur Beaucaire* de Messager en 1925

Au lieu d'en rester là, Messager choisit alors

de se tourner vers la comédie musicale et d'en adopter certains principes, tant pour les livrets (des pièces modernes ponctuée de «lyrics») que pour la musique (rythmes de tango ou de fox-trot, orchestration réduite). À ces conventions, Messager ajoutera seulement son art de grand musicien : un style vocal souple dont les refrains suivent délicatement les inflexions de la parole; une harmonie riche, des alliages instrumentaux recherchés qui tirent de l'orchestre réduit des possibilités inattendues.
Injustement oublié à l'exception d'un air («Je regrette mon Pressigny»), *La Petite Fonctionnaire* (Mogador, 1921) inaugure cette nouvelle veine avec autant d'humour que de sensibilité : sur un livret du journaliste et dramaturge Alfred Capus (1857-1922), c'est l'histoire d'une receveuse des postes, en province, qui monte à Paris où elle fait courir les hommes. Messager connaît plus de succès avec *L'Amour masqué* créé au théâtre Édouard VII, le 15 février 1923. Le livret, cette fois, est signé Sacha Guitry qui s'est déjà frotté à l'opérette depuis ses débuts avec Tiarko Richepin dans *Tell père, Tell fils* (1909). Son travail avec Messager – puis bientôt avec Reynaldo Hahn – le fait entrer dans la catégorie des grands librettistes, sans rupture avec ses talents habituels : sa volubilité brillante dans les scènes théâtrales se prolonge dans de merveilleux couplets écrits pour sa partenaire Yvonne Printemps, avec laquelle il enregistrera plusieurs faces. Des «Couplets du charme» à «J'ai deux amants» (titre initial de l'œuvre), la musique soutient, avec une discrète efficacité, les jeux d'esprit. Concentrant son invention dans une simple inflexion mélodique, dans un accord bien choisi, le compositeur semble se satisfaire de la comédie ponctuée de chansons – et il s'offre au passage un amusant pastiche de *Carmen* dans le finale : «Excusez-nous si nous partons».

Yvonne Printemps dans *L'Amour masqué*

Messager poursuit également sa carrière de grand chef d'orchestre. En 1919, il reprend la direction de l'Opéra-Comique, avant de diriger régulièrement les Ballets Russes. À soixante-dix ans, le créateur de *Pelléas* tient la baguette pour faire découvrir *Salade* de Milhaud et *Les Biches* de Poulenc. Membre de l'Institut, il est sacré par Honegger «aussi moderne que Poulenc et Auric». Personnalité considérable, président de la Société des auteurs et compositeurs, membre de l'Académie des beaux-arts, il semble dégagé de toute ambition dans le domaine du grand opéra et préfère poursuivre, au théâtre, l'exploration d'un style adapté à sa sensibilité en demi-teinte.

Mary Viard
et Aquistapace dans
Coups de roulis à la
Gaîté-Lyrique en 1934

Dans ses deux dernières œuvres, *Passionnément* et *Coups de roulis*, Messager oscille entre opérette comique et opérette sentimentale, tout en se rapprochant d'Albert Willemetz. Les deux hommes se sont connus par l'intermédiaire de Sacha Guitry, avant de passer ensemble des vacances à Biarritz, chez Willemetz, en compagnie du photographe Jacques-Henri Lartigue, gendre de Messager. *Passionnément* est composé en 1925 sur un livret de Willemetz et Maurice Hennequin (1863-1926), un des rois du vaudeville. L'action qui se déroule à Deauville, sur un yacht, met face à face des protagonistes français et américains dans des quiproquos amoureux. Dans cette partition créée en janvier 1926 à la Michodière, Messager signe une grande valse mélancolique : « Dites petites Marguerites », de ravissantes chansons amoureuses pour Julia, la petite bonne, et un savoureux portrait musical de Stevenson, l'Américain puritain devenant alcoolique, créé par Koval. Chaque page est conduite avec un soin extrême et le compositeur ironise : « Si j'écris de nouveau, je ferai un drame lyrique, c'est bigrement plus commode ! » Heureusement, il ne tient pas sa promesse. Un an plus tard, Messager se remet à l'ouvrage pour *Coups de roulis*, adapté par le seul Albert Willemetz d'un roman de Maurice Larrouy (1882-1939), spécialiste de littérature

maritime, également connu sous le pseudonyme de René Milan. Cette opérette en trois actes se déroule sur un navire de guerre où le cœur d'une jeune fille provoque une rivalité entre le commandant et l'aspirant qui rétorque : «En amour il n'est pas de grade». La partition comporte plusieurs airs admirables de baryton («La quarantaine», «Ce n'est pas la première fois») et de soprano («Le premier des deux»). Dans le duo du roulis, les deux voix semblent tanguer avec le navire. Les rythmes légers de fox trot, les mélodies tendres font parfois songer à *Show Boat,* représenté la même saison au Châtelet. Le compositeur dirige la première au théâtre Marigny, le 28 septembre 1928. Son petit orchestre scintille; le rôle du député, père de l'héroïne, est joué par Raimu. Messager disparaîtra l'année suivante, laissant la plus pure contribution musicale à l'histoire de l'opérette française.

Reynaldo Hahn

Tandis que Messager compose ses dernières œuvres, un autre artiste d'exception fait son entrée sur les scènes de l'opérette et va prolonger la tradition raffinée jusqu'à la Seconde Guerre mondiale. Homme du monde, musicien érudit, amateur de peinture et de littérature autant que de café-concert, Reynaldo Hahn est emblématique d'un certain esprit parisien, à la croisée des arts. Si son nom n'a laissé qu'une place

Reynaldo Hahn dans son cabinet de travail

discrète dans l'histoire musicale, c'est peut-être parce que cet esthète, ami intime de Proust et de Sarah Bernhardt, fut rarement considéré par ses pairs comme un compositeur à part entière, du fait de ses succès mondains et de sa curiosité universelle. À cela s'ajoute la relative indifférence de Reynaldo Hahn à l'évolution musicale de son temps, sa fidélité aux voies ouvertes par Offenbach, Saint-Saëns ou Messager. Pourtant, à bien l'écouter, sa musique révèle une invention raffinée, personnelle, souvent originale qui prolonge au cœur du XXe siècle la meilleure tradition de l'opérette et de l'opéra-comique.
Reynaldo Hahn naît à Caracas en 1875, dans une famille d'origine allemande ; il n'a que trois ans lorsque ses parents s'établissent à Paris, tout près de l'Élysée. Grandissant dans un milieu aisé, il apprend le piano, découvre la musique d'Offenbach et prend l'habitude de chanter en s'accompagnant lui-même. À six ans, il se produit chez la princesse Mathilde, cousine de Napoléon III. Jusqu'à la fin de sa vie, l'image de « Reynaldo » sera celle d'un homme fredonnant des mélodies au piano, la cigarette au bec. Passionné par l'art et la technique du chant, il y consacrera de nombreux écrits rassemblés dans un volume (*Du chant*, 1920) et enregistrera lui-même plusieurs disques. À douze ans, il entre dans la classe de composition de Massenet au conservatoire. À quinze ans, il compose un recueil de mélodies – les *Chansons grises*, sur des poèmes de Verlaine – bientôt en vogue dans le monde musical et littéraire. Protégé d'Alphonse Daudet, il devient l'ami de ses fils, et l'on dit que Verlaine pleurait en entendant les *Chansons grises*. De son côté, Mallarmé adresse au jeune musicien cet envoi : « Du *do* premier au final *do*, glissent les doigts de Reynaldo. »
L'un des talents de Reynaldo Hahn tient dans ce sens littéraire, cet art de dire et de raconter qui conduit sa plume : « Une seule chose m'intéresse, m'enthousiasme, m'obsède », affirme-t-il, « la réunion de la littérature et de la musique ». De fait, peu de compositeurs ont si naturellement marié les mots et les notes. En 1894, il fait la connaissance de Marcel Proust, son aîné de quatre ans, avec lequel il noue une relation intime dont l'écho se retrouve dans une merveilleuse correspondance. Philippe Kolb, biographe de l'écrivain, voit en Reynaldo son meilleur ami ; celui dont l'influence fut primordiale – y compris dans la naissance de la *Recherche* – comme témoin, conseiller, confident, voire délégué auprès des éditeurs et des journalistes.
Le jeune Reynaldo débute à l'Opéra-Comique dans *L'Île du rêve* (1898), avec un succès mitigé. Un critique écrit : « L'arbre de transmission du paquebot vénézuélien s'étant cassé, la musique a dû rester à Caracas ; il n'est parvenu jusqu'à nous qu'un peu d'accompagnement alla Massenet, avec quelques gruppetti au deuxième acte, alla Wagner… » Hahn se fait également remarquer comme chef d'orchestre. Interprète de Mozart, il est

invité en 1906 à Salzbourg, pour diriger la première de *Don Giovanni*. De retour salle Favart dans *La Carmélite* (1902) sur un livret de Catulle Mendès, il signe surtout d'admirables mélodies, comme les *Études latines*, et de nombreuses pages de musique de chambre. Il montre également un goût affirmé pour les pastiches et les formes anciennes, librement recréés, bien avant la vogue néo-classique ; telle cette suite pour instruments à vent, deux harpes et piano dédiée à Saint-Säens : *Le Bal de Béatrice d'Este* (1907). La rencontre de Reynaldo Hahn avec l'opérette est plus tardive. Naturalisé français, il passe la guerre dans les tranchées (où il trouve le temps de composer une superbe suite de valses pour deux pianos : *Le Ruban dénoué*). Lorsqu'il retrouve Paris, en 1918, une nouvelle époque musicale commence. Du côté de l'avant-garde, la jeune musique du groupe des Six est aux antipodes de son esthétique raffinée ; Cocteau l'agace. Ce qui ne l'empêche pas d'admirer *Le Sacre du printemps* (par contre, il n'a jamais compris l'enthousiasme de Proust pour *Pelléas*). Il ne prise guère non plus les nouvelles comédies musicales dont la frénésie syncopée lui déplaît.

Reynaldo Hahn au café-concert

« Outre que le café concert offre un terrain propice à l'éclosion de mélodies fraîches et vives dont s'enrichit la flore musicale française, il procure à qui aime vraiment le chant, bien des sujets d'agrément et d'observation. En effet, les bons artistes de café-concert sont dans la vérité technique et esthétique du chant, c'est-à-dire qu'ils se servent du timbre de la voix pour faire entendre des paroles, au lieu de prendre les mots comme prétextes à des exhibitions de sons, ainsi que le font presque tous les chanteurs de grands théâtres. La nécessité de donner un rôle prépondérant aux paroles des morceaux qu'ils chantent les maintient dans le bon chemin, leur impose cette règle commune à tous les arts qui est l'adaptation des moyens à l'idée et au sentiment qu'on veut exprimer. Par la méconnaissance de cette loi, bien des interprètes fameux de grands ouvrages lyriques manquent le but, alors qu'une Yvette Guilbert, un Duparc, un Villé, un Paulus, un Mayol, un Polin et bien d'autres ont pu se vanter d'avoir atteint, dans l'expression, à une perfection absolue. À part Mme Viardot, aucun contralto n'a jamais, que je sache, ému qui que se soit dans le rôle de la mère du Prophète, tandis que Thérésa, avec quelques mesures d'une pauvre chanson, a créé une image poignante de la tendresse et de la douleur maternelles. »

Reynaldo Hahn, *L'Oreille au guet*, Gallimard 1937

À contre-courant, Reynaldo Hahn choisit ce moment pour aborder l'opérette. Sollicité par les librettistes Robert de Flers et Francis de Croisset, il met en chantier *Ciboulette* qui reprend, de son propre aveu, le modèle de Lecocq et de Messager : son but est de composer une

M. Jean Périer (Rodolphe), Mlle Edmée Favart (C.boulette), M. Deireya (Antonin).

« CIBOULETTE » AUX VARIÉTÉS. — Au 3e acte : une soirée dans l'atelier du musicien Olivier Métra, en 1867. — *Phot. H. Manuel.*

Jean Périer, Edmée Favart, Henry Defreyn dans *Ciboulette* aux Variétés en1923

«opérette bien traditionnelle, bien française, et de la réussir». Créée en 1923 au théâtre des Variétés, l'œuvre connaît un succès immédiat. Reynaldo – qui vient de perdre coup sur coup Marcel Proust et Sarah Bernhardt – redonne vie dans son opérette au vieux Paris disparu. L'action de *Ciboulette* se déroule dans les Halles d'avant Baltard entre les marchands, les étudiants et le peuple de Paris. On y retrouve l'écho de *Mesdames de la Halle* d'Offenbach (où l'une des protagonistes s'appelait déjà Ciboulette) et de *La Fille de madame Angot*. Dans le livret figure également le personnage d'Olivier Métra, compositeur de valses en vogue à la fin du XIXe siècle. Cet ouvrage marque une étape dans l'histoire de l'opérette car, pour la première fois, le genre semble se pasticher lui-même. Mais au lieu de le réduire à quelques clichés, Hahn réinvente l'opérette de ses rêves dans une partition pleine de poésie, d'idées harmoniques et orchestrales : «Je ne suis pas fait pour les innovations. Je fais partie des "profiteurs", de ceux qui viennent en second et qui coordonnent. Mais comme Virgile et Mozart étaient de ceux-là, je n'en conçois aucune honte.» La création de *Ciboulette* est interprétée par Edmée Favart, Jean Périer, Henry Defreyn et Koval. Trente ans plus tard, en 1953, l'œuvre fera son entrée à l'Opéra-Comique.

Après le succès de *Ciboulette*, Reynaldo Hahn va se tourner de plus en plus activement vers le théâtre léger. En 1925, il accepte un projet de Sacha Guitry suite au refus de Messager qui a pris quelques distances avec le grand acteur, agacé par «ses faux airs de tendresse insupportable». *Mozart,* comédie musicale en trois actes, raconte le voyage du jeune Mozart à Paris; mais c'est un Mozart «à la Guitry», amoureux de Paris et de toutes les femmes qu'il rencontre. Comble du kitsch : le rôle du compositeur est chanté par Yvonne Printemps, et celui du baron Grimm par Sacha lui-même. Hahn aborde avec un visible plaisir cette œuvre consacrée au compositeur qu'il adore. Messager lui même convient, après la première au théâtre Édouard VII, que «Reynaldo Hahn a su trouver une musique qu'aurait aimée Wolfgang Amadeus. Tout cela est d'un art parfait, d'une mesure et d'un goût exquis».

Si Reynaldo Hahn est apparu, d'abord, comme un défenseur de l'opérette traditionnelle, il montre une curiosité croissante pour la comédie moderne. En novembre 1926, le théâtre de la Michodière présente *Le Temps d'aimer*, sur un livret de Pierre Wolff (1865-1944), Henri Duvernois et des couplets d'Hugues Delorme (1868-1942). Cette œuvre pleine de charme – avec station balnéaire et parties de tennis – a pour sujet les inconvénients du mariage entre une jeune femme et un homme trop âgé. Petit orchestre, scènes de comédie ponctuées de chansons, Reynaldo sacrifie même à la vogue du fox-trot. Amoureux des artistes populaires (depuis l'époque où il entraînait Proust aux concerts Mayol), il prend plaisir à leur écrire des chansons. À côté d'Henry Defreyn et de Jeanne Cheirel, deux vedettes des scènes d'opérette, l'un des rôles principaux est créé par la jeune fantaisiste Marie Dubas.

Il est regrettable que seuls *Ciboulette* et, dans une moindre mesure, *Mozart* soient passés à la postérité. Car les opérettes de Reynaldo Hahn sont autant de petits chefs-d'œuvre. Nous les connaissons heureusement par quelques faces enregistrées dans la foulée des créations et par les archives du Service lyrique de la Radiodiffusion française. *Brummel*, opérette en un prologue, trois actes et cinq tableaux, sur un livret de Rip et Dieudonné (déjà associés dans *Le Cochon qui sommeille* de Claude

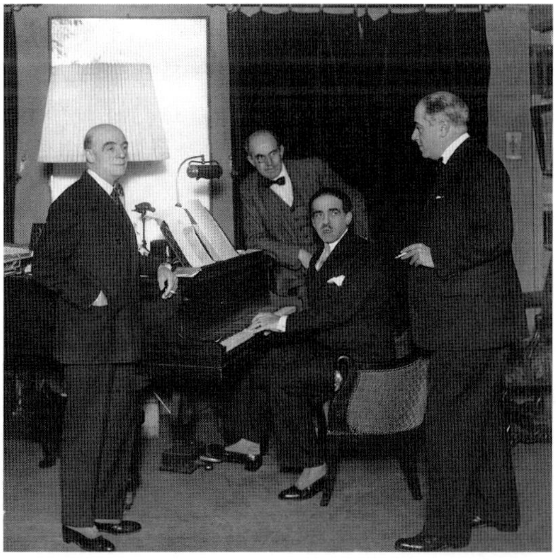

Pierre Wolff, Henri Duvernois et Hugues Delorme, les librettistes du *Temps d'aimer*, entourant Reynaldo Hahn

Terrasse), est peut-être la plus « reynaldienne » des opérettes. D'évidentes affinités rapprochent les « dandys de Brummel » et Reynaldo lui-même ; le trait suprême du dandysme étant la moquerie du dandysme. Créée en 1931 au théâtre des Folies-Wagram, cette opérette évoque la vie de George Brummell, arbitre des élégances. L'ouvrage comporte d'irrésistibles chansons sur les dandys (« Être un dandy »), sur l'horreur de la campagne (« Chanson pastorale ») ; des couplets sur la boxe et d'autres qui décrivent le prince de Galles sur son cheval. Reynaldo Hahn, plus que jamais, se montre musicien de théâtre ; l'utilisation du chœur comme un personnage à part entière relève du grand art. Son écriture raffinée rappelle parfois celle de Messager, mais son style doit davantage peut-être à Offenbach : le goût des mots prime dans ses opérettes, tandis que chez Messager, c'est le trait musical qui l'emporte.

En 1933, Reynaldo Hahn retrouve Guitry pour composer *O mon bel inconnu*, comédie musicale en trois actes créée aux Bouffes-Parisiens et dédiée au jeune compositeur Louis Beydts. Cette tragédie-comédie bourgeoise a pour cadre une famille de Français moyens, chapeliers de leur état. Le rôle de la bonne est tenu par Arletty qui enregistre pour l'occasion l'air de la « Chalchographie » et même une chanson grivoise en duo avec Reynaldo Hahn. Dans un genre plus élégant, Guy Ferrand interprète l'« Air des chapeaux », bel exemple de parlé-chanté, typique de Reynaldo Hahn. Dans la distribution figure également Simone Simon qui intéprète une valse lente.

Ayant gagné la gloire sur les scènes d'opérette, Reynaldo Hahn revient à une forme d'opéra plus sérieux dans *Le Marchand de Venise*, créé en 1935 au Palais Garnier. André Pernet y triomphe dans le rôle de Shylock. Quatre jours après cette création, Hahn – toujours éclectique – présente à la Gaîté-Lyrique sa nouvelle opérette : *Malvina*, sur un livret du très parisien Maurice Donnay (1869-1945) et d'Henri Duvernois. L'ouvrage reprend plusieurs pages d'un spectacle intitulé *Une revue*, présenté par les mêmes auteurs en 1926. Renouant avec la tradition de Lecocq, *Malvina* est une fresque de Paris pendant les « Trois glorieuses ». La révolution de 1830 y sert d'arrière-plan à une histoire amoureuse où l'on croise, au passage, Honoré de Balzac. Reynaldo Hahn a concocté de beaux airs et duos, joliment interprétés par Roger Bourdin et Renée Camia : « Connaissez vous celui que j'aime », la « Valse des Sylphides » ou le boléro final.

À la veille de la guerre, Reynaldo Hahn est toujours en pleine activité. Quand il ne compose pas, il dirige à l'Opéra Comique ; quand il ne dirige pas, il écrit des chroniques musicales pour *Le Figaro*, puis rassemble ses écrits dans des recueils intitulés *L'Oreille au guet* ou *Journal d'un musicien*. Il signe de belles partitions instrumentales, du *Quintette avec piano* au *Concerto pour violon*. Il accompagne la cantatrice Ninon Vallin, qui interprète son émouvante *Dernière Valse*; il lance de jeunes artistes, comme la soprano Geori Boué. Pendant la guerre, Reynaldo Hahn – qui a quelques origines juives – se réfugie dans le sud de la France puis à Monaco, en compagnie de son ami le chanteur Guy Ferrand. Malgré les difficultés financières, il se montre toujours actif, notamment au casino de Cannes où il dirige *L'Île du rêve* et *Ciboulette* (l'ouvrage, en revanche, est interdit à Paris). À la Libération, il devient directeur de l'Opéra et membre de l'Académie des beaux-arts. Ce bel automne sera de courte durée. Reynaldo Hahn meurt en janvier 1947, âgé de soixante-douze ans. Sa comédie lyrique inachevée *Le Oui des jeunes filles*, sur un livret de René Fauchois, sera créée deux ans plus tard à l'Opéra-Comique, dans une orchestration d'Henri Büsser, sous la direction d'André Cluytens. Avec Hahn disparaît le dernier géant de l'opérette française réunissant, comme Chabrier ou Messager, la solidité du métier, la diversité des registres, une culture artistique très vaste, l'art de conjuguer le savant et le léger.

Édouard Mathé, Louis Beydts

D'autres figures moins célèbres perpétuent la tradition raffinée de l'opérette. En 1935, Reynaldo Hahn consacre un article enthousiaste à la reprise des *Linottes* d'Édouard Mathé, musicien aujourd'hui totalement oublié. Reynaldo se reconnaît-il lui-même en brossant son portrait ? « Comment bien dissocier un pianiste virtuose et voyageur, d'un accompagnateur de chansonniers ? Un maître de la pantomime et du ballet, d'un roi de l'opérette ? Un homme d'esprit, un homme d'action, d'un rêveur ? Un travailleur acharné d'un poète ? »
Grâce à l'épouse d'Édouard Mathé, Mme Cariven Galharret a rassemblé les éléments qui permettent de reconstituer son existence. Né à Versailles en 1863, enfant prodige, élève de Jules Massenet, Mathé est envoyé – à seulement dix-neuf ans – vers l'île Maurice, pour y créer un conservatoire de musique. Il y reste de longues années et ses premières œuvres sont jouées jusqu'en Australie. En 1897, il revient en France. Nommé professeur au conservatoire de Versailles, il se produit également au café-concert. Accompagnateur hors pair, Mathé travaille avec Claude Terrasse pour la première de *Chonchette*; il signe des chansons pour Alice Bonheur et Polaire. Pianiste dans les cabarets montmartrois – en particulier La boîte à Furcy – il est réputé pour sa virtuosité et son art de glisser d'une tonalité à l'autre, au gré des incertitudes vocales. Le chef d'orchestre D. E. Inghelbrecht écrit : « Édouard Mathé, seul, à son piano, avait pressenti le jazz. » Dans les premières années du siècle,

Mathé compose de petites opérettes : *Le Chien d'Alcibiade* (1904), *L'École des chastes* (1907) chantée par Victor Boucher et Paulette Darty, reine de la valse lente ; puis viennent *Le Souper de rupture* (1907 sur un livret de Willy) ; *Salominette* (1910), une parodie de *Salomé ; Little Jap* (1911) ; *Le Roi Cothon* (1914)... Directeur artistique d'une des premières firmes de disques, il se spécialise également dans l'accompagnement de pantomimes, dansées par la jeune Colette (*La Romanichelle*), la « Belle Otéro » (*Rêve d'opium*), ou encore l'espionne Mata Hari qui se produit dans *Le Lys noir.*

Pendant la guerre, Édouard Mathé compose un opéra-comique : *L'Eau enchantée.* Il signe des musiques pour les revues de Rip et Dieudonné. Son principal titre de gloire reste toutefois *Les Linottes* (théâtre du Perchoir, 1923), opérette composée sur un sujet de Georges Courteline, adapté par Robert Dieudonné et C.A. Carpentier. On y voit un groupe de Montmartrois cherchant à faire fortune en montant une opérette ! Enchanté par la musique de Mathé, Courteline espérait un triomphe comparable à celui de *Phi-Phi* ; mais le style des *Linottes* – avec sa valse « Cueillons les roses » – ne correspondait guère à la mode des années folles. Ce fut seulement un succès d'estime, salué par le grand musicographe Émile Vuillermoz : « Savourez cette musique exquise où tout est tendre, piquant et distingué et qui n'a besoin que d'un piano, d'un violon et d'un célesta pour vaporiser sa fraîcheur. Partout règnent ici la maîtrise, le beau métier, le talent solide et le génie inventif. »

Après *Les Linottes*, Mathé donne encore une opérette aux Folies-Dramatiques : *Le Million du Bouif* (1924), sur un sujet de l'écrivain polémiste Georges de La Fouchardière (1874-1946). La reprise des *Linottes*, en 1935, suscite l'émerveillement de Reynaldo Hahn ; il voit dans cette œuvre un parfait contrepoison à cette « terrible maladie importée d'Amérique » qui fait « partout d'affreux ravages : la syncopite infectieuse ». Quant à Édouard Mathé : « La musique lui coule des doigts, les idées mélodiques poussent dans sa tête à la façon des fleurs, parées des grâces naturelles qui leur siéent, avec les couleurs et les parfums dont Dieu même les a dotées. » L'année suivante (1936), Mathé disparaîtra pour un purgatoire dont il ne semble pas près de sortir.

Après Messager, Hahn ou Mathé, rescapés de la « Belle Époque », on aurait pu craindre que la tradition la plus raffinée ne finisse par disparaître au seul profit de la comédie musicale ou du « grand spectacle ». Pourtant ces artistes vont trouver un jeune disciple en la personne de Louis Beydts, dont l'œuvre apparaît comme l'un des ultimes joyaux du divertissement musical.

Né en 1895 à Bordeaux, venu étudier la musique à Paris en 1924, Louis Beydts présente d'abord des œuvres sérieuses comme *Le Sommeil*, poème pour chœur et orchestre qui reçoit un accueil mitigé aux concerts Lamoureux. Admirateur éperdu de Debussy et Fauré, il recueille les conseils d'André Messager – mais il aime aussi Reynaldo Hahn, même si Messager ne s'entend guère avec le compositeur de *Ciboulette*. Beydts connaît son premier succès en 1931, lors de la création de *Moineau*, opérette en trois actes, au théâtre Marigny. Le livret de Pierre Wolff et Henri Duvernois raconte l'histoire d'un coureur, le peintre Gaston Gilbert qui tombe amoureux de Cécile, une jeune « moineau » parisien. Le second acte se déroule au restaurant du Tournebride, à Romainville, où les amoureux retrouvent l'escarpolette de *Véronique* : l'occasion pour Beydts d'un pastiche personnel et poétique de Messager. Toute la partition déploie ses séductions harmoniques et orchestrales très françaises. Arthur Honegger s'enthousiasme : « Je ne connais personne qui ait au même degré que Louis Beydts le respect de la facture musicale. Pour lui, une œuvre d'art, qu'elle soit symphonie ou simple mélodie, est un objet rigoureusement délimité dans sa forme et dans son essence. Il y a en lui du Mallarmé et du Valéry… Que l'on écoute la ligne mélodique, les subtiles modulations, le raffinement sobre de l'harmonie qui caractérisent la musique de Beydts, et l'on sentira combien il est un musicien actuel, aussi instruit que tout autre des exigences "modernes", mais sachant allier une rigoureuse discipline à la grâce et la science de l'esprit. »

Beydts, malgré une production réduite, restera l'un des meilleurs compositeurs de la période 1930-1950. Son activité, dans le domaine de l'opérette, culmine en cette année 1931. Juste après la création de *Moineau*, il présente à Monaco, toujours sur un livret d'Henri Duvernois, *Les Canards mandarins*, une chinoiserie dont l'intrigue amoureuse se déroule sur un bateau de fleurs. La même année, il se rapproche de Sacha Guitry et crée avec lui un petit chef-d'œuvre : *La S.A.D.M.P* (Madeleine, 1931), opéra-bouffe en un acte. L'héroïne – jouée par Yvonne Printemps – répartit ses faveurs entre ses différents amants, comme les parts d'une société anonyme : la « Société Anonyme des Messieurs Prudents » ; mais, derrière les initiales du titre, on peut lire également : « Société des Admirateurs de Madame Printemps ». L'année suivante, toujours avec Guitry, Beydts signe la musique de scène du *Voyage de Tchong Li* (Madeleine, 1932). À chaque nouvelle partition, le musicologue Paul Landormy loue « des courbes mélodiques remarquables par leur naturel et leur grâce, une harmonie extraordinairement coulante et des modulations d'un imprévu qui enchante ».

Malgré tant d'admiration, Louis Beydts se contentera de donner, en 1937, une modeste partition d'opérette : *B.A.BA* joué à Paris lors d'un « concert d'opérette française » aux Concerts Pasdeloup. Durant cette période, comme beaucoup de compositeurs de musique légère, il compose surtout des musiques de films – notamment celle de *La Kermesse héroïque* de Feyder (1938) – mais aussi des musiques de scène et des mélodies avec piano ou avec orchestre. Il faut attendre le lendemain de la guerre pour découvrir son nouveau chef-d'œuvre lyrique : *À l'aimable Sabine* (Marigny, 1946), comédie musicale en deux actes sur un livret de Léopold Marchand, dédiée à la mémoire de Reynaldo Hahn. On retrouve le souvenir de *Malvina* dans ce tableau historique qui montre Paris sous la Révolution, et compte parmi ses protagonistes le peintre David. Les rôles principaux sont tenus par Germaine Roger, Gabrielle Ristori et Jacques Jansen, par ailleurs fameux Pelléas qui prête son art délicat à ces pages poétiques, sous la baguette de l'indispensable Marcel Cariven. Après cette création saluée par le Tout-Paris musical, Beydts poursuivra une brillante carrière de compositeur et critique, au détriment peut-être de sa propre musique. Nommé directeur de l'Opéra-Comique en 1952, il disparaît prématurément l'année suivante.

D'Indy et Roussel font de l'opérette

La philosophie de la « légèreté » règne partout dans la France artistique entre les deux guerres. Depuis Debussy et Ravel, mais aussi Apollinaire ou Picasso, la modernité parisienne paraît indissociable de l'esprit de fantaisie et du sens de l'humour. Au moment où Maurice Yvain lance la comédie musicale, où Reynaldo Hahn remet au goût du jour l'opérette raffinée, le milieu musical tout entier semble vouloir les suivre. Dès 1916, Debussy déclarait, comme un manifeste : « Ne nous essoufflons plus à écrire des symphonies, pour lesquelles nous tendons nos muscles sans résultat bien appréciable. Au besoin, préférons-leur l'opérette. » Au cours des années suivantes, le même penchant se retrouve chez de nombreux compositeurs. Des vieux franckistes à la jeune garde du groupe des Six, ils se lancent l'un après l'autre dans l'opérette. Sans doute, chez certains de ces artistes, un peu trop de science alourdit parfois le style bouffon ; leurs ouvrages ne savent pas toujours assez simplement chanter et danser. Ce répertoire d'opérette savante comporte cependant maintes richesses.

Parmi les compositeurs les plus naturellement doués pour la musique légère, il faut citer d'abord Gabriel Pierné (1863-1937), contemporain et ami de Debussy, auteur d'œuvres marquantes comme la *Sonate pour violon et piano*; les *Paysages franciscains* ou *Cidalyse et le chèvrepied.* Toute sa vie, Pierné a montré sa prédilection pour l'opéra-comique en signant plusieurs « comédies lyriques » : *On ne badine pas avec l'amour* (Opéra-Comique, 1910) ou *Sophie Arnould* (Opéra-Comique, 1927). Il achève sa vie de compositeur par une « comédie musicale en quatre actes et cinq tableaux », *Fragonard*, créée le 15 octobre 1934 à la Porte-Saint-Martin, avec André Baugé (Fragonard) et Jane Marnac (la Guimard), dans une mise en scène de Maurice Lehmann. Pour l'écrivain et critique René Dumesnil : « *Fragonard* restera peut-être le chef-d'œuvre de Pierné au théâtre. Le livret, dû à Romain Coolus et André Rivoire, présente une image fidèle du peintre des *Hasards de l'escarpolette*... La partition de Pierné est un pur joyau. Elle est écrite comme Fragonard

Fanély Revoil dans *Fragonard* de Pierné à l'Opéra-Comique en 1934

peignait, en se jouant; mais de tels jeux supposent une maîtrise, une connaissance approfondie du métier, de toutes les ressources de l'art.» Dès 1946, l'ouvrage entre au répertoire de l'Opéra-Comique avec Jacques Jansen et Fanély Revoil dans les deux rôles principaux. Digne héritière de Jeanne Granier ou Edmée Favart, comédienne autant que chanteuse, Fanély Revoil (1906-1999), selon Reynaldo Hahn «ne se contente pas de brûler les planches : elle les calcine, les consume, les réduit en cendres».

Fragonard de Pierné

«Est-ce vraiment une opérette? N'est-ce pas plutôt un opéra-comique? En tout cas, c'est un jeu musical qu'on suit avec un plaisir infini. Car M. Gabriel Pierné se meut dans la musique comme un poisson dans l'eau ou comme un oiseau dans les arbres. Quelle grâce! Quelle légèreté souple et nerveuse, quelle sûreté de touche et de bond, quels spirituels retournements dans la virevolte, quelle élégante aisance dans le plongeon, quelle finesse, quel équilibre – quelle maîtrise!

C'est en se jouant, on le sent bien, que M. Pierné a composé l'œuvre exquise dont M. Maurice Lehmann vient de nous donner la primeur. Mais, attention : cette sorte de jeu implique une science supérieure, puisée aux sources les plus pures, les plus augustes de l'art. On ne parvient point du premier coup à badiner de cette façon-là. Pour écrire le terzetto chanté au premier acte par Fragonard et ses deux amis, ce morceau si plein d'abandon et de jeunesse, il faut avoir exploré la musique de fond en comble; pour choisir le motif murmuré par la Guimard : "Il faut savoir ne pas voir quand on aime", pour l'entourer de cet accompagnement caressant et pour amener la modulation délicieuse qui relie le refrain au couplet, il faut avoir cueilli toutes les fleurs et respiré tous les parfums du paradis lyrique; pour le "Quatuor de la bastonnade", pour lui conférer cette verdeur, cette vigueur rythmique, ce ressort, pour agencer le brillant et bruyant finale du deuxième acte et tant d'autres ensembles grouillants, il faut avoir lu tout Bach, tout Haendel et s'être exercé la main dans des tâches ardues! C'est ainsi qu'à chaque page de la partition, on reconnaît, au travers du poète charmant et du fantaisiste enjoué, l'infaillible technicien, le parfait styliste qu'est M. Gabriel Pierné.»

Reynaldo Hahn

En 1922, Vincent d'Indy lui-même s'est lancé dans la musique légère avec *Le Rêve de Cinyras*, comédie musicale en trois actes sur un livret de Xavier de Courville. Ami de Chabrier, D'Indy avait déjà signé, dans sa jeunesse, un petit opéra-comique en un acte représenté salle Favart en 1882 : *Attendez-moi sous l'orme.* Son biographe Léon Vallas note que «dans l'esprit si complexe de Vincent d'Indy, il y eut toujours un côté blagueur de Parisien». *Le Rêve de Cinyras* est une évocation bouffonne des états d'âme du guerrier qui permet au compositeur de parodier *La Marseillaise* ou *La Madelon* mais aussi de pasticher Bach, Beethoven, Wagner et sa propre musique. Malgré une écriture parfois compliquée (dix tonalités en huit mesures!) le compositeur s'autorise des abandons mélodiques qu'il ne se serait jamais permis ailleurs et qui font le charme de cet ouvrage oublié. Le monde musical observe toutefois avec méfiance cette incursion légère d'un musicien si sérieux – qui devra finalement se contenter de la Petite Scène, un théâtre d'amateurs, pour la création en 1927.

Élève de d'Indy, Albert Roussel vient lui aussi, sur le tard, à l'opéra-bouffe, dans *Le Testament de la tante Caroline*, composé en 1932 après les triomphes de *Bacchus et Ariane* et de la *Troisième Symphonie*. Le livret est dû au jeune écrivain Nino, alias Michel Veber (1896-1965) – neveu de l'auteur dramatique Pierre Veber et de Tristan Bernard. Homme aux talents multiples, tour à tour archéologue, peintre et trappeur, celui-ci est également le beau-frère du compositeur Jacques Ibert. Sur un ton d'humour noir et grinçant, il nous raconte une histoire d'héritage, entre membres d'une même famille, autour du lit de mort de la vieille tante Caroline. Roussel adopte un langage plus simple que dans ses grandes œuvres; même si, parfois, se glisse un tour rythmique propre au compositeur du *Festin de l'araignée*. Créé en Tchécoslovaquie en 1936, l'ouvrage sera repris l'année suivante à l'Opéra-Comique, dans une mise en scène de Georges Pitoëff.

Parmi les maîtres de la musique moderne, Ravel admirait lui aussi les opérettes d'Offenbach ou de Chabrier. Son *Heure espagnole* (1911), sur un texte de Franc-Nohain – par ailleurs librettiste de Claude Terrasse –, n'est pas tellement éloignée de l'opéra-bouffe. Erik Satie s'est également essayé à l'opérette, un genre qu'il adorait, dans *Coco Chéri* (Monte-Carlo 1913). Évoquons enfin Henry Février (1875-1957), élève de Massenet, disciple de Messager et père du pianiste Jacques Février. Après avoir connu le succès à l'Opéra et à l'Opéra-Comique (*Monna Vanna*), il donne en 1932, en collaboration avec le compositeur Marc Delmas (1885-1931), l'opérette *Sylvette* (Trianon-Lyrique), sur un livret de Michel Carré et de l'écrivain René Peter (1872-1947), compagnon de Proust et de Debussy.

Le Groupe des Six

Les jeunes musiciens du groupe des Six sont également amateurs d'opérette. Dès leurs premières œuvres, l'esprit de la musique populaire se mêle au jeu des dissonances et au goût de la farce théâtrale. *Les Mariés de la tour Eiffel,* en 1921, dans son mélange de valse à trois temps et d'excentricités à la Cocteau, n'est pas tellement éloignée des bouffonneries d'Hervé. Au cours des années suivantes, plusieurs des Six vont revenir à ce terrain d'expérience.

Dans l'abondante production de Darius Milhaud figure un petit opéra-bouffe composé en 1925 : *Esther de Carpentras* (Opéra-Comique, 1938), sur un livret de son ami Armand Lunel (1892-1977), dont l'intrigue se déroule au Moyen Âge dans la communauté juive de Carpentras. De son côté, Francis Poulenc, fervent admirateur de *L'Étoile* de Chabrier, compose en 1944 *Les Mamelles de Tirésias* (Opéra-Comique, 1947), opéra bouffe en un prologue et deux actes sur un texte d'Apollinaire. La créatrice, Denise Duval, est également l'une des meilleures interprètes d'opérette de la troupe lyrique de la Radiodiffusion française. Dans cette satire du féminisme, la jeune Thérèse se transforme peu à peu en homme, avant que son mari n'entreprenne de faire des enfants; la partition comporte des références explicites à Messager, à Offenbach et au café-concert. Les *Mamelles* restent toutefois un opéra moderne plutôt qu'une opérette, si l'on en croit le compositeur : «L'opérette m'amuse, écrit Poulenc, mais je n'ai aucun don pour en écrire une. Ce genre, hélas, aujourd'hui se galvaude, s'abâtardit car, ne l'oublions pas : pour réussir il faut un métier spécial, celui du grand Messager (oui, Messager était un grand musicien), celui, plus près de nous, de Reynaldo Hahn ou de Louis Beydts. On ne s'improvise pas compositeur d'opérettes. Ainsi, le finale du second acte des *Mamelles*, qui a un faux air d'opérette, n'est pas un finale d'opérette. Il est trop sec, trop grimaçant, et pas si gai que cela.» Quant à Germaine Tailleferre elle s'intéressera au genre après 1950 et nous y reviendrons dans le chapitre suivant.

Les Petites Cardinal, un roman de Ludovic Halévy adapté par Willemetz et Honegger

Parmi les Six, la contribution la plus importante vient paradoxalement d'Arthur Honegger, pourtant réputé le plus sérieux, voire le plus austère du groupe. Ses origines protestantes et la gravité d'une large partie de son œuvre ne sauraient faire oublier que tout un pan de sa musique incline vers la légèreté. Le 12 décembre 1930, le compositeur du *Roi David* présente, aux Bouffes-Parisiens, *Les Aventures du roi Pausole*, tiré d'un ouvrage de Pierre Louÿs. L'adaptation de Willemetz – encore – est conçue en merveilleux alexandrins de mirliton, mêlant gouaille parisienne et métrique classique. Sur ce sujet libertin, Honegger a composé une partition inspirée, de son propre aveu, par Mozart, Chabrier et Messager. Les airs et ensembles alternent avec des danses archaïques aux harmonies très modernes; mais la partition comporte aussi quelques vraies chansons, comme cette «coupe du roi de Thulé», parodie de Faust, créée sur scène par le fantaisiste Dorville. *Les Aventures du roi Pausole* sont dédiées à Fernand Ochsé, ami d'Honegger, «musicien, peintre, littérateur, décorateur qui a eu sur mon développement la plus heureuse action». Disparu à Auschwitz en 1944, Ochsé avait réalisé avant guerre de nombreux décors d'opérette (notamment ceux de *Malvina*) mais aussi une partition, *Choucoune,* admirée par Louis Beydts et Reynaldo Hahn. Après *Pausole*, Honegger revient à l'opérette dans *La Belle de Moudon* (1933), créé à Mézières, en Suisse. En 1937, il entreprend une nouvelle œuvre pour les Bouffes-Parisiens, en collaboration avec son ami Jacques Ibert : *Les Petites Cardinal*, opérette en deux actes et dix tableaux. Le livret d'Albert Willemetz et Paul Brach, tiré du fameux roman de Ludovic

Dorville
dans *Le Roi Pausole*

Albert Willemetz, René Koval, Arthur Honegger, Dorville, Pasquau travaillant *Le Roi Pausole*

Halévy, raconte l'histoire de deux sœurs, les petites Cardinal, placées par leurs parents dans le ballet de l'Opéra où les attendent de vieux messieurs gourmands. Les deux compositeurs se sont réparti les numéros avec beaucoup d'habileté.

Autour des Six

Hormis sa collaboration avec Honegger, Jacques Ibert (1890-1962) montre dans plusieurs ouvrages lyriques ses penchants pour l'esprit léger. Même si ses partitions paraissent un peu trop complexes pour être qualifiées d'opérette, il s'en approche grandement à plusieurs reprises : *Angélique* (théâtre Fémina, 1927), « farce en un acte » sur un livret de son beau-frère Nino ; *Le Roi d'Yvetot* (Opéra-Comique, 1930) ; mais aussi l'opéra-bouffe *Gonzague* (Monte-Carlo 1930) et même un « opéra-bouffe radiophonique » : *Barbe Bleue*. Également proche du groupe des Six, Henri Sauguet (1901-1989) a débuté avec un « opéra-bouffe militaire en un acte » : *Le Plumet du colonel* (Champs-Élysées, 1924) et il récidivera en 1930 dans *La Contrebasse*, opéra-bouffe sur un livret du romancier Henri Troyat, d'après Tchékhov (Madeleine, 1931). Il se tourne ensuite davantage vers l'opéra mais donnera encore *La Gageure imprévue*, opéra-comique d'après Sedaine, sur un livret de l'acteur Pierre Bertin (Opéra-Comique, 1944). En 1937, Marcel Delannoy (1898-1962), très apprécié par Honegger, compose lui aussi une opérette en deux actes, *Philippine*, une histoire de cirque qui révèle son talent haut en couleurs pour la musique légère. L'ouvrage est créé lors d'une « saison d'opéras-bouffes » donnée à la Comédie des Champs-Élysées dans le cadre de l'Exposition universelle. Dans la même série figurent *Vénitienne* de Jean Rivier (1896-1987), *La Véridique Histoire du docteur* de Maurice Thiriet (1906-1972), *Les Invités* de Tibor Harsanyi – compositeur parisien d'origine roumaine – et *La Poule noire* de Manuel Rosenthal.

Parmi ces jeunes compositeurs, Manuel Rosenthal (1904-2003) connaîtra une grande réputation comme chef d'orchestre ; mais son œuvre aborde tous les genres, de la musique instrumentale à l'opéra en passant par l'opérette. Il fut l'élève de Ravel et mêlait avec un art consommé le goût du pastiche, l'amour du contrepoint, l'esprit de la danse et une croustillante palette orchestrale. Son premier ouvrage, *Rayon des soieries* (Opéra-Comique, 1930), opéra-bouffe en un acte sur un livret de Nino, produisit un petit scandale par ses rythmes de blues inaccoutumés salle Favart. En 1933, Rosenthal récidivait avec Nino dans la comédie musicale *Les Bootleggers* dont la musique audacieuse déconcerta le public du théâtre Pigalle. Pour se remettre de cette déconvenue, Nino et Manuel Rosenthal composèrent aussitôt une nouvelle comédie musicale en un acte qu'ils rangèrent dans un tiroir… *La Poule noire* en ressortira en 1937, à la demande de Maurice Yvain, responsable de la série d'opérettes présentées à la Comédie des Champs-Élysées. Très comique, aussi réussie littérairement que musicalement, du « chœur des locataires » au grand finale espagnol, *La Poule noire* connaîtra un succès durable. Par la suite, Nino retrouvera à Hollywood le metteur en scène Max Reinhardt avec lequel il avait déjà présenté, en 1933, une nouvelle version de *La Chauve-souris* de Strauss, pour l'ouverture du théâtre Pigalle.

Ce chemin vers l'Amérique allait être celui de nombreux musiciens européens, fuyant la Seconde Guerre mondiale et le nazisme. Pour clore ce panorama des grands compositeurs de l'entre-deux-guerres, évoquons le passage à Paris de Kurt Weill (1900-1950) qui pensa s'installer en France, avant de traverser lui aussi l'Atlantique. Weill, pas plus qu'Honegger ou Poulenc, n'est spécifiquement un musicien d'opérette ; ce qualificatif reste cependant l'un de ceux qu'il utilisait pour qualifier *L'Opéra de quat'sous* ou *Happy End* : mélanges de musique

Sarah Vaysset, Edwige Bourdy, Marc Mauillon, Jean-Jacques Doumene dans Rayon des soieries, mise en scène par Mireille Larroche, Péniche-Opéra, janvier 2006

savante, de musique populaire et de parodies grinçantes visant un vaste public. *L'Opéra de quat' sous*, par sa version filmée – diffusée en France en 1931 –, avait fait de Weill un compositeur mondialement célèbre. Durant son séjour à Paris, il composa également de magnifiques chansons pour une pièce française, *La Marie Galante* (Théâtre de Paris, 1934), en collaboration avec l'auteur dramatique Jacques Deval. Son goût pour le théâtre léger allait s'affirmer encore au cours des années suivantes, avec une opérette très offenbachienne, *Der Kuhhandel*, créée à Londres en 1935, en attendant le départ pour l'Amérique et les grandes comédies musicales de Broadway.

chapitre 8

Les derniers feux

Si les années trente furent un âge d'or pour l'opérette, la période de l'après-guerre sera dominée par la question du déclin ; mais cette rupture apparaît seulement au fil des années cinquante, tandis que la décennie de l'immédiat après-guerre montre encore beaucoup de vitalité. Après les débuts en fanfare de *La Belle de Cadix* (1945) ou de *Chanson gitane* (1946), ces quelques belles années seront suivies par la reconversion lente, mais inéluctable, des innombrables théâtres parisiens qui abandonneront l'opérette l'un après l'autre. On ne verra guère alors se manifester de véritable relève, donnant aux compositeurs légers le rayonnement qu'ils avaient acquis, d'Offenbach à Messager. On peut, certes, considérer que l'opérette traditionnelle est aujourd'hui relayée par de nouveaux spectacles musicaux inspirés par le rock ou la variété. Mais nous sommes là très loin du genre d'Hervé ou de Charles Lecocq : l'opérette conçue par un compositeur, mêlant musique et théâtre comique. En ce sens, l'opérette parisienne va peu à peu disparaître, comme création spécifique, au profit d'un grand spectacle chanté, d'inspiration anglo-américaine.

Le contexte intellectuel change. Le monde artistique de l'entre-deux-guerres aimait l'opérette. Des artistes de music-hall aux compositeurs savants, toute l'époque semblait favorable à l'esprit léger. La période qui commence en 1945 subira, au contraire, un climat intellectuel de plus en plus défavorable. Les musiciens du groupe des Six plaçaient très haut l'art du divertissement ; Cocteau en avait fait une mode dans les cercles mondains. Dans les années cinquante, les jeunes avant-gardistes – émules du « dodécaphonisme » viennois – préfèrent souvent combattre la notion de divertissement (contrairement à leur maître Schönberg qui admirait Gershwin et avait même composé un opéra bouffe : *Von heute auf morgen*)… On peut y voir une conséquence intellectuelle de la Seconde Guerre mondiale. Quoi qu'il en soit, le « bon goût » se polarise de plus en plus sur les formes savantes, sévères, austères. La souffrance a meilleure presse que le plaisir. L'esprit de fantaisie, les rythmes de valse apparaissent comme l'expression dépassée de cette « classe putride qui constitue le plus clair du monde parisien », selon Pierre Boulez. L'esthétique dont il est l'un des principaux représentants marque un profond divorce entre compositeurs savants et musiciens de divertissement. Ils ne pourront plus se confondre comme au temps de Messager, mais devront avancer sur des voies opposées : le compositeur d'avant-garde vers une abstraction de plus en plus insaisissable, le compositeur de divertissement vers des clichés et des rengaines de plus en plus simplistes.

Au même moment, de nouvelles conditions socio-économiques bouleversent, à Paris comme ailleurs, le métier musical et théâtral. L'essor de la radio, du disque, du cinéma puis de la télévision, la voiture individuelle et les déplacements plus nombreux vident les salles de spectacle. Juke boxes et sonos se substituent – dans les cafés et les dancings – aux innombrables musiciens qui cachetonnaient le jour et se retrouvaient, le soir, dans les fosses des théâtres. À partir des années soixante, le nouveau statut du musicien d'orchestre salarié – ou bénéficiant au moins d'une correcte protection sociale – ne semble plus guère compatible avec l'économie des théâtres privés. Seuls les opéras subventionnés peuvent désormais entreprendre des spectacles lyriques dignes de ce nom. Les producteurs indépendants peinent de plus en plus à maîtriser des coûts de production supérieurs à la recette, même lorsqu'ils remplissent tous les soirs. Malgré les efforts de la Porte-Saint-Martin, de l'Étoile, de l'ABC, des Capucines ou de l'Européen, seules les très grandes salles – Châtelet ou Mogador – pourront subsister au prix d'une programmation racoleuse, avant de succomber dans cette spirale. Au même moment, la nouvelle vague musicale – yéyé, pop, rock… – et sa promotion par l'industrie du disque entretiennent, dans la jeune génération, un sentiment de rupture radicale par rapport aux générations précédentes. Le style «jeune» s'exprimait, en 1925, dans les comédies musicales d'Yvain ou Moretti ; il se traduit désormais par le mépris de l'opérette, rejetée comme une vieille fille, au profit d'une nouvelle culture plus internationale.

D'autres causes du déclin résident dans la nature de l'opérette elle-même. Déjà présente dans les années trente, l'opérette à grand spectacle va progressivement écraser toute autre forme de théâtre musical, et substituer ses mises en scène tape-à-l'œil au goût de la comédie légère. «Grand spectacle»? C'est à dire spectacle conçu par un producteur – souvent directeur de théâtre – plutôt qu'ouvrage méticuleusement écrit par un librettiste et un compositeur. Du Châtelet à Mogador, les noms de Maurice Lehmann ou d'Henri Varna apparaissent à l'affiche dans des productions qui privilégient la «vedette» (ténor ou fantaisiste) et les effets (changements de décors continuels, performances de la machinerie). Le compositeur devient un ouvrier parmi d'autres et sa musique, comme le reste, flatte moins la curiosité que l'habitude : des mélodies facilement mémorisables, une harmonie banale faits pour donner au public l'impression de connaître déjà les airs qu'il entend. L'opérette d'Offenbach ou d'Hervé était née comme une charge contre les clichés musicaux et théâtraux de leur époque. Un siècle plus tard, l'opérette devient l'apothéose du cliché, reproduisant à l'infini le même archétype avec rythmes faussement espagnols, numéros comiques attendus», valses romantiques et vocalises de ténor. Les livrets n'hésitent plus à affirmer que «sous le soleil d'Orient, le ciel vermeil lentement devient firmament»; ni à évoquer une «Méditerranée aux îles d'or ensoleillées aux rivages sans nuages, au ciel enchanté». Après les livrets persifleurs qui renversaient les poncifs en les ridiculisant, c'est le poncif qui prétend faire rêver le public,

Ces données caractérisent, pour une part, l'évolution du spectacle dans la seconde moitié du XXe siècle. Toutefois, la disparition du genre – encore présent dans de nombreux théâtres au lendemain de la guerre – s'étale sur plusieurs décennies. Sans m'étendre en détail sur certaines productions d'un intérêt négligeable, je voudrais évoquer les grandes lignes du théâtre musical après 1945, avec ses talents, ses fautes de goût et ses réussites.

Lopez et Scotto

L'immédiat après-guerre s'ouvre sur un immense succès, comparable à celui de *Phi-Phi* en 1918. Représenté pour la première fois le 24 décembre 1945, au Casino Montparnasse, *La Belle de Cadix* de Francis Lopez marque la naissance d'un nouveau genre d'opérette, ou plutôt d'une combinaison de recettes éprouvées. Le livret mêle lyrisme amoureux et comédie bon enfant, selon le schéma de l'opérette viennoise; les rythmes de danse raniment le vieux fonds espagnol si souvent convoqué depuis Offenbach; la mise en scène présente une succession d'effets et de tableaux pittoresques. Mais surtout, l'œuvre est conduite sans un temps mort; ce qui constitue peut-être sa principale qualité. Comme le note José Bruyr : « Mieux que quiconque, le musicien pratique ce dosage de sentimentalité fleur bleue, de couleur locale conventionnelle et de dynamisme détonnant. »

Francis Lopez (1916-1995) est d'origine basque, quoique né à Montbéliard. L'utilisation volubile des mélodies ibériques restera l'une des clés de son succès. Il a étudié les mathématiques et pratiqué le métier de dentiste – tout en jouant de la musique et en fréquentant les clubs de jazz. Grâce à son compatriote basque, le ténor André Dassary, il s'est lancé dans la composition de chansons et a signé pour un autre ténor – Georges Guétary – le joli refrain de *Robin des bois* (1943). Dans *La Belle de Cadix*, il s'associe au parolier Maurice Vandair (1905-1982) et surtout au librettiste Raymond Vincy (1904-1968) qui a débuté dans les « opérettes marseillaises » (son nom s'écrivait alors Vinci) et restera le partenaire de tous ses succès. Celui-ci est épaulé par Marc Cab (1900-1978), de son vrai nom Marcel Cabridens, lui même auteur, librettiste et adaptateur venu de l'opérette marseillaise. Mais le principal « partenaire » de Lopez sera d'emblée le ténor Luis Mariano (1914-1970) – de son vrai nom Mariano Eusebio González y García – qui vient également de débuter dans *Don Pasquale* de Donizetti.

Le triomphe de Mariano dans *La Belle de Cadix* marque un changement historique. La voix de baryton qui avait longtemps prédominé dans l'opérette française, avec son registre proche du langage parlé, s'efface au profit du ténor, désormais héros triomphant, ne reculant jamais devant un bel effet. Le brio de l'aigu l'emporte sur le parlé-chanté. Autour de Mariano, André Dassary (1912-1987), Georges Guétary (1915-1997), Rudy Hirigoyen (1919-2000) seront, pendant une trentaine d'années, les vedettes des spectacles d'opérette. Par ailleurs, le ténor sentimental se voit désormais systématiquement doublé par un compagnon «fantaisiste» dont les sketches alternent avec les roucoulades du jeune premier – une recette éprouvée de l'opérette viennoise et de la comédie musicale américaine. Enfin, l'espagnolade constitue, pour un temps, la nouvelle recette du succès, progressivement élargie à toutes les formes d'exotisme. Entre les reprises d'opérettes viennoises et les créations de Francis Lopez, on pourra bientôt se demander si l'opérette n'est pas une sorte de carnaval hispano-viennois, mêlant kitsch sentimental et sourire éclatant.

En 1947, le trio Lopez-Vincy-Mariano récidive selon les mêmes principes dans *Andalousie*, «opérette à grand spectacle en 2 actes et 22 tableaux», présentée à la Gaîté-Lyrique dans une mise en scène du directeur Henri Montjoye (il a gardé ce pseudonyme de la Résistance). Albert Willemetz apporte son concours au livret. La partition, comme celle de *La Belle de Cadix*, est orchestrée par Jacques Henri Rys (Lopez sait s'entourer de collaborateurs au métier solide). La jeune Marina

Carmen Sevilla, Luis Mariano et Jean Tissier dans *La Belle de Cadix* en 1953

Luis Mariano, Marina Hotine, Maurice Baquet, et Gise Mey dans *Andalousie* à la Gaîté-Lyrique en 1947

Hotine tient le premier rôle au côté de Mariano. Dans l'emploi de fantaisiste, l'excellent Maurice Baquet restera, avec Bourvil, l'un des grands comiques d'opérette. Pour le reste, la partition perfectionne son hispanisme de convention où les mesures marchent quatre à quatre et les harmonies deux par deux, avec beaucoup d'entrain mais sans le grain de folie d'Offenbach.

Lancé par *La Belle de Cadix* et *Andalousie* qui tiendront l'affiche plusieurs années, Francis Lopez va bientôt rencontrer un concurrent inattendu. En 1948, la création de *Violettes impériales*, opérette à grand spectacle sur une musique du vieux compositeur Vincent Scotto, donne un élan aux mises en scène luxueuses. Dès les années trente, Maurice Lehmann et les frères Isola avaient lancé la mode. Avec *Violettes impériales*, le goût dispendieux du théâtre s'affirme davantage encore. Le livret de Paul Achard et René Jeanne est tiré d'un film d'André Roussel, lui-même inspiré d'une chanson à succès : *La Violetera*, créée en 1920 par Raquel Meller. Sur la grande scène du théâtre Mogador, costumes et décors impériaux reconstituent les tableaux de cour de Franz Xaver Winterhalter. Les deux rôles principaux sont tenus par Marcel Merkès et Lina Walls. Désormais, ces super-productions vont polariser toute l'attention, comme si le théâtre ne pouvait continuer qu'en concurrençant le septième art. Les premières opérettes de Lopez conservaient des dimensions relativement modestes. Au cours des années suivantes, deux directeurs de théâtre, Maurice Lehmann au Châtelet et Henri Varna à

Mogador surenchérissent pour attirer le public à coup d'effets spéciaux, de décors rutilants, de figurants innombrables.

Assez surprenant, dans ce contexte, est le retour de Vincent Scotto. Né à Marseille en 1874, il a composé depuis le début du siècle près de 4000 chansons, dont quelques succès immortels : *La Java bleue, J'ai deux amours et La Petite Tonkinoise*. Il improvise ses thèmes à la guitare et son modeste métier musical est compensé par une verve inépuisable. Dans le domaine de l'opérette, ses tentatives ont connu moins de succès : *Susie* (Toulouse, 1912), *Charlot de la chapelle* (Bouffes Concert 1919), *L'Amour qui rôde* ou *Pan-pan* (Eldorado, 1920) qui a pour cadre l'antique Pompéi; puis encore *Zozo* (Eldorado, 1922), *La Princesse du Moulin-Rouge* (Excelsior Concert, 1924) et beaucoup d'autres sont passés presque inaperçus.

Tout a changé au début des années trente, quand Scotto s'est associé à son gendre, le chanteur Alibert, et au chef d'orchestre Georges Sellers pour lancer la vogue de «l'opérette marseillaise». Cet exotisme méridional – dans la foulée de *Marius* (1929) et *Fanny* (1931) de Marcel Pagnol – a vu le jour loin de Marseille, sur les boulevards parisiens où se sont succédé *Au pays du soleil* (Moulin de la chanson 1932), *Trois de la Marine* (Ambigu Comique, 1933), *Zou, le midi bouge* ou *Arènes joyeuses* (Alcazar 1934), *Un de la Canebière* (Célestins de Lyon 1935, puis Variétés), *Les Gangsters du château d'If* (Célestins 1936, puis Variétés), *Le Roi des galéjeurs* (Célestins 1938 puis Variétés). Ces «opérettes-revues» ponctuées de chansons, sur des livrets de René Sarvil (1901-1975), avec personnages types et accents exagérés, déclinent une recette assez sommaire mais tirent profit des personnalités du music-hall marseillais. D'une œuvre à l'autre, Scotto et ses comparses alignent les tubes, parfois charmants, prisés par le public d'avant guerre : «J'ai rêvé d'une fleur», «Adieu, Venise provençale», «Les

Alibert, roi de l'opérette marseillaise, dans *Les Gangsters du château d'If* aux Variétés en 1937

pescadous», «Le plus beau tango du monde», «Vous avez l'éclat de la rose»... Autour du roi Alibert, on applaudit également de nouvelles vedettes sur l'accompagnement du «jazz marseillais» de Sellers : Rellys, Andrex, Gaby Sims, Jenny Helia, Mireille Ponsard, Andrée Turcy...

Dans *Violettes impériales*, Scotto change de registre. Ses mélodies gardent leur simplicité accrocheuse, transposées dans un cadre romantique par la mise en scène de Varna. Et le succès est immense. Au cours des années suivantes, Vincent Scotto – épaulé par son orchestrateur, Jacques Météhen – signera pour Mogador deux nouvelles opérettes à grand spectacle. *La Danseuse aux étoiles* (1950), sur un livret de Guy des Cars et Henri Varna, décrit une ballerine de l'Opéra dans le Paris de la fin du XIXe siècle. *Les Amants de Venise* (1953), tiré d'un roman de cape et d'épée de Michel Zévaco, vaut un grand succès aux deux interprètes principaux, Marcel Merkès et sa femme Paulette Merval, qui vont former pendant plusieurs décennies un inséparable duo populaire. Scotto disparaît peu avant la création Le retour de cet aimable compositeur de chansons dans des productions à grand spectacle souligne l'évolution du genre : plus que jamais, à Paris comme à Broadway, le musicien devient un simple fournisseur de thèmes, arrangés et orchestrés par d'autres. La chanson marseillaise généreuse en clichés (avec Scotto, Vincy, Marc Cab, Tino Rossi qui rejoindra bientôt l'opérette) et l'espagnolade revue par le pays Basque (d'où sont issus Lopez, Mariano, Dassary) servent ainsi de creuset à l'opérette nouvelle.

D'une plus haute tenue musicale, un autre événement souligne l'évolution de l'opérette au lendemain de la guerre : c'est la création, à la

À Mogador, en février 1948, *Violettes impériales*, imitant Winterhalter, le peintre attitré de Napoléon III

Rogers, Marina Hotine et André Dassary dans *Chanson gitane* de Maurice Yvain, en décembre 1946 à la Gaîté-Lyrique

Gaîté-Lyrique, de *Chanson gitane* (1946), opérette en deux actes de 13 tableaux sur une musique de Maurice Yvain, un livret d'André Mouëzy-Eon et des lyrics de Louis Poterat (1901-1982). Avant guerre, Yvain s'était déjà tourné vers l'opérette à grand spectacle. Dix ans avant Lopez, *Au soleil du Mexique* (1935), produit par Maurice Lehmann, lançait la vogue des rythmes ibériques et des tableaux ensoleillés pour conter, les amours du toréador Nino Chicuelo et de la belle Juanita, interprétés par André Baugé et Fanély Revoil. On y voyait tour à tour des décors mexicains et hawaïens, une corrida et un volcan en éruption. Au lendemain de la guerre, Yvain a signé une petite œuvre passée presque inaperçue : *Monseigneur* (Daunou, 1945) ; puis il revient au grand spectacle dans *Chanson gitane,* partition qui surclasse ses concurrentes. L'opérette est née d'une chanson d'Yvain, « Sur la route qui va », créée au cinéma par Viviane Romance et reprise comme motif principal. Toutes les recettes sont là : treize tableaux, un chœur de gitans, de beaux airs de ténor chantés par André Dassary, des morceaux comiques par le fantaisiste Rogers. Les rôles de Gitanes sont joués par Mag Walter et Marina Hotine qui deviendra l'épouse du compositeur. Mais, tout en sacrifiant aux conventions, Yvain en tire un parti personnel et donne une leçon de musique. Dans le joli trio « Au pas du petit poney », il se montre digne héritier de Messager. Avant sa mort, en 1965, il composera encore une œuvre lyrique ambitieuse : *Le Corsaire noir* (Opéra de Marseille, 1958), créé par Maria Murano dans un style proche de l'opéra-comique.

Le triomphateur de ces années d'après guerre reste toutefois Francis Lopez qui, tout en épousant la vogue du grand spectacle, prend le temps de composer quelques petites comédies musicales. La musique se résume à une succession de chansons ; les livrets de Vincy manquent décidément d'insolence ; mais la réussite est parfois au rendez-vous, grâce au concours d'excellents interprètes comiques : Andrex, enfant du music-hall marseillais, crée *Quatre jours à Paris* (Bobino, 1948), repris au cinéma par Luis Mariano, dans un inénarrable rôle de coiffeur pour dames. Cette œuvre inclut aussi « La samba brésilienne » qui fera danser la France entière. Dans *Monsieur Bourgogne* (Bobino, 1949), la batterie s'invite dans l'orchestre d'opérette (une nouvelle version intitulée *Dix millions cash !* sera présentée en 1960). En 1952, Bourvil interprète les fameux « haricots », dans *La Route fleurie* (Célestins de Lyon, puis ABC), en compagnie de Georges Guétary qui vient de tourner *Un Américain*

Annie Cordy et Bourvil dans *La Route fleurie* de Francis Lopez à l'ABC en 1952

à Paris, et de la jeune Annie Cordy, la meilleure fantaisiste de sa génération : la pièce reste à l'affiche quatre années consécutives.

Lopez se tourne toutefois, de plus en plus, vers ces productions gigantesques qui, pour être rentables, doivent remplir pendant plusieurs mois la grande salle du Châtelet, toujours dirigé par Maurice Lehmann. En 1950, Georges Guétary, de son vrai nom Lambros Worloou (né à Alexandrie, il a été l'élève de Ninon Vallin et le boy de Mistinguett), chante *Pour Don Carlos*, tiré d'un roman de Pierre Benoit. Le 15 décembre 1951, Luis Mariano triomphe dans *Le Chanteur de Mexico* et son fameux « rossignol de mes amours » : inépuisable succès pendant 905 représentations. Dans la distribution figurent le fantaisiste Pierjac (rôle repris au cinéma par Bourvil) et le grand excentrique franco-turc Dario Moreno. Malgré un deuxième acte policier sans queue ni tête, cette œuvre marque le sommet, peut-être, de l'opérette lopézienne à grand spectacle, avec le concours de l'arrangeur Paul Bonneau. Le décor final du marché aux fleurs de Mexico est la quintessence du «style Châtelet» d'après guerre. Après *À la Jamaïque* (Célestins de Lyon 1953, Porte-Saint-Martin 1954), puis *La Toison d'or* (Châtelet 1954), où Colette Riedinger donne la réplique à André Dassary, Lopez se surpasse en lyrisme facile et paysages de vacances dans *Méditerranée* (Châtelet 1955). Tête d'affiche de cette opérette en deux actes et vingt tableaux, Tino Rossi navigue entre Corse, Sardaigne et Baléares. De plus en plus, le grand spectacle s'apparente à une mise en scène kitsch de la joie de vivre, où les amoureux semblent payés par une marque de dentrifrice, où les copains sont blagueurs, où le monde entier ressemble à une collection de cartes postales, sur des mélodies qui se devinent par avance. Difficile d'évoquer chaque succès de Lopez, tant ils se ressemblent par leur système, pour représenter la même bonne humeur fabriquée au mètre. Le ténor José Todaro, créateur de *Gipsy*, décrit ainsi le travail du compositeur avec son équipe : «Il donnait l'idée, sérénade, ballet, duo... et chacun travaillait de son côté; puis Francis Lopez modifiait, coupant ici, allongeant là... Véritablement, il avait le sens du théâtre.» Mentionnons encore *Tête de linotte* (ABC, 1957), écrit pour les deux fantaisistes Annie Cordy et Jean Richard, puis le retour de Luis Mariano dans *Le Secret de Marco Polo* (Châtelet, 1959) et *Visa pour l'amour* (Gaîté Lyrique, 1961), où le compositeur essaie de suivre la mode en confiant à Annie Cordy un «Twist contre Twist». En 1963, Tino Rossi remonte

Le Chanteur de Mexico triomphe au Châtelet (1951)

sur scène dans *Le Temps des guitares* à l'ABC. Au Châtelet, Maurice Lehmann cède la place à Maurice Lamy qui programme à nouveau Luis Mariano dans *Le Prince de Madrid* (1967), où chante également Maria Murano ; mais pendant les représentations de *La Caravelle d'or* (1969) le chanteur souffre déjà de la maladie qui va l'emporter l'année suivante, laissant désespérées des milliers d'admiratrices. Quarante ans plus tard, la personnalité vocale de Mariano continue à fasciner les plus grands artistes, de Placido Domingo à Roberto Alagna pour qui « il possède tout : la spontanéité de la voix, la facilité dans l'aigu, l'éclat du timbre, le soleil communicateur, la musicalité, la présence scénique, le charme ». Autant de qualités qui expliquent, pour une bonne part, vingt ans de succès ininterrompus avec Francis Lopez.

Ce dernier poursuit cependant son chemin. Il peut compter sur d'autres chanteurs de talent comme Rudy Hirigoyen pour lequel il compose *Viva Napoli !* (Mogador, 1970). Au début des années soixante-dix, les théâtres parisiens, entraînés dans l'inflation de superproductions et confrontés à la désaffection du jeune public, connaissent cependant des difficultés croissantes. Lopez tente de survivre à contre-courant,

Luis Mariano dans *Le Prince de Madrid* au Châtelet en 1967

en lançant à Lille une nouvelle création aux relents viennois : *Gipsy* (Sébastopol de Lille, puis Châtelet, 1971), où débute José Todaro. Les Tziganes prennent la place des Andalous, mais c'est toujours le même romantisme carré, orchestré par des professionnels, accompagnant un spectacle d'effets ponctués de vocalises. Après *Les Trois Mousquetaires* (Châtelet, 1974) et *Fiesta* (Mogador, 1975) le compositeur s'essaye à l'exotisme slave dans *Volga* (1976), sa dernière création au Châtelet. Mais le système avance vers sa propre perte : coûts de production exorbitants, renouvellement artistique minimum malgré la publicité massive des médias. Réduite à des tableaux pléthoriques, l'opérette apparaît de plus en plus comme une attraction touristique ; on vient rêver – en autocar – sur ces spectacles qui ne sont que le pâle souvenir du théâtre musical... Le Châtelet et Mogador abandonnant définitivement le genre, Lopez continuera à présenter ses créations dans des théâtres plus modestes : la Renaissance, l'Élysée-Montmartre, l'Eldorado où l'on entend *La Perle des Antilles* (1979) et *Viva Mexico* (1980), avec José Villamor en nouveau ténor vedette. Mais Lopez ne trouve pas son nouveau Mariano. Dans ses dernières années, il cherchera parfois dans le play-back ou les accompagnements enregistrés un substitut aux productions musicales devenues trop coûteuses. Sa dernière œuvre, *Les Belles et le gitan*, est créée en 1993, deux ans avant sa mort. Sans commentaire, puisque le meilleur de Lopez était tout entier dans ses premiers spectacles : *La Belle de Cadix*, *Andalousie*, *Quatre jours à Paris*, et porté au paroxysme dans *Le Chanteur de Mexico*. Il laisse incontestablement quelques chansons immortelles ; mais ses opérettes sont à l'histoire du genre ce que les romans à l'eau de rose sont à la *Comédie humaine*.

Van Parys et la comédie légère

Avant que le grand spectacle n'occupe toute la place, la comédie légère héritée d'Yvain, Christiné et Moretti connaît encore de belles heures sur les scènes parisiennes après la guerre. Quelques musiciens et librettistes s'efforcent de raviver les échanges entre les mondes de la chanson, du théâtre et de l'opérette. Bourvil, Les Frères Jacques, Yves Montand, et même Piaf ou Barbara semblent prendre, pour un temps, la succession de Dranem, Milton ou Arletty.

Le nom du compositeur Georges Van Parys aurait déjà pu figurer dans les chapitres consacrés à l'entre-deux-guerres. Né à Paris en 1902, il a suivi des études de droit tout en travaillant la musique. Sa personnalité mêle l'amour du grand art et celui du divertissement. Bon pianiste, esprit érudit, ami de Louis Beydts comme d'Arthur Honegger, il collectionnera toute sa vie les manuscrits de Chopin et Debussy. Fin lettré, il donnera même plusieurs conférences sur l'œuvre de Proust. Mais Van Parys est aussi un pianiste amoureux du cabaret qui accompagne régulièrement la grande chanteuse Yvonne Georges. Pendant ses études, il a fait connaissance de Philippe Parès (1901-1979), fils du chef d'orchestre de la Garde républicaine, avec lequel il compose de nombreuses partitions. Leur première comédie musicale, *La Petite Dame du train bleu*, créée à Lyon puis reprise à Paris (*Eldorado,* 1927), est interprétée par Marie Dubas et Pauline Carton en concierge. Peu après, le librettiste Serge Veber (1897-1976) rejoint Van Parys et Parès dans l'opérette *Lulu*, une aventure vénitienne créée par Davia et Fernand Gravey (Daunou, 1927). L'année suivante, les mêmes auteurs se retrouvent dans une petite opérette moderne, *L'Eau à la bouche* (Daunou 1928), chantée par Loulou Hégoburu. Émile Vuillermoz fait l'éloge de cette partition raffinée. Puis Veber, Van Parys et Parès connaissent un vrai succès dans *Louis XIV* (Scala 1929) où Dranem incarne un garçon épicier engagé pour jouer le rôle du roi Soleil. Il en profite pour passer en revue l'histoire de France et consacre un refrain à Henri III : « Pourquoi n'aimes-tu pas les femmes ? » Après *Le cœur y est* (Athénée, 1930), *Couss Couss* (1931), sur un livret de Jean Guitton, met en scène un garçon de café (toujours chanté par Dranem) égaré dans l'Exposition coloniale. Van Parys va toutefois s'éloigner des scènes d'opérette au profit du cinéma. On lui doit les musiques de chefs-d'œuvre comme *Belles de nuit* de René Clair, *Casque d'or* de Jacques Becker ou *French Cancan* de Jean Renoir.

Les compagnons de la chanson dans *Minnie Moustache* de Van Parys, à la Gaîté-Lyrique e 1956

À la veille de la guerre, Georges Van Parys revient à l'opérette en compagnie de Serge Veber dans *Ma petite amie* (Bouffes-Parisiens, 1937) ; puis il compose *Une femme par jour* (Capucines, 1943), une histoire de harem sur des couplets du cinéaste et parolier Jean Boyer (les deux hommes se sont déjà rencontrés dans *Circonstances atténuantes*, merveilleux film de 1939 où Arletty chante « Comme de bien entendu » – un refrain que Van Parys se plaisait à développer au piano dans les styles les plus variés). À la Libération, il compose une œuvre plus ambitieuse : *Virginie Déjazet* (Champs-Élysées, 1946), opérette en trois actes interprétée par Fanély Revoil, Paul Derenne et Duvaleix. Honegger salue cette partition « qui se place nettement sous le signe des classiques du genre : Offenbach ; Lecocq, Hervé ». Le livret est de Raymond Vogel (1915-1988) et Jean Marsan (1920-1977) que Van Parys retrouvera comme partenaire de plusieurs œuvres amusantes. En 1946, le Vieux-Colombier présente *La Tour Eiffel qui tue*, petite comédie avec piano où des polytechniciens relancent la querelle des Anciens et des Modernes. Mouloudji chante la « Complainte de la tour Eiffel ». La même année, Van Parys apporte sa contribution à une opérette à grand spectacle, composée en collaboration avec Roger Dumas : *Le Chasseur d'images* (Châtelet 1947). Fernandel joue le rôle principal de ces aventures policières qui se déroulent de Paris jusqu'en Chine.

Il revient à la comédie légère dans une bouffonnerie de cabaret, toujours en collaboration avec Jean Marsan, *Tristœil et Brunehouille* (Michodière 1950) qui raconte l'histoire d'un opéra commencé par Rossini, repris par Wagner, continué par Debussy et terminé par Gershwin. L'art de pasticheur de Van Parys y fait merveille. Avec le journaliste Pierre Devaux, il compose une comédie-bouffe à couplets sur Catherine de Médicis : *La Reine-mère* (Quartier Latin, 1951). Selon Henri Sauguet, Van Parys « apporte une fraîcheur d'inspiration, une imagination, une délicatesse de tons, une vivacité d'esprit, un sens de l'opportunité qui font de lui un artiste et un maître, un des très rares qui puissent nous donner aujourd'hui une véritable opérette ». Il poursuit avec *Minnie Moustache* (Gaîté-Lyrique, 1956), sorte de western musical interprété par les jeunes Compagnons de la chanson, sur un livret de Jean Broussolle et André Hornez. En 1958, il retrouve Serge Veber, Philippe Parès et le baryton Dominique Tirmont dans *Le Moulin sans souci*, produit à Strasbourg dans le cadre de la « décentralisation des théâtres lyriques ». Van Parys donnera encore en 1960 *Le Jeu des dames* (Petit Théâtre de Paris), « comédie musicale en deux actes », sur l'un des derniers livrets d'Albert Willemetz. La chanteuse Barbara y tient l'un des rôles principaux. Ultime œuvre importante du musicien, l'opéra-ballet-bouffe *La Belle de Paris* est créé à l'Opéra-Comique en 1961. Dans cette évocation de la Belle Époque, on retrouve la danseuse Claude Bessy et la belle voix de Jacques Jansen. Par son mélange de grande culture et d'esprit léger, Georges Van Parys prolonge jusqu'à sa mort, en 1971, le Paris de Reynaldo Hahn. Francis Poulenc voit en lui un « petit-fils de Chabrier » qu'on peut retrouver dans son livre de souvenirs : *Les Jours comme ils viennent.*

Parmi les artistes qui prolongent, après guerre, la tradition de la comédie légère figure également Guy Lafarge (1904-1990). Musicien

Les Frères Jacques et Jeannette Batti dans *La Belle Arabelle* de Guy Lafarge en 1956

de qualité, bien que sans formation académique (il était diplômé de l'école des Travaux publics), il s'est fait remarquer par trois opérettes au Trianon-Lyrique : *Niquette* (1930), *Carabas et Cie* (1932), un conte de Perrault revisité par la rumba, puis *Monsieur Papillon* (1934) qui raconte l'histoire d'un entomologiste amoureux, interprété par le cocasse René Lenoty. En 1937, avec Willemetz et Cami, très loufoque humoriste, il signe *Camille, ou l'École des sexes, ou Tu seras gendarme*, bouffonnerie musicale en deux tableaux créée à l'ABC par Charpini, l'homme à la voix de soprano. Pendant la guerre, il compose *La Course à l'amour* (Nouveautés, 1942) où débute le jeune Guétary. Dans les années cinquante, tout en se consacrant davantage à la chanson, Lafarge présente plusieurs ouvrages humoristiques de qualité : *Il faut marier maman* (Théâtre de Paris, 1950) sur un livret de Marc Cab et Serge Veber, créé par Denise Grey et Armontel; puis un marivaudage : *La Leçon d'amour dans un parc* (Bouffes-Parisiens, 1951); et une comédie musicale : *Schnock, ou l'École du bonheur* (Européen, 1952) co-écrit et jouée par le chansonnier Jean Rigaud. Son opérette *La Belle Arabelle* (Porte-Saint-Martin, 1956) est restée dans les mémoires pour quelques jolies chansons comme « Les Boîtes à musique ». C'est une histoire de péniche, sur un livret de Marc Cab et Francis Blanche, présent sur scène en compagnie des Frères Jacques. Dans les années suivantes, Lafarge composera encore de nombreuses pièces créées en province : *Entrez dans la danse* (Lille, 1965), dernier livret répertorié de Willemetz en collaboration avec Robert Manuel; *Un chapeau de paille d'Italie* d'après Labiche (Strasbourg 1966); *L'Œuf à voiles* (Nantes, 1977), sur un livret de Cami; *Le Petit Café* (Mulhouse, 1980), d'après Tristan Bernard, composé en collaboration avec Jack Ledru; et plusieurs partitions restées inédites dans le vent général d'abandon de l'opérette.

Marc Berthomieu (1906-1991), fin musicien dans la lignée de Messager, débute au Havre en 1933 avec *Robert Macaire*, une œuvre spirituelle interprétée par l'excellent André Balbon; puis vient *La Belle Traversée* (Angers 1935), opérette en sept tableaux reprise à l'Alhambra par Fanély Revoil et Dorville. Il termine également la partition de *Sacha* (Monte-Carlo, 1933), commencée puis abandonnée par Messager sur un sujet de Maurice Donnay. Après guerre, il présente la comédie

Poussin (Européen, 1948) et *Roger Bontemps* (Angers, 1966). Par la suite, Berthomieu apportera son concours à deux opérettes composées par des chanteurs : *Pêcheurs d'étoiles* (Lille, 1972) d'Alain Vanzo et *Le Chevalier des mers* (Nice, 1973), opérette à grand spectacle de Bernard Sinclair.

Pascal Bastia, né en 1908, débutait dès 1927 dans *Ma femme* (Potinière), sous le pseudonyme d'Irving Paris – référence à l'Américain Irving Berlin. Dans le même style bouffon, mêlant l'héritage d'Offenbach aux rythmes jazzy, Bastia a signé *Un joli monsieur* (Comédia, 1928) sur un livret de son père, le chansonnier Jean Bastia. Il reste surtout l'auteur de *19 ans*, qui modernise le sujet des *Voitures versées* de Boieldieu. Créée en 1933 au théâtre Daunou par le chanteur Jean Sablon, en duo avec Éliane de Creus, l'œuvre est accompagnée par un jazz band où l'on retrouve Django Reinhardt et Michel Emer; elle est représentée à Paris trois cents fois. Dans *Le groom s'en chargera* (1935), Pascal Bastia – qui est aussi co-auteur et acteur – joue lui-même le rôle du groom aux côtés d'Armontel, Germaine Duclos et Henry Defreyn. L'œuvre comporte une nouvelle chanson à succès : «Je tire ma révérence». Dans les années quarante, Bastia se tourne vers la province avec les opérettes *Mademoiselle star* (Nice, 1941), *Quel beau voyage* (Baden Baden, 1947), *Priscilla* (Nancy, 1949), avant l'opéra bouffe *Perdigal* (Capitole de Toulouse, 1949). Son opérette *Ma Louisiane* (Nancy, 1951) est adaptée par le clarinettiste Sidney Bechet sous le titre *Nouvelle Orléans* (Étoile, 1957). L'infatigable Bastia compose encore *Valets de cœur* (Théâtre Monceau, 1953), puis l'opérette à grand spectacle *Les Gardes françaises* (Reims, 1962), orchestrée par Marc Berthomieu, et quantité de compositions inédites. Il est mort en 2007, âgé de quatre-vingt-dix-neuf ans.

Entre opérette et chanson

L'après-guerre est un nouvel âge d'or pour la chanson : de Chevalier à Trenet et de Joséphine Baker à Mireille, nombre d'artistes d'avant guerre poursuivent leur carrière. À Saint-Germain-des-Prés, Léo Ferré, Georges Brassens, Boris Vian, les Frères Jacques chantent la vie moderne. À côté des compositeurs de tradition classique, nombre de musiciens de music-hall alimentent également le répertoire d'opérette.

Pendant la guerre, Claude Pingault, charmant auteur de chansons, a composé *Plume au vent* sur un livret de Jean Nohain (1900-1981). Donnée en 1941 au Casino de Cannes, dirigé par Reynaldo Hahn, l'œuvre est reprise à Lyon par Giselle Pascal et Claude Dauphin, puis à Paris en 1948 avant d'être adaptée au cinéma, avec Georges Guétary et

Carmen Sévilla. C'est une charmante opérette swing connue pour son refrain : «Je n'embrasse pas les garçons». Toujours avec Jean Nohain, *Paméla* (Porte-Saint-Martin, 1956) ne connaîtra pas le même succès. Wal Berg (1910-1995), originaire de Constantinople, est passé par l'Allemagne avant de devenir le meilleur chef d'orchestre et arrangeur de chansons des années trente. En 1954, son opéra-comique *Casanova* est créé à Nancy par le grand chanteur trop tôt disparu Willy Clément. De son côté Louiguy (1916-1991), compositeur pour Édith Piaf de *La Vie en rose*, donne plusieurs opérettes : *Pommes d'amour* (Variétés, 1948), suivi par le grand succès de *La Quincaillière de Chicago* (ABC, 1956), sur un livret de Willemetz, où s'illustrera notamment le fantaisiste Maurice Baquet.

Henri Betti (1917-2005), élève du grand pianiste Lazare Lévy, se fait d'abord connaître dans des chansons à succès pour Maurice Chevalier (on lui doit aussi le célèbrissime *C'est si bon* – révélé à Louis Armstrong par la chanteuse d'opérette Suzy Delair). Il collabore à des revues de music-hall, tout en signant plusieurs opérettes à succès. Dans *Baratin*, créé en 1949 sur la scène de l'Européen, l'humoriste Roger Nicolas triomphe plusieurs années de suite. Par la suite, Betti compose *L'École des femmes nues* (Étoile, 1950), puis une «comédie musicale policière» : *Mobilette* (Européen, 1953), interprétée encore par Suzy Delair («comédienne née, chanteuse sans rivale, rarement une artiste a réuni autant de dons» écrit Maurice Yvain). Suivent des opérettes à grand spectacle : *Maria Flora* (Châtelet, 1957) sur un livret de Raymond Vincy, interprété par Rudy Hirigoyen, et *Le Marchand de soleil* (Mogador, 1969), chanté pendant sept mois par Tino Rossi.

Né à Constantinople, Paul Misraki (1908-1998), après des études classiques – notamment auprès de Charles Koechlin – avait débuté en 1930 comme arrangeur et pianiste de Ray Ventura. Principal compositeur et chanteur de ce délicieux orchestre swing à la française, il se lance dans l'opérette en 1936, avec *Normandie* (Bouffes-Parisiens), sur un livret d'Henri Decoin et André Hornez. Il en restera un tube : «Ça vaut mieux que d'attraper la scarlatine». Exilé pendant la guerre avec l'orchestre Ventura, Misraki effectue son retour sur scène dans *Le Chevalier Bayard* (Alhambra, 1948), opérette interprétée par le jeune Yves Montand, Ludmilla Tcherina et Henri Salvador. De son côté, Bruno Coquatrix (1910-1979) dirige alors le théâtre de l'Alhambra pour lequel il compose lui-même une série d'opérettes : *La Bonne Hôtesse* (1946) créé par Giselle Pascal, Bourvil et Duvaleix ; *Le Maharadjah* (1947), sur un livret de Serge Veber toujours interprété par Bourvil ; et surtout *Les Pieds nickelés* (1949) avec Armand Mestral, Jacques Pills, Irène Hilda et les Frères Jacques. Avant de prendre la direction de l'Olympia, Bruno

Coquatrix composera encore *Trois faibles femmes* (Bobino, 1951), pour les Peter Sisters et Jean Richard.
Au même moment, Michel Emer (1906-1984), un fou de jazz, compositeur avec Charles Trenet de *Y a d'la joie*, puis de belles chansons pour Édith Piaf, présente son opérette *Sérénade à 5* (Lyon, 1955), transformée en *Drôle de sérénade* (Étoile, 1956). Emer, avant guerre, avait déjà signé les arrangements de *19 ans* pour Pascal Bastia, et composé lui même *Loulou et ses boys* (Daunou, 1933) puis *Quand on a vingt ans* (Théâtre Antoine, 1936). Il signera encore plusieurs spectacles musicaux : *Chipolata 58* (Comédie Caumartin, 1958), « saucisson show en 14 tranches », sur un livret de Pierre Dac et Francis Blanche ; puis *Féfé de Broadway* sur un texte de Jean Poiret (Variétés, 1977). Autre contribution marquante du monde de la chanson au répertoire d'opérette, celle de Marguerite Monnot (1903-1961), compositeur des plus belles valses d'Édith Piaf. Elle a étudié auprès d'Alfred Cortot et Nadia Boulanger. Sa première opérette, *La P'tite Lily* (ABC, 1951) est écrite sur un livret de Marcel Achard, interprété par Édith Piaf, Eddie Constantine et

Ludmilla Tcherina, Yves Montand et Henri Salvador dans *Le Chevalier Bayard* de Paul Misraki, à l'Alhambra en 1948

Eddie Constantine et Édith Piaf dans *La P'tite Lily* de Marguerite Monnot, à l'ABC en 1951

Robert Lamoureux. La grande réussite de Marguerite Monnot reste toutefois *Irma la douce* (théâtre Gramont, 1956), comédie musicale sur un livret d'Alexandre Breffort, ex-chauffeur de taxi devenu journaliste au *Canard enchaîné*. Immortalisée par la jeune Colette Renard, cette peinture en chansons du Paris populaire et des cruautés de l'amour n'est pas sans évoquer certaines pages de Kurt Weill. L'œuvre connaîtra une seconde vie dans l'adaptation de Broadway deux ans plus tard, puis une troisième au cinéma avec Billy Wilder (1963).

Jack Ledru (né en 1922), élève du conservatoire de Paris, puis accompagnateur de vedettes de la chanson, compose à son tour pour l'humoriste Roger Nicolas la comédie musicale *Mon p'tit pote* (1954), sur un livret de Marc Cab et Jean Valmy (1901-1989). Suivront *Bidule* (Européen, 1959), *À toi de jouer* (Européen, 1961) et *Farandole d'amour* (Enghien, 1962) avec Rudy Hirigoyen. Sur la demande d'Henri Varna, Ledru se tourne vers le grand spectacle dans *Michel Strogoff* (Mogador, 1964), joué une année entière par Marcel Merkès et Paulette Merval;

puis il récidive dans *Vienne chante et danse* (Mogador, 1967), incluant des pages de Johann Strauss, qui tiendra l'affiche pendant deux ans. Il compose ensuite de nombreuses opérettes pour les théâtres de province comme *C'est pas l'Pérou* (Lille, 1976), *La Peur des coups* (1977) d'après Courteline ou *Paris Belle Époque* (Saint-Étienne, 1987) qui rassemble des airs d'opérette célèbres. Georges Liferman (né en 1922), auteur de chansons à succès – du *Chef d'orchestre est amoureux* à *Sacré Charlemagne* – s'illustre lui aussi dans l'opérette avec *Rendez-vous à Paris* (Lille, 1968), *Nini la chance* (Avignon puis Marigny 1976), créé par Annie Cordy, et *Scaramouche* (Avignon, 1986), la dernière opérette à grand spectacle répertoriée à ce jour.

Nouveaux classiques

L'énumération de ces créations peut donner le sentiment que l'opérette se renouvelle. Mais, sur les grandes scènes, le spectacle ne laisse

Louis de Funès et Les Branquignols dans *Ah ! les belles bacchantes* au théâtre Daunou en 1953

que peu de place à l'invention musicale et, sur les petites scènes, la musique se réduit de plus en plus souvent à un accessoire du théâtre réduit à quelques chansons. Du côté de l'opérette « savante », le déclin est également sensible. Malgré l'incitation de quelques directeurs de théâtre, comme Maurice Lehmann au Châtelet, aucune personnalité comparable à Messager, Hahn ou Beydts ne se révèle au lendemain de la guerre. Parmi les élèves du conservatoire, quelques-uns révèlent pourtant leur talent pour le divertissement et la musique légère.

Dans cette voie, le musicien le plus marquant est Gérard Calvi (né en 1922), grand prix de Rome, porté vers une musique colorée et spirituelle, d'apparence simple mais volontiers loufoque dans ses constructions. Il rencontre au conservatoire Robert Dhéry et Colette Brosset, et devient le musicien des *Branquignols* (La Bruyère, 1948), le « Helzapoppin » français. Ce spectacle poétique, musical et surréaliste, même s'il ne relève pas exactement de l'opérette, est certainement l'une des créations modernes les plus dignes de l'esprit d'Offenbach. Paris s'enthousiasme pour ce théâtre d'acteurs, drôle et bizarre qui se poursuit avec *Dugudu* (La Bruyère, 1951) puis *Ah ! les belles bacchantes* (Daunou,

Georges Guéthary
et Jean Richard
dans *La Polka des lampions*

1953) – également porté au cinéma. Un autre spectacle musical des Branquignols, *La Plume de ma tante* (1955), est créé avec succès en Angleterre, puis à New York (1959) et repris à Paris en 1965. Toujours avec Robert Dhéry, Calvi compose *La Grosse Valse* (Variétés, 1962) où Louis de Funès, en douanier, « mime, danse, chante, se convulse, se disloque, vibre, pétule, pétarade, explose » ; puis c'est *Vos gueules les mouettes* (Variétés, 1971) incluant des chansons de Françoise Dorin, fille du chansonnier René Dorin. Entre-temps, Calvi a connu un autre succès au Châtelet dans *La Polka des lampions* (1961), grande opérette sur un livret de Marcel Achard. Avec cet ouvrage – inspiré de *Certains l'aiment chaud* – Maurice Lehmann espère renouveler le répertoire du « grand spectacle ». Cette comédie musicale en deux actes et vingt tableaux est interprétée notamment par Georges Guétary, Jean Richard et Annie Duparc. Par la suite, Calvi composera encore *Le Tableau* (Gaîté Lyrique, 1975), un opéra-bouffe d'après Ionesco ; *Trafalgar* (Villejuif, 1976) sur un livret de René Goscinny et Jacques Mareuil ; puis *Les Innocentines* d'Obaldia, représenté avec succès en 1993 (Dreux, puis Théâtre 14) – en attendant la création de *La Cantatrice chauve* annoncée en 2009 à l'Opéra de Montpellier.

Prix de Rome 1946 – un an après Calvi –, Pierre Petit (1922-2000) signe l'une des bonnes opérettes d'après guerre : *La Maréchale sans gêne* (Châtelet, 1948), d'après *Madame Sans-Gêne* de Victorien Sardou. Créé par deux grands artistes, la mezzo-soprano Fanély Revoil et le ténor léger Paul Derenne, l'ouvrage est représenté 260 fois ; Pierre Petit compose également – entre autres – un opéra-bouffe radiophonique sur un livret du romancier Michel Déon : *Furia Italiana* (1958). Quelques années plus tard, Maurice Lehmann fait appel à un autre prix de Rome, Jean-Michel Damase (né en 1928), pour la musique d'une opérette à grand spectacle : *Eugène le mystérieux* (Châtelet, 1964), sur un livret de Marcel Achard, inspiré par *Les Mystères de Paris* d'Eugène Sue. Damase a prouvé son talent sensible et raffiné dans la comédie lyrique *La Colombe* (Bordeaux, 1961) puis dans *Madame de* (Monte-Carlo, 1969), et dans un opéra-bouffe radiophonique : *La Tendre Éléonore* (1958) ; la forme contraignante de l'opérette à grand spectacle – avec pour leitmotiv une inlassable reprise du thème de Liszt « Rêve d'amour » ! – lui réussit peut-être moins.

Albert Willemetz, Maurice Lehmann et Pierre Petit répètent *La Maréchale sans gêne* (1948)

Quelques bons compositeurs de la génération précédente rejoignent également le monde de l'opérette en ces années d'après guerre. En 1951, Germaine Tailleferre (1892-1983) compose *Il était un petit navire* (Opéra-Comique, 1951), «satire lyrique en trois tableaux» sur un livret du grand dialoguiste Henri Jeanson; cette parodie d'opéra, dans la tradition d'Hervé, produit un petit scandale salle Favart. Germaine Tailleferre compose encore la comédie musicale *Parfums* (Monaco, 1951). Comme beaucoup d'autres compositeurs, elle bénéficie également d'une commande de la Radiodiffusion française et compose, en 1955, quatre petits opéras bouffes dans lesquels elle pastiche les styles musicaux, du XVIIIe siècle à Kurt Weill, en passant par Offenbach : *La Fille d'opéra, Le Bel Ambitieux, Monsieur Petit Pois achète un château, La Pauvre Eugénie.* Toujours pour la radio, elle compose *Mémoires d'une bergère* (1959) qui confirme son talent naturel pour la musique légère. Au même moment, Joseph Kosma (1905-1969), resté dans toutes les mémoires pour les chansons de Prévert, donne la comédie musicale *Les Chansons de Bilitis* (Capucines, 1953), d'après l'ouvrage libertin de Pierre Louÿs. Né à Budapest, proche de compositeurs modernes comme Hanns Eisler, arrivé en France en 1933, Kosma prêche «pour la vraie légèreté, pas pour la lourdeur de l'esprit. Pas facile, légère! À la Mozart moderne». *Les Chansons de Bilitis* sont représentées plus de 350 fois d'affilée et reprises avec autant de succès en 1960. Kosma donnera encore *La Queue du diable* (La Bruyère, 1962).

Du grand spectacle au musical

Ces tentatives demeurent toutefois marginales, en comparaison de la guerre acharnée que se livrent le Châtelet et Mogador. Dans cette concurrence, lancée par les succès de Lopez, la création musicale occupe une place de plus en plus négligeable. Le compositeur n'est plus qu'un fournisseur de thèmes faciles, arrangés par de bons techniciens, suivant une couleur pittoresque déterminée (espagnole, tzigane, viennoise, caraïbéenne...). À Broadway, dès les années d'avant guerre, le même «partage du travail» servait un genre original, aux confluents de l'opérette et du jazz, avec Gershwin ou Cole Porter. Dans le Paris des années soixante, comme dans beaucoup de comédies musicales anglaises ou américaines contemporaines, le spectacle tend à devenir une production industrielle plus stéréotypée. À l'affiche des grands théâtres ces créations aguicheuses alternent avec des adaptations d'opérette viennoise ou de comédie musicale américaine.

Parmi les opérettes viennoises, outre les inépuisables *Veuve joyeuse* et *Valses de Vienne*, mentionnons *Rêve de valse* à Mogador (1947), joué plus de trois

Ci-contre :
Une des premières opérettes à grand spectacle, créée en 1927, *Rose Marie* revient sur scène dans les années 1960 avec Paulette Merval et Marcel Merkès.

N°2 OH ! MA ROSE MARIE !
Couplets chantés par M. BURNIER
THÉATRE MOGADOR
Direction des Frères ISOLA
ROSE MARIE
OPÉRETTE EN 2 ACTES DE
OTTO HARBACH ET OSCAR HAMMERSTEIN 2ND
MUSIQUE DE
RUDOLF FRIML ET HERBERT STOTHART
ADAPTATION FRANÇAISE DE
ROGER FERRÉOL et SAINT-GRANIER
la plus célèbre des opérettes américaines
Pour Piano et Chant
Chaque 6 fr.
(avec paroles françaises et anglaises)
1 - Totem Tom Tom (Wanda)
2 - Oh ! ma Rose Marie ! (Jim)
3 - Chant Indien (Rose Marie, Jim)
4 - Le Terrible Herman (Herman)
5 - Valse de Rose Marie (Rose Marie)
Pour Piano seul, chaque 6 fr.
1 - Totem Tom Tom - Fox-Blue
(Nouvelle Danse avec Théorie)
2 - Rose Marie - Fox-Trot
3 - Rose Marie - Valse
4 - Indian love call - Fox-Trot
5 - Rose Marie
(Fantaisie-Sélection 7 fr.)
Propriété de S.E.M.F.A.
copyright by HARMS inc
agence exclusive
pour l'europe continentale
EDITIONS FRANCIS SALABERT
PARIS, BRUXELLES
NEW-YORK

cents fois par le duo Merkès-Merval, et repris avec le même succès en 1962. Autre titre inépuisable, chaque fois qu'un directeur veut remplir une salle : la sempiternelle *Auberge du Cheval-blanc,* régulièrement donnée au Châtelet et dans tous les théâtres de province, jusqu'à cette apothéose kitsch, en 1973 : une interprétation sur glace par des chanteurs-patineurs! En 1958, le Châtelet présente *Rose de Noël*, une opérette construite, sur un livret de Vincy, à partir de morceaux posthumes de Franz Lehar, découverts par Miklos Rekaï et orchestrés par Paul Bonneau avec l'accord de la famille du compositeur. Le succès est au rendez-vous pour la jeune Nicole Broissin, au côté d'André Dassary... mais il est difficile de retrouver dans cette œuvre la magie des grandes opérettes de Lehar. L'année suivante, on peut voir à Mogador une œuvre inédite de Fritz Kreisler : *Sissi future impératrice*. Plusieurs adaptations de grands spectacles américains se succèdent également, avec une faveur variable. *Annie du Far West* (Châtelet, 1950), d'après *Annie Get your Gun* d'Irving Berlin, connaît un succès mitigé avec, dans le rôle titre, la fantaisiste Lily Fayol. Albert Willemetz et André Mouëzy-Eon et Maurice Lehmann ont mis beaucoup de soin dans les 22 tableaux de ce western musical. *Oklahoma!* de Richard Rodgers fait un bref passage, en version originale, sur la scène du théâtre des Champs-Élysées (1955). En 1963, la populaire *Rose Marie* de Friml est modernisée, elle aussi, dans le style western, avec Marcel Merkès, Paulette Merval et la danseuse Cécile Tchernova sur la scène de Mogador. Partageant ce goût de l'Ouest américain, propagé par le cinéma, le compositeur français Jacques Henri Rys (1909-1960), par ailleurs habile orchestrateur de Francis Lopez, évoque la vie des cows-boys dans *Colorado* (Gaîté-Lyrique, 1950), sur un livret de Claude Dufresne et des lyrics d'Albert Willemetz. Montée par Germaine Roger, directrice du théâtre après la mort de son mari Henri Montjoye, l'œuvre est interprétée notamment par Maurice Baquet et le séduisant Michel Dens (1911-2000), grand baryton d'opéra et infatigable défenseur de l'opérette – qui se produisait parfois dans la même journée à l'Opéra-Comique et à la Gaîté-Lyrique. Jacques-Henry Rys récidivera dans *Les Chevaliers du ciel* (Gaîté-Lyrique, 1955), opérette en 24 tableaux, sur un livret du chansonnier Paul Colline. Créée par Luis Mariano, l'œuvre est écrite à quatre mains avec le compositeur de chansons Henry Bourtayre (1915-2009). Ce dernier est également compositeur de *Miss Cow-Boy* (Casino Montparnasse, 1947), sur livret de Louis Poterat, et de *Tout pour elle* (Casino de Genève, 1952), adapté par Albert Willemetz pour les Bouffes-Parisiens, avec Jeanne Aubert et Robert Burnier. Le succès ne sera pas au rendez-vous, mais Yvonne Printemps, pour un de ses derniers disques, enregistrera deux chansons de cette opérette.

Parmi les opérettes à grand spectacle, évoquons encore *Les Amours de Don Juan* (Mogador, 1955) du compositeur catalan Juan Morata – de son

Ci-contre :
Paulette Merval et Marcel Merkès dans *Rêve de valse* d'Oscar Straus, à Mogador en 1962

vrai nom André Fabresse (1899-1977), un nouveau succès pour Marcel Merkès et Paulette Merval. L'opérette sourit également à Tino Rossi, sur la scène Mogador dans *Naples au baiser de feu* (1957) du compositeur italien Renato Rascel (1912-1991). Le public peut enfin applaudir une nouvelle fois le duo Bourvil/Georges Guétary dans *Pacifico* (Porte-Saint-Martin, 1958) de Jo Moutet (1926-2002). Évoquant ce genre de production, le critique Claude Baignères écrit : «Jamais on entendit livret plus indigent, musique plus anodine bien que son auteur ait battu le rappel de tous les rythmes sud-américains… Il est bien dangereux de confondre brillant et clinquant, fantaisie et vulgarité, art et facilité.» Jo Moutet est pourtant un bon musicien, arrangeur et chef d'orchestre de variétés ; Bourvil interprète une délicieuse chanson idiote («C'est du nanan») ; mais la formule même du grand spectacle et son accumulation de facilités commence à lasser.

L'opérette à la radio

Depuis la fin de la guerre jusqu'en 1974, une institution s'est consacrée à l'exploration du répertoire d'opérette. Chaque semaine, le service lyrique de la Radiodiffusion française interprétait et diffusait une opérette ou un opéra ; il a enregistré, en quelques décennies, un immense fonds de plusieurs centaines d'ouvrages. Conservé par l'Institut national de l'Audiovisuel, ce fonds constitue une mémoire sonore exceptionnelle. Une large partie des opérettes est dirigée par Marcel Cariven, éminent spécialiste du genre et créateur de nombreux ouvrages à la scène. Parmi les autres chefs familiers de ces émissions figurent Jean-Paul Kreder, Jean Brébion, Jean Doussard, Pierre-Michel Leconte, Roger Ellis… La plupart des enregistrements sont chantés, mais aussi joués avec beaucoup d'esprit. On y retrouve les piliers de la troupe lyrique de la radio : Lina Dachary, Denise Duval, Liliane Berton, Claudine Collart, Huguette Boulangeot, Monique Stiot, Nicole Broissin ; et du côté des hommes Aimé Doniat, Joseph Peyron, Willy Clément, Dominique Tirmont, Michel Hamel, Raymond Amade, Jean Giraudeau – mais aussi de merveilleux fantaisistes comme Gaston Rey, René Lenoty ou André Balbon. En 1974, dans le vent d'uniformisation du répertoire, la direction musicale de Radio France – qui succédait à l'ORTF – décida de supprimer le service lyrique. Comme à l'Opéra-Comique, cette décision a marqué la fin d'une tradition, d'un répertoire, d'un art spécifiquement radiophonique et d'un apprentissage pour les jeunes chanteurs. La mission accomplie par «Radio Lyrique» n'a jamais été remplacée. Et l'on rêve que Radio France, ses orchestres, ses moyens de production jouent de nouveau un rôle dans l'exploration de ce patrimoine.

Au cours des années soixante et soixante-dix, le déclin de l'opérette s'accélère et tourne au naufrage. Après la faillite de la Gaîté-Lyrique en 1963, tandis que les théâtres du boulevard et les petites salles achèvent de se reconvertir dans d'autres genres, seuls le Châtelet et Mogador maintiennent l'opérette en survie, sous l'égide de Lopez, Vincy et de leurs suiveurs. Pour tenter de «moderniser» leur répertoire, les directeurs font appel à des compositeurs venus d'autres horizons, en commençant par les stars de la chanson. Charles Aznavour (né en 1924) signe une partition d'opérette en 22 tableaux : *Monsieur Carnaval* (Châtelet, 1965) sur des lyrics de Jacques Plante et un livret de Frédéric Dard, le père de *San Antonio*. Grand succès dans l'interprétation de Georges Guétary, Jean Richard et Éliane Varon, l'oeuvre se joue plus d'un an avant de partir en tournée. Charles Aznavour écrira encore les lyrics de *Douchka* (Mogador, 1973), opérette à grand spectacle de son beau-frère Georges Garvarentz (1932-1993), dernière création de Marcel Merkès et Paulette Merval. De son côté Gilbert Bécaud présente aux Champs-Élysées son *Opéra d'Aran* (1962). Jacques Brel adapte un musical de Broadway : *L'Homme de la Mancha* (Bruxelles, puis Paris 1968), qu'il interprète en tandem avec Dario Moreno. À Mogador, le jazzman Claude Bolling signe la musique de *Monsieur Pompadour* (1971), toujours interprété par Guétary, Richard et Varon, sur un livret de Françoise Dorin.

À l'heure du jazz puis de la pop music, les producteurs connaissent toutefois de plus grands succès en faisant venir les nouveaux spectacles américains comme *A Chorus line* (Châtelet 1967), *Un violon sur le toit* (Marigny, 1969) créé en version française par Ivan Rebroff et Maria Murano, *Hello Dolly !* (Liège, 1971, puis Mogador, 1972), un rôle en or pour Annie Cordy. Suivra la vogue des opéras-pop à tendance christique : une version française de *Hair* (Porte-Saint-Martin, 1969) où l'on découvre le jeune Julien Clerc, suivie par *Jésus Christ Superstar* (Chaillot, 1972) et *Godspell* (Porte-Saint-Martin, 1972). Au cours des années suivantes, la comédie musicale américaine continue à occuper le terrain avec, entre autres, *La Mélodie du bonheur* (Rouen, 1974), *My fair Lady* (Lille, 1977), *Cabaret* (Lyon, 1986), *Cats* (Théâtre de Paris, 1989), *42nd Street* (Châtelet, 1990) – en attendant, plus près de nous, *La Cage aux folles* de Jerry Herman (Mogador, 1999), juste retour à Paris pour cette œuvre adaptée d'une pièce française, ou *Chantons sous la pluie,* joliment adapté par Jean-Louis Grinda (Opéra Royal de Wallonie, 2000, puis Porte-Saint-Martin). Aujourd'hui, les amateurs se retrouvent au théâtre Comédia pour entendre la reprise d'*Un violon sur le toit* (2005) ou *Grease* (2008).

Plusieurs opéras-rock tentent également de concurrencer la vogue américaine : *La Révolution française* de Claude-Michel Schönberg et Alain Boublil (Palais des sports, 1973) ouvre le bal par un spectacle haut en couleurs; *Starmania* (Palais des Congrès, 1979) de Michel Berger et Luc Plamondon marque toute une époque à travers plusieurs chansons indémodables. Mais, paradoxalement, c'est à Londres que le duo Schönberg-Boublil va rencontrer le succès international dans *Les Misérables.* Après la création française en 1980, une nouvelle version est donnée en 1985 dans la capitale anglaise, puis reprise triomphalement à New York et dans le monde entier... Au cours des mêmes années, il se dit que la France n'est pas vraiment réceptive à cette nouvelle vogue du spectacle musical, sur le modèle anglo-américain, exigeant des budgets considérables, et incarné notamment par Andrew Lloyd Webber, le compositeur de *Cats*. Tout change rapidement au tournant du siècle avec *Notre-Dame de Paris* (Palais des Congrès, 1998) de Luc Plamondon et Richard Cocciante qui marque le triomphe d'un *musical* à la française – certains disent « à la québecoise », du fait du rôle central du parolier Luc Plamondon et de certains interprètes comme Garou ou Daniel Lavoie. Selon la formule rodée à Londres et New York, les œuvres sont d'abord lancées par des disques. Dans la foulée de ce colossal succès émerge une nouvelle génération de chanteurs, au moment même où la télévision lance sa Star Academy qui met en avant la même esthétique : un style vocal très marqué par la variété internationale, déployant beaucoup d'expressivité et un vibrato perpétuel, aux antipodes du parlé-chanté caractéristique de la chanson française.

Quoi qu'il en soit, nous sortons là du champ de l'opérette telle que nous l'avons abordée dans cet ouvrage : la taille même des salles de spectacle, la sonorisation systématique, la distance entre le public et la scène s'éloignent d'un véritable théâtre chanté ; les spectacles s'apparentent plutôt à de grandes fresques scéniques, une succession de tableaux mis en lumière – sinon en scène – et ponctués de tubes comme dans un concert de rock (mais trop souvent accompagnés par de simples bandes enregistrées). Le travail d'équipe l'emporte sur l'idée d'une œuvre conçue et dirigée par un compositeur ; mais, surtout, l'esprit de ces créations abandonne ce qui caractérisait l'opérette dans toute son histoire – y compris l'opérette à grand spectacle : l'élément humoristique ou du moins une certaine légèreté de ton. Au contraire, dans ces comédies musicales, c'est l'expression outrée des sentiments, le chant des passions qui l'emporte d'un bout à l'autre. En ce sens, *Les Misérables* ou *Notre-Dame de Paris* procèdent bien davantage de l'opéra (la richesse musicale en moins) que de l'opérette. Et l'on peut dire la même chose des créations qui se succèdent sur les scènes françaises, et adoptent les méthodes de l'industrie musicale internationale : *Les Dix Commandements* de Pascal Obispo (Palais des sports, 2000), *Roméo et Juliette* de Gérard Presgurvic (Palais des congrès, 2001)... Ces spectacles bien faits rassemblent de vrais talents ; mais la juxtaposition du kitsch expressif et du kitsch musical paraît aux antipodes de l'ironie qui fondait l'opérette et marque la fin de toute spécificité pour le théâtre musical français, entré dans l'ère de la mondialisation.

Quelques jeunes artistes ont bien tenté, ici ou là, de raviver une forme de théâtre vivant et ludique, inspiré de l'opérette et de la comédie musicale. Il faut mentionner en particulier *Le Tour du monde en 80 jours* (Dejazet, 1987), *Christophe Colomb* (1990) et plus près de nous *La Belle et la Bête* (2000) ou *Robin des bois* (2001) de Louis Dunoyer de Segonzac (né en 1959), sur des textes de Jean-Marie Lecoq (né en 1953), Ces spectacles spirituels et féeriques ont obtenu un réel succès, parfois sous de vastes chapiteaux. La compositrice Isabelle Aboulker (née en 1938), dans son *Opéra thérapeutique* ou *Un renard à l'opéra* (Limoges, 2004), prouve que la place demeure pour un théâtre musical léger de qualité. À plusieurs reprises, on a même vu fleurir quelques tentatives d'opérette conjuguant les recettes du genre à un style plus moderne. Les Marseillais de « Quartiers nord », autour de Robert Rossi et Alain Chiarazzo, renouent avec l'esprit de l'opérette marseillaise dans *2001 Odyssée de l'Estaque* et *Les Aventures du Chichi perdu* (2004), « opérette rock marseillaise » qui rend hommage aux artistes d'avant guerre. Ces louables tentatives restent trop isolés pour ouvrir un nouveau chapitre dans cette histoire de l'opérette française. Depuis le début du XXIe siècle, on voit certes se multiplier les spectacles de théâtre recourant à la musique : comédies ponctuées de chansons, comme *Chance* d'Hervé Devolder (Dejazet 2002) qui raconte la vie quotidienne dans un cabinet d'avocats et s'est joué plus de 900 fois depuis la création ; hommages aux chansons des années folles comme *Frou-Frou les Bains* (Daunou, 2001) du très spirituel Patrice Haudecœur ; clins d'oeil à l'esprit des Branquignols, comme *Monique est demandée en caisse 12* de Raphaël Mezrahi (Variétés, 2009). Mais la plupart de ces spectacles puisent dans le fonds existant de chansons et de refrains d'opérette, sans créer un répertoire vraiment neuf. Il ne suffit pas, en outre, de prendre un sujet bien français et bien comique pour réussir une œuvre divertissante, comme l'a prouvé en 2009 l'échec des *Aventures de Rabbi Jacob* (2008), adapté du film du même nom par Vladimir Cosma, Danièle Thompson et Patrick Timsit.

De ce point de vue, l'opérette semble avoir bel et bien disparu en tant que genre vivant, fondé sur le renouvellement constant du répertoire. Pendant plusieurs décennies, elle s'est souvent présentée comme une entreprise d'une certaine pauvreté artistique – masquée par les illusions du grand spectacle. Le grand public et les pouvoirs publics ont suivi sa mort avec une certaine indifférence ; et il faut admettre qu'elle ne valait pas toujours mieux. De l'autre côté, les compositeurs de tradition classique ont presque tous renoncé à l'idée même d'écrire des partitions de qualité, chantantes et divertissantes. Comme toute la musique de tradition classique, les productions d'opérette se sont de plus en plus tournées vers le répertoire existant au détriment de la création. Mais ce répertoire lui-même a pâti de l'image déplorable des derniers succès du genre – laissant au second plan la riche tradition de Lecocq ou Messager. En polarisant toute l'attention sur des spectacles tapageurs, on a laissé disparaître une histoire beaucoup plus riche qui entre aujourd'hui dans l'âge de la redécouverte.

Ce changement de statut ne va pas sans difficultés : car l'opérette, contrairement à l'opéra, a longtemps été un genre économiquement rentable. Ce caractère commercial, en prise directe avec le public, était l'une de ses spécificités, au point qu'un Reynaldo Hahn s'élevait encore, après la guerre, contre l'idée d'un «théâtre national d'opérette», de crainte de voir le genre se dessécher. Aujourd'hui, à l'évidence, l'opérette est passée du statut commercial à celui de patrimoine. Mais ce genre comique, facilement dédaigné, reste un parent pauvre du théâtre lyrique. À l'Opéra de Paris, dans les années soixante-dix, la réforme de Rolf Liebermann, polarisée sur le grand répertoire lyrique, s'est traduite par le recul massif du répertoire français, avec l'abandon progressif de l'Opéra-Comique, de sa troupe et de son répertoire qui incluait nombre d'opérettes. À la Radiodiffusion française, les responsables de la musique ont marqué leur dédain en supprimant dès 1975 l'orchestre Radio-Lyrique, institution unique au monde par la qualité et la diversité de ses programmations d'opérette. À son tour, la Ville de Paris a orienté le Châtelet vers le grand répertoire et la plupart des salles du boulevard ont renoncé à toute production musicale – même les Bouffes-Parisiens, scène historique s'il en est. En 1986, la Gaîté-Lyrique, qui aurait pu rester le dernier grand théâtre permanent d'opérette, s'est vue entièrement détruite à l'exception de sa façade, tandis que Mogador, racheté par une entreprise de divertissement, se tourne désormais vers les tournées de super-productions musicales internationales, inaugurées par une reprise du *Roi Lion*... Ce n'est pas qu'on n'aime pas l'opérette, dans les cénacles culturels, les ministères ou les conseils municipaux. Mais on adopte à ce mot un sourire bienveillant, laissant entendre qu'il ne saurait s'agir d'une priorité. Seule une accumulation de volontés isolées permet désormais au genre de poursuivre son histoire et d'enchanter continuellement de nouveaux adeptes.

Finale

Vers un renouveau ?

Qu'en est-il précisément, en 2009, de l'opérette française et de son répertoire ?

Si le nombre global de représentations a continué à décroître, le changement de statut de l'opérette, devenue « patrimoine », s'est accompagné, ces vingt dernières années, d'un certain nombre de signes positifs. On a vu, en particulier, une partie du monde musical, dans ce qu'il a de plus vivant, de plus audacieux, manifester pour le genre une curiosité qui avait pu paraître enterrée. Les signes du renouveau sont apparus dès les années quatre-vingt, quand l'Opéra de Lyon, sous la direction musicale de John Eliot Gardiner, a proposé une remarquable série de productions incluant *L'Étoile* de Chabrier, *Les Brigands* d'Offenbach et *Fortunio* de Messager. Par la suite, ce grand chef d'orchestre, pionnier du renouveau baroque n'a jamais caché ses penchants pour l'école française d'opéra-comique et d'opérette qu'il aborde avec une exigence stylistique nouvelle, afin de la retrouver dans son éloquence vocale et sa fraîcheur orchestrale. De cette expérience sont sortis plusieurs disques magnifiques, notamment le premier enregistrement intégral de *L'Étoile*. Au cours des années suivantes, l'intérêt des « baroqueux » pour le répertoire léger du XIXe siècle n'a cessé de se confirmer : Nikolaus Harnoncourt a enregistré les opérettes de Johann Strauss ; le chef français Marc Minkowski a donné à son tour *Orphée aux enfers* à l'Opéra de Lyon (1997), en tandem avec le metteur en scène Laurent Pelly. Au fil des ans, nombre de jeunes chanteurs baroques sont passés d'une scène à l'autre sans négliger les spectacles d'opérette. Il semble bel et bien que les passionnés de la musique ancienne, après avoir redécouvert les œuvres oubliées des XVIIe et XVIIIe siècles, lorgnent davantage vers les richesses du XIXe siècle français ; et cette marque d'intérêt venant d'un courant musical reconnu et admiré contribue à redorer le blason de l'opérette et à permettre son retour dans certaines grandes institutions musicales.

Les théâtres parisiens

Le coup d'envoi parisien a été donné par le retour à la tête du Châtelet de Jean-Pierre Brossmann, ancien directeur de l'Opéra de Lyon, connaisseur et amoureux sincère du répertoire français, auquel il a souhaité redonner une place dans sa programmation. Un beau succès a accompagné le retour de *La Belle Hélène*, en 2001, avec l'irrésistible Felicity Lott, Yann Beuron Michel Sénéchal. En 2004, on a retrouvé Marc Minkowski et Laurent Pelly dans *La Grande Duchesse de Gérolstein* et plusieurs hommages à Offenbach interprétés, entre autres, par la grande cantatrice Anne Sofie Von Otter (le travail d'éditeur accompli par Jean-Christophe

Keck, maître d'œuvre d'une grande édition Offenbach, chez Boosey and Hawkes a accompagné ces productions). Succédant à Jean-Pierre Brossmann, le directeur Jean-Luc Choplin affirme davantage encore la place, au Châtelet, du divertissement musical sous toutes ses formes. Après un *Chanteur de Mexico* trop « second degré » pour convaincre, il a enchaîné avec *Véronique* mise en scène par l'actrice Fanny Ardant dans de merveilleux décors de Ian Falconer. Il s'attache surtout à la comédie musicale de qualité avec une superbe production de *Candide* (2006), œuvre que Bernstein lui-même qualifiait d'opérette, en attendant *A Little Night Music* de Stephen Sondheim (2010). La zarzuela est également présente avec *La Generala* d'Amadeo Vives (2008).

Au cours des mêmes années, malgré les difficultés financières, les directeurs successifs de l'Opéra-Comique ont marqué leur volonté de réserver une place à l'opérette. Sous la direction de Pierre Médecin, on a pu redécouvrir *Dédé* de Christiné ou *Une nuit à Venise* de Strauss. Son successeur Jérôme Savary a consacré une large part de sa programmation à Offenbach (*La Vie parisienne*, *La Périchole*) mais aussi à Franz Lehár (*La Veuve joyeuse*) ou Oscar Straus (*Trois Valses*) – sans oublier *Irma la douce*, recréée d'abord au Théâtre national de Chaillot. Ces spectacles, donnés pendant de longues séries, ont été chaleureusement applaudis. Malheureusement, la négligence musicale des productions, la transformation des opérettes en

Christine Gerbaud, Lionel Peintre, Yves Coudray et Christophe Crapez dans *Les Aventures du roi Pausole*, mise en scène par Mireille Larroche à l'Opéra-Comique en janvier 2004

«comédies musicales» accompagnées par un orchestre de variétés nuisent à des partitions d'une telle qualité. Jérôme Savary a cependant eu la bonne idée d'ouvrir la salle Favart à Mireille Larroche et aux artistes de la Péniche Opéra, permettant de redécouvrir d'importantes raretés comme *Vlan dans l'œil* d'Hervé ou *Les Aventures du roi Pausole* d'Honegger en 2004. Aujourd'hui, l'Opéra-Comique a changé de statuts et entamé une nouvelle vie sous la houlette de Jérôme Deschamps. Symboliquement, celui-ci a souhaité ouvrir sa première saison par *L'Étoile* de Chabrier, dans une nouvelle production de John Eliot Gardiner. Mais le second théâtre lyrique français se voue surtout – comme il se doit – au répertoire d'opéra-comique avec *Fra Diavolo*, *L'Amant jaloux*, *Fortunio* ou *Le Roi malgré lui*, ce qui ne laisse pas beaucoup de place à l'opérette.

Les petites compagnies

La muse légère a déserté depuis longtemps les théâtres privés parisiens qui furent son berceau. Malgré quelques tentatives isolées comme un très joli *Sire de Vergy* aux Bouffes-Parisiens (2000), avec Jean-Paul Farré et Bernard Alane dans un décor de toiles peintes – rien n'est venu changer cette situation ; sauf l'excellent travail accompli par de petites compagnies, autour de vrais passionnés, qui s'installent parfois quelques mois dans un théâtre. Leur engagement représente une bonne nouvelle pour la renaissance de l'opérette

Tout a commencé sur une péniche – devenue La Péniche Opéra en 1982, à l'initiative de sa directrice, Mireille Larroche, également metteur en scène. D'abord tournée vers la création contemporaine, Mireille Larroche a su s'entourer d'une équipe de fous d'opérette, qui connaissent le répertoire dans ses moindres replis : le ténor Yves Coudray, le baryton Lionel Peintre, la soprano Edwige Bourdy, la pianiste Claude Lavoix… Les spectacles montés sur la petite scène de la péniche, puis repris en tournée à travers la France, ont montré combien l'amour du théâtre vivant, le goût de la musique, l'esprit et l'imagination pouvaient compenser la modestie des moyens… Aussi regrettable que soit la réduction pour un piano, quelques cordes et percussions, la vitalité de ces productions attire au bassin de la Villette tous les amoureux de l'opérette et convertit les néophytes au fil de spectacles : les deux *Docteur Miracle* de Lecocq et Bizet, *La S.A.D.M.P* de Louis Beydts, *La Botte secrète* et *La Fiancée du scaphandrier* de Claude Terrasse, le *Rayon des soieries* de Rosenthal et plusieurs hommages aux compositeurs comme le *Caf-Conc' Hervé* ou *Un Messager a fait le printemps*…

Dans le même esprit, les Parisiens se sont réjouis de voir apparaître une nouvelle compagnie de qualité : Les Brigands (du nom de l'œuvre d'Offenbach), rassemblement de jeunes chanteurs et musiciens qui ont trouvé leur lieu d'élection au théâtre de l'Athénée, où ils présentent au moins une production chaque année. Défricheurs de répertoire eux aussi, désireux d'apporter à l'opérette le soin qu'elle mérite – avec un petit orchestre soigné, sous la houlette de Benjamin Lévy, Nicolas Ducloux ou Christophe Grapperon – Les Brigands ont emporté en 2005 un grand succès dans toute la France avec *Ta bouche* de Maurice Yvain. Attirés par les bouffonneries à la Claude Terrasse ou les comédies musicales des années vingt, ils soulignent, après la Péniche, combien la renaissance de l'opérette est affaire de théâtre autant que de musique. De l'Athénée aux tournées en province, ils nous ont permis de redécouvrir *Le Docteur Ox* et *Geneviève de Brabant* d'Offenbach, *Chonchette* de Terrasse, *Arsène Lupin banquier* de Marcel Lattès ou *La Cour du roi Pétaud de* Léo Delibes en 2008. Troisième troupe à porter la bonne nouvelle de l'opérette : Opéra Éclaté, sous la houlette d'Olivier Desbordes depuis 1986, donne l'exemple d'une compagnie itinérante, quand bien même elle s'est fixée régulièrement à Saint-Céré, son port d'attache, à l'Opéra de Dijon où elle a passé plusieurs saisons, et à Paris au théâtre Sylvia Monfort. On a pu applaudir des productions de *La Grande Duchesse de Gérolstein*, *La Belle Hélène*, *Dédé*, avec Michel Fau dans le rôle titre, mais aussi de vraies raretés comme *Le Roi Carotte* – opéra-féerie d'Offenbach conçu pour des moyens immenses, et présenté dans une toute petite réduction. Opéra Éclaté n'a

Emmanuelle Goize, Isabelle Mazin, Loïc Boissier et Flannan Obe dans *Arsène Lupin banquier*, mise en scène par Philippe Labonne au Théâtre de l'Athénée en décembre 2007

pas forcément l'exigence musicologique des Brigands. On n'y déteste pas une certaine outrance à la Savary… Mais ces spectacles vivants, fidèles à l'esprit de l'opérette, laissent espérer que les changements décidés par la Ville de Paris au théâtre Sylvia Monfort n'entraîneront pas la disparition de ce rendez vous annuel d'opérette apprécié du public.

Dans le même temps, et avec des moyens plus modestes encore, la compagnie Philippe Ermelier produit au petit théâtre du Tambour Royal, à Belleville, des spectacles aussi variés que *Les Saltimbanques*, *Mesdames de la Halle* d'Offenbach, *Le Médecin malgré lui* de Gounod. En plein quartier Pigalle, le théâtre du Trianon s'ouvre régulièrement à des productions d'opérettes. Et il faut mentionner les spectacles donnés, épisodiquement, par les élèves de l'école d'art lyrique de l'Opéra de Paris qu'on a pu applaudir dans quelques « un acte » d'Offenbach, comme *Un mari à la porte* ou *Bataclan* – sans oublier non plus l'engagement du département de la musique du Musée d'Orsay qui a proposé notamment *L'Amour masqué* (2009). Ce foisonnement d'idées, venant d'artistes de plus en plus jeunes, et rencontrant un succès public marque incontestablement un retour du répertoire.

Danielle Chlostawa et Michel Marempouy à l'Opéra-Comique en 1980 dans *Mesdames de la Halle*

Les théâtres de province

On l'a vu dans ces pages, les grandes villes françaises ont joué un rôle déterminant dans l'histoire de l'opérette : en présentant nombre de créations avant Paris, puis en entretenant un répertoire avec leurs troupes lyriques. Aujourd'hui encore, les maisons d'opéras des grandes villes françaises restent les principaux diffuseurs d'opérettes classiques, même au rythme – insuffisant – d'un, voire deux spectacles par saison. Souvent données au moment des fêtes, ces productions bénéficient en principe d'interprétations orchestrales et vocales soignées et de mises en scène ambitieuses – un peu trop parfois, lorsqu'elles suivent la mode qui consiste à déformer systématiquement l'ouvrage. On a pu, au fil des ans, applaudir quantité de vrais beaux spectacles comme telle *Fille de madame Angot* mis en scène par Nicolas Joël à Toulouse, *La Mascotte* revue par Jérôme Savary à Montpellier, ou *La Vie parisienne* par Laurent Pelly à l'Opéra de Lyon… Dans la plupart des théâtres, ces reprises se limitent toutefois à une poignée d'ouvrages qui réservent une place prépondérante à Jacques Offenbach : *La Vie parisienne, La Belle Hélène, La Périchole, Orphée aux enfers* reviennent le plus souvent, avec *La Veuve joyeuse, La Chauve-souris* et, trop rarement, *La Fille de madame Angot, Véronique, Ciboulette, Les Cloches de Corneville, Les Mousquetaires au couvent, Les Saltimbanques*… La liste ne s'élargit guère aux ouvrages moins connus d'Offenbach, Lecocq ou Reynaldo Hahn, moins encore à des compositeurs comme Hervé, Delibes, Yvain, Szulc ou Beydts. Les motifs d'inquiétude ne manquent pas. De Lille à Nice et de Strasbourg à Bordeaux, la plupart des villes ont sensiblement réduit, au fil du temps, le volume d'ouvrages représentés au cours de leurs saisons. Un peu partout, suivant un modèle parisien déjà périmé, des équipes municipales ont nommé des directeurs chargés de « moderniser » leurs théâtres lyriques en les ouvrant davantage au grand répertoire international, et en supprimant une programmation d'opérette jugée vieillissante et ringarde (de fait, la qualité artistique des représentations méritait parfois ces qualificatifs, mais on a beaucoup détruit sous ce prétexte). Pour compenser cette réduction de voilure, les opéras de région, voire de Suisse ou de Belgique rassemblent désormais leurs forces artistiques et financières dans la co-production d'opérettes reprises pendant plusieurs saisons d'une ville à l'autre. Ces productions sont d'autant plus nécessaires qu'elles sont les seules à maintenir un certain métier chez les jeunes artistes lyriques.

Certaines villes, certains théâtres accomplissent un effort plus soutenu d'une année sur l'autre. C'est notamment le cas des opéras de Metz et d'Avignon – le premier sous la direction d'Éric Chevallier, le second sous la houlette de Raymond Duffaut qui présentent bon an mal an trois ou quatre spectacles d'opérette, en donnant une place non négligeable aux raretés. Tout récemment à Metz : *Un de la Canebière, Le Caïd* d'Ambroise Thomas ou *Les Saltimbanques* ; et en Avignon *Les Brigands, Le Chanteur de Mexico* ou *Véronique.* L'Opéra de Lyon, sous la direction de Serge Dorny, manifeste épisodiquement son intérêt pour l'opérette, avec notamment un festival Offenbach (2005) ou un festival Kurt Weill (2006), faisant suite à d'intéressantes raretés comme l'opérette soviétique *Moscou Quartier des cerises* de Chostakovitch, revisité par Jérôme Deschamps et Macha Makeieff (2004), ou *Un chapeau de paille d'Italie* de Nino Rota (1999). De louables

efforts sont également accomplis par l'Opéra de Rennes, successivement dirigé par Daniel Bizeray et Alain Surrans, qui a présenté des œuvres aussi importantes que *Véronique* (coproduit avec l'Opéra de Lausanne), *Les Travaux d'Hercule* de Terrasse, ou *O mon bel inconnu* de Reynaldo Hahn (coproduit avec l'Opéra de Metz). Bon an mal an, l'Opéra et le festival de Montpellier, sous la direction de René Koering, mettent l'accent sur les redécouvertes comme *Les Joyeux Nibelungen* d'Oscar Straus. De son côté le théâtre de Limoges proposait, au cours de la saison 2008-2009, *L'Amour masqué* et *La Veuve joyeuse;* l'Opéra de Toulon donnait *Un de la Canebière* et *L'Auberge du Cheval-blanc*; et, plus près de Paris, l'Opéra de Massy présentait *La Chauve-souris* et *La Vie parisienne.*
Ces efforts sont malheureusement trop souvent remis en cause à chaque changement politique municipal, ou à chaque changement de direction. On a pu voir l'Opéra de Rouen oublier pendant plusieurs années ce répertoire; tandis qu'à Tours, après une reprise de *L'Étoile* (2002) ou la version française du *Mikado* de Gilbert et Sullivan, l'opérette se fait aujourd'hui plus discrète. L'Opéra de Nantes, sous la direction de Philippe Godefroy, s'était amplement voué pendant quelques saisons à l'opérette et à l'opéra-comique avant une brusque interruption. De même à Strasbourg où l'opérette est désormais quasiment absente, comme à Liège qui a longtemps porté si haut les couleurs de ce répertoire Par ailleurs, le Théâtre français de la musique de Compiègne, créé par Pierre Jourdan, et victime de problèmes budgétaires chroniques, voit son avenir incertain après la mort de son directeur qui déployait tant d'énergie pour la défense de l'opéra-comique et de l'opérette.

Ici et ailleurs

À côté des théâtres lyriques municipaux, quelques scènes spécialisées dans l'opérette se sont longtemps maintenues dans plusieurs villes de France. Les élus locaux s'y sont de moins en moins intéressés, par ignorance ou par mépris. Les Célestins de Lyon, lieu de maintes créations, proposaient encore en 1997 une belle production de *Là-haut* de Maurice Yvain… avant de se reconvertir en théâtre branché. Le théâtre Fémina de Bordeaux a pratiquement cessé ses activités, dans le domaine de l'opérette – même si la région bordelaise compte encore sur la scène de Mérignac, où l'on a pu voir en 2008 *Andalousie.* Dans la région lilloise, le théâtre Sébastopol maintient une programmation ambitieuse, fidèle au grand public d'hier (en 2009-2010 : *Mam'zelle Nitouche*, *Un de la Canebière*, *Le Pays du sourire*, *Rêve de valse*, *Méditerranée*). La ville de Tourcoing, à l'initiative du chef d'orchestre Bruno Membrey, maintient une saison annuelle d'opérette comportant parfois de jolies raretés. Mais la palme, parmi ces théâtres spécialisés, revient à l'Odéon de Marseille qui présente chaque année, à l'initiative de son directeur Jean-Jacques Chazalet, une saison où l'exigence de qualité se traduit dans les choix de la programmation, malgré des moyens relativement limités : *Monsieur de la Palisse* (2001), *Le Sire de Vergy* (2002), *Rip* (2003), *Giroflé Girofla* (2007) ou *Le Pays du sourire* (2009).

Les grands festivals de musique, théoriquement portés à la découverte, n'accordent guère de place à l'opérette – sauf de brèves apparitions d'Offenbach à Aix-en-Provence. À signaler, quand même, plusieurs petites manifestations comme le festival de Bruniquel, rendez-vous des offenbachiens autour de Jean-Christophe Keck et de Franck T'Hézan, dans des productions qui vont du rare *Château à Toto* à la célèbre *Grande Duchesse*. Le petit festival Offenbach d'Étretat ne manque pas non plus de saveur. Enfin – et surtout – les amateurs d'opérette populaire, de Planquette à Lopez, se retrouvent chaque été à Aix-les-Bains ou à Lamalou-les-Bains dans l'Hérault, pour deux festivals tenaces par leur programmation malgré la modestie des moyens. Toujours du côté des stations thermales, à noter l'effort accompli par le musée de l'Opéra de Vichy qui présentait en 2009 une exposition sur l'opérette. On ne saurait trop souligner, non plus, d'ardeur des passionnés en Belgique (dont l'historien Robert Pourvoyeur fut l'exemple tellement érudit) et en Suisse romande où l'ardeur offenbachienne ne faiblit pas, comme le prouvent *Belle Lurette*, *Le Voyage de messieurs Dunanan père et fils*, et autres raretés présentées à l'initiative de Christian Baur.

Il faut enfin, dans cette énumération, mentionner l'activité permanente, passionnée, inlassable des troupes d'amateurs qui, partout en France, manifestent leur attachement à l'opérette. Plusieurs de ces compagnies présentent régulièrement des spectacles, avec une ambition quasi professionnelle, comme les Tréteaux Lyriques, la compagnie Cala de Lyon ou Les Compagnons du Théâtre de Castres. De plus en plus souvent, elles font appel à des professionnels pour les premiers rôles, la direction d'orchestre et la mise en scène : c'est ainsi qu'on a pu voir à Paris, en 2008, une plaisante *Vie parisienne* au théâtre du Trianon, produite par le Groupe lyrique des PTT sous la direction du chef d'orchestre Bernard Thomas.

Ce bref panorama aura souligné les richesses paradoxales de la scène de l'opérette en France, en ce début du XXIe siècle : d'un côté, intellectuellement, le genre semble sorti des oubliettes ; des artistes de talent s'y attachent sans complexe ; de jeunes interprètes trouvent un nouveau public en conjuguant l'amour de la musique et celui du théâtre. Surtout, le répertoire semble s'élargir à des ouvrages complètement négligés voici encore dix ans, comme les opérettes Belle Époque de Claude Terrasse, et le répertoire de l'entre-deux-guerres autour de Maurice Yvain – sans négliger non plus une saine curiosité pour d'autres formes de théâtre musical léger comme la zarzuela. Dans le même temps, la place de l'opérette continue à se rétrécir là où elle était encore une tradition ; maints responsables culturels, avec un train de retard, continuent à se méfier d'un genre qu'ils s'imaginent encore démodé.

Questions pour l'avenir

Les spectacles et enregistrements discographiques récents soulèvent d'autres questions sur l'avenir du répertoire.

Le style de chant, d'abord. L'opérette est indissociable d'un métier d'acteur-chanteur hier abondant, aujourd'hui presque disparu. Les grands interprètes du passé – d'Hortense Schneider à Jean Périer, de Jeanne Granier à Edmée Favart – étaient experts dans l'art de dire en musique et de jouer en chantant ; l'opérette accueillait également nombre d'artistes de café-concert, de comiques de cabaret, d'acteurs de boulevard qui savaient utiliser leur voix ; et la somme de ces talents constituait la palette indispensable aux distributions. C'est ainsi que le chanteur de cabaret Lucien Fugère devint premier baryton de l'Opéra-Comique ; qu'Yvonne Printemps trouva le caractère adapté aux mélodies de Messager, tandis qu'Arletty prêtait sa gouaille à la musique raffinée de Reynaldo Hahn.

Cette diversité de ton, de timbre, d'accent, ces personnalités vocales, ces dosages de chanteurs lyriques et de fantaisistes paraissent aujourd'hui difficiles à retrouver. Les jeunes chanteurs classiques sont aspirés vers le monde de l'opéra où le texte se contente de sous-titres. Ils ne connaissent guère la vie des troupes, ni des petits théâtres où se forgeait un répertoire parlé et chanté, devant un public exigeant. Tandis que les productions d'opérette diminuaient, cette scène lyrique légère a cessé de constituer un passage obligé pour les musiciens et comédiens. La disparition de la troupe de l'Opéra-Comique où s'entremêlaient – historiquement – le goût du théâtre et celui du chant, fut un coup de grâce pour l'opéra français, si sensible à la précision du texte et à son intelligibilité, particulièrement dans les œuvres légères. Pendant des générations, les meilleurs élèves du conservatoire trouvaient dans cette troupe un débouché naturel. Mais l'enseignement du chant s'est trop polarisé, lui aussi, sur la pure vocalisation, au détriment de l'art de dire en chantant. Dans nombre de spectacles ou d'enregistrements récents d'opérette, l'auditeur se trouve confronté à une ligne vocale musicalement travaillée, mais dénuée de son sel : cette conjugaison du mot et de la note qui fait la saveur de l'opérette. Le plus étrange est que les chanteurs, même lorsqu'ils ambitionnent de privilégier la diction, n'y parviennent que très inégalement ; et que les chefs d'orchestre, si sensibles dans leur discours à cette question, jouent presque toujours un peu trop fort – quand ce ne sont pas leurs musiciens qui prennent l'opérette un peu trop « à la légère ». Seule une conscience aiguë de ces questions, un travail méthodique à l'écoute des exemples légués par le disque permettent de faire revivre le chant d'opérette ; à condition de transformer cette réflexion en pratique régulière. Certains progrès sont flagrants. Les opérettes dirigées par Gardiner ou Plasson surpassent les enregistrements anciens par la qualité de l'orchestre et le soin de la mise en place ; en revanche le style vocal y reste souvent inférieur aux gravures anciennes : moins présent, moins théâtral, moins drôle. Les artistes baroqueux et les petites troupes accordent davantage d'attention à ces questions de texte. Mais l'opérette devient fragile chaque fois qu'elle est jouée dans une trop grande salle, peu propice à l'intimité du théâtre. Second point délicat : celui des dialogues parlés et de la mise en scène. Les passages de théâtre – qui alternent avec les morceaux musicaux dans une opérette – présentent souvent des longueurs, des faiblesses, des conventions et des jeux de mots renvoyant à l'actualité de l'époque, plus ou moins parlants pour le spectateur contemporain. Certains scénographes prennent le parti de réécrire les textes, de les moderniser, sans toujours mesurer les désagréments de l'incongruité. Mais les librettistes étaient souvent de meilleurs auteurs dramatiques que ceux qui les réécrivent, et toute adaptation doit se faire avec finesse et discrétion – la meilleure solution consistant probablement à réduire certaines scènes de comédie sans les modifier. De leur côté, les metteurs en scène d'opérette comme d'opéra cherchent trop fréquemment à faire valoir la profondeur de leur pensée et à montrer quelque chose de personnel au détriment des œuvres qu'ils représentent. On a vu Offenbach transposé dans toutes les époques, lourdement tourné vers des discours politiques ou psychanalytiques. Mais rien, somme toute n'est plus drôle que de montrer des dieux antiques comme des dieux antiques, en train de se livrer à des scènes de ménage – et laissant au spectateur la liberté d'y trouver mille significations. Bien sûr, Offenbach, comme Hervé ou Yvain se prêtent à des mises en scène libres et inventives ; ceci n'exclut pas de faire revivre d'abord l'ouvrage, son rythme, sa musique, ses personnages, son humour. L'Opéra-Bastille présentait, en 1993, une mise en scène enlevée des *Brigands*, mêlant aux chanteurs d'opéra les fantaisies de Jérôme Deschamps et Macha Makeïeff. *La S.A.D.M.P.* présentée sur la Péniche-Opéra par Mireille Larroche était un chef-d'œuvre d'esprit et de goût ; Laurent Pelly dans l'opéra-comique *Le Roi malgré lui* a montré quel spectacle drôle, intelligent, et plein de respect pour l'œuvre on peut tirer d'un livret raté. Et l'on goûte comme un nectar certaines mises en scène traditionnelles, respectueuses du livret, comme celle de Nicolas Joël dans *La Fille de madame Angot,* reconstituant des tableaux pittoresques et poétiques. Dernière question qui devrait être la première, s'agissant du renouveau de l'opérette en France : l'existence d'un théâtre permanent disposant d'un orchestre, de chœurs, et d'une troupe rodés à ce répertoire. Si les scènes du Châtelet, de l'Opéra ou de l'Opéra-Comique peuvent accueillir quelques grandes productions, il importerait davantage qu'une salle parisienne aux dimensions plus modestes produise régulièrement les ouvrages conçus dans ces dimensions : folies musicales d'Offenbach, Delibes ou Hervé, opéras-bouffes de Terrasse, opéras-comiques de Lecocq ou de Messager, comédies musicales de l'entre-deux-guerres. Tout un public de Parisiens, de provinciaux, d'étrangers n'attend que l'occasion d'entendre ce répertoire de comédie et de musique. Voilà d'ailleurs ce qui se fait dans certaines villes allemandes, comme Dresde et son théâtre d'opérette. Mais il est vrai que l'Allemagne a toujours accordé beaucoup d'importance au nombre et à la diversité de ses institutions musicales. En France, de rares tentatives ont échoué, comme celle d'Éliane Lublin au Théâtre de Paris, couronnée par la production du *Pont des Soupirs* d'Offenbach, dans une réjouissante mise en scène de Jean-Michel Ribes : une salle pleine pendant plusieurs mois ne peut malheureusement suffire à financer une production lyrique. Cette entreprise, même modeste, ne pourra voir le jour qu'avec le concours de mécènes et des pouvoirs publics prêts, pour plusieurs années, à garantir la tenue d'un théâtre avec ses forces artistiques. Ce renouveau suppose également le concours des éditeurs de musique, dépositaires du fonds musical de l'opérette dans des conditions parfois indignes : partitions introuvables, incomplètes, détériorées; matériels d'orchestre disparus, dès qu'on recherche une œuvre rare. Depuis trente ans, les musiciens espagnols accomplissent un grand effort pour redonner vie à la zarzuela – l'opérette espagnole. La comédie musicale américaine classique continue à se diffuser dans de vastes tournées. Les théâtres allemands redécouvrent l'abondance du répertoire léger. Le théâtre d'opérette, lui, reste trop absent d'une France longtemps vouée à la muse légère. Dans la hiérarchie esthétique, l'esprit de sérieux, le puritanisme et la gravité l'emportent toujours sur la fantaisie, l'esprit léger, la liberté de la satire. Au début du siècle, un guide chrétien des «opéras, opéras comiques et opérettes» dénonçait dans *Le Petit Faust* «une ripopée d'indécence». Il ne faisait que précéder ceux qui, de nos jours, au nom de Wagner, Debussy ou Schönberg, s'imaginent devoir ignorer Lecocq ou Reynaldo Hahn. Nourrie d'influences multiples, totalement originale dans sa science de la fantaisie, l'opérette apporte une note lumineuse à la diversité des traditions musicales. Conserver ce répertoire est une nécessité comparable à la restauration des films en noir et blanc ou à l'entretien du répertoire théâtral. En se consacrant à cette tâche, en favorisant la reprise des principaux ouvrages, en rassemblant les jeunes artistes touchés par la grâce, en proposant à un nouveau public l'exploration de ce joyeux trésor, on ferait souffler sur le paysage artistique un souffle d'air frais.

Orientation discographique

Les enregistrements d'opérette française disponibles sous forme de CD (en 2009) ne représentent qu'une faible partie du répertoire, même si d'importantes rééditions parues au fil des ans ont permis d'élargir le nombre de titres et de compositeurs disponibles. Plutôt que d'établir une liste, rapidement périmée (les disques restant de moins en moins longtemps dans les bacs des disquaires), on peut tenter de rappeler les grandes lignes de la production, depuis le début du siècle, en signalant les principales éditions et rééditions.

Enregistrements anciens (78 tours)

De très nombreux enregistrements d'opérette ont été réalisés dans la première moitié du XXe siècle. Ces interprétations constituent souvent une référence pour retrouver le genre dans sa vitalité et sa fraîcheur d'interprétation. En raison notamment des limites techniques du 78 tours (trois minutes par face), la plupart des gravures proposent des airs ou des duos, très rarement des ensembles ou des finales plus développés. Seuls les morceaux principaux d'une opérette sont enregistrés; parfois, les deux faces d'un disque proposent un «pot-pourri», condensant en six minutes les pages célèbres d'un même ouvrage, chantées par un petit groupe d'interprètes.

Il faut distinguer les enregistrements acoustiques, au début du siècle, des enregistrements électriques liés à l'apparition du microphone, à partir de 1925. Les premiers présentent une valeur d'archive mais ils demandent un effort d'écoute qui les réserve aux passionnés. Au contraire, les enregistrements électriques sont souvent d'une excellente qualité : la plupart des disques des années trente s'écoutent très aisément. Ils ont fait l'objet de rééditions, en 33 tours, puis en CD, Libres de droit, certains sont disponibles sur internet, sur des sites spécialisés comme l'Encyclopédie de la Comédie musicale en France (*http://comedie-musicale.jgana.fr*). Une grande partie des classiques de l'opérette, enregistrés au temps du 78 tours, reste toutefois introuvable, à l'exception d'Offenbach qui a fait l'objet d'anthologies successives : dernière en date, une anthologie «Jacques Offenbach» en quatre CD chez Forlane. Ces compilations rassemblent les principales gravures historiques du maître de l'opérette, recouvrant ses grands opéras bouffes mais aussi des ouvrages moins connus. Il permettent d'entendre Juliette Simon-Girard, seule créatrice d'œuvres d'Offenbach à avoir enregistré quelques disques, et quantité de grandes interprètes des années 1920-1940.

Presque rien, en revanche, n'a reparu en CD d'Hervé, Audran, Ganne, Lecocq ou Claude Terrasse. Manquent également beaucoup de pages de Reynaldo Hahn, sauf un éphémère CD qui reprenait les extraits de *Brummel* enregistrés en 1931 (*Au cœur de l'opérette, la fête*, Éditions ARB). On a pu en revanche se régaler de découvrir une compilation d'enregistrements de Reynaldo Hahn chanteur (chez Malibran Music); mais aussi un double CD consacré aux opérettes de Messager («Hommage à André Messager», chez Cascavelle); et une monographie du même compositeur dans la série *Opérette Masters* (Forlane). En 1999, le label Lys a également réédité *L'Étoile* de Chabrier dans l'enregistrement historique de Fanély Revoil, André Balbon et quelques autres sous la direction de Roger Désormière. Et l'on trouve également beaucoup d'opérettes marseillaises chantée par Alibert et rééditée par différents labels, comme Frémeaux et Associés.

Résumant l'esprit des années folles, le remarquable coffret «L'opérette française par ses créateurs» (EPM), disponible sous forme de CD séparés, rassemble la totalité des enregistrements originaux de plusieurs ouvrages de l'époque : *Dédé, Ta bouche, Là-haut, Pas sur la bouche, Ciboulette, O mon bel inconnu, Toi c'est moi, Un soir de réveillon* – agrémentés de remarquables présentations. L'entreprise mériterait d'être poursuivie, de même qu'une édition systématique de monographies consacrées aux grands compositeurs d'opérette et reprenant leurs enregistrements 78 tours. Nombre de faces anciennes, rares et réjouissantes, se retrouvent heureusement dans des compilations thématiques comme l' «Anthologie de l'opérette» en 5 CD chez Marianne Mélodie, avec cent enregistrements historiques bien choisis. Chez EMI, le coffret «Les introuvables du chant français» contient tout un CD consacré à l'opérette. À recommander également, quoique plus anciens, les CD *L'opérette c'est la fête* (Radio-France/Harmonia Mundi), *Le Meilleur de l'opérette française* (Prova Record) ou *La Gloire de l'opérette, 1922-1937* (coffret 2 CD chez Frémeaux et associés).
De nombreux extraits d'opérettes figurent également dans les compilations consacrées aux chanteurs. Parmi les indispensables, rappelons le coffret consacré à Yvonne Printemps (EMI), où figurent ses merveilleuses interprétations des *Trois Valses* d'Oscar Straus, *L'Amour masqué* de Messager, *Ta bouche* d'Yvain et beaucoup d'autres ouvrages (aujourd'hui dans le domaine public, ces enregistrements sont abondamment recopiés). Autre anthologie de choix, les «Airs et duos d'opérette» enregistrés par Fanély Revoil, André Baugé et Ninon Vallin (EMI, Belle Époque). La maison Malibran-Music, créée par le grand collectionneur Guy Dumazert (époux de la cantatrice René Doria), propose quantité d'anthologies des grands chanteurs français de la première moitié du siècle, où il est facile de glaner les airs d'opérette. À signaler en particulier tout un volume consacré à *Edmée Favart, la reine de l'opérette.* La collection «Sélection du Readers digest» a également réalisé de jolies compilations consacrées à Ninon Vallin ou Alibert, le roi de l'opérette marseillaise. D'autres labels éditent régulièrement des portraits de grands interprètes : André Baugé, Ninon Vallin, Georges Thill, Fanély Revoil. En fouillant bien, on retrouvera même une sélection d'opérettes chantées par Davia ou un CD consacré à Jacques Jansen comportant des extraits d'*À l'aimable Sabine* de Beydts (MC productions).

Après 1920, les artistes d'opérette ou de comédie musicale se confondent souvent avec ceux de la chanson et du music-hall. Maints succès, enregistrés dans la foulée des créations scéniques, figurent ainsi dans les anthologies consacrées aux vedettes de l'époque. On en retrouve dans les disques d'Arletty (chansons tirées d'*Azor* de Gabaroche, du *Bonheur Mesdames* de Christiné, d'*O mon bel inconnu* de Hahn, d'*Un soir de réveillon* de Moretti). Au gré des compilations de Marie Dubas, Milton, Dranem, Maurice Chevalier, Fernandel se retrouvent également des opérettes de Van Parys, Christiné, Yvain ou Moretti, Oberfeld – sans oublier Charpini et Brancato, duo de fantaisistes qui porte très haut l'art du chant français.

33 tours, première époque

À partir des années cinquante, la production discographique s'est poursuivie sur 33 tours dont une partie est également rééditée en CD. Contrairement à l'époque du 78 tours qui privilégiait les morceaux brefs, ces enregistrements cherchent à restituer, dans leur continuité, les grandes opérettes classiques.

Premier pan important de cette production : les disques Pathé, enregistrés par un groupe de merveilleux chanteurs – pour la plupart associés aux émissions de « radio lyrique » – sous la direction de chefs d'orchestre comme Jules Gressier ou Marcel Cariven. Il s'agit presque toujours de « sélections » reprenant les pages principales d'une opérette, parfois agrémentées de textes de liaison. Parmi les fleurons de cette production figurent plusieurs opérettes de Messager où l'on retrouve notamment Camille Maurane, Martha Angelici, Michel Dens, Claudine Collart, Liliane Berton, Claude Devos (*Véronique, Les P'tites Michu, Monsieur Beaucaire*) ; une série Offenbach vivante et théâtrale sous la direction de Jules Gressier (*La Belle Hélène, Orphée aux enfers, La Vie parisienne*) ; ou encore de mémorables gravures des *Mousquetaires au couvent* (Cariven), du *Petit Duc* (Gressier), de *La Mascotte* (Gressier) ; et des opérettes viennoises en version française... Beaucoup de ces enregistrements ont reparu en CD dans la collection « Belle Époque » (EMI) – même si l'on peut regretter quelques oublis, comme l'excellent *Ciboulette* de Geori Boué sous la direction de Cariven. D'autres morceaux choisis d'opérette, extraits du fonds Pathé, sont régulièrement repris dans des compilations, notamment les « airs et duos d'opérettes » merveilleusement chantés par Michel Dens et Liliane Berton (2 CD « Belle Époque »).

Autre série d'enregistrements importants au temps du 33 tours mono : ceux de la firme Decca, où brillent encore d'excellents interprètes (Robert Massard, Geori Boué, Roger Bourdin, Colette Riedinger, Aimé Doniat, Gabriel Bacquier, Lina Dachary, Louis Musy, Jany Silvaire...). On y trouve des sélections des *Saltimbanques* et des *Cloches de Corneville* dirigés par Pierre Dervaux, de *Véronique* avec Geori Boué et Roger Bourdin, des *Mousquetaires au couvent* avec Gabriel Bacquier et Pauline Carton, etc. À la même époque, Decca produisait également une série de disques thématiques, incluant des pages rares du répertoire : « Demoiselles et jeunes premiers », « Duos d'amours, duos charmants », « Humour et fantaisie », « Chansons et rondes populaires », « 1925 », et même un vinyle consacré aux pages méconnues de Messager. Une partie de ces disques ont reparu en CD, ces dernières années, dans la collection « Opérette » éditée par Accord/Universal. Même si certaines versions s'avèrent décevantes (un Maurice Chevalier vieillissant dans *Dédé* ou *Là-haut)*, la collection comporte de belles redécouvertes, comme *La Cocarde de Mimi Pinson* par l'adorable Liliane Berton ou l'irrésistible *Chanson d'amour* par Aimé Doniat et Lina Dachary. Plusieurs opérettes éditées à la même époque chez Philips ont également reparu en CD : en particulier *La Vie parisienne* (avec Renée Doria et Dario Moreno), *Les Mousquetaires au couvent, La Fille de madame Angot, Les Cloches de Corneville.* Introuvables, par contre, les intéressantes pages d'opérettes enregistrées, dans les mêmes années, par le Club national du Disque (« Les plus beaux airs de l'opérette française »).

Parmi les réalisations de cette période, reparues au moins une fois en CD, mentionnons encore l'excellente production de *La Vie parisienne* par la compagnie Renaud-Barrault (Musidisc) ; *Ba-ta-clan* d'Offenbach dirigé par Marcel Couraud (Erato) ; *La Belle Hélène, Orphée aux enfers* et *La Grande Duchesse de Gérolstein* par René Leibowitz ; *Phi-Phi* par Bourvil et Germaine Roger, couplé avec *La Route fleurie* de Lopez (EMI) ; *La Poule noire* de Manuel Rosenthal, avec Denise Duval et Jean Giraudeau (EMI « Belle Époque ») ; sans oublier les enregistrements de Suzy Delair, récemment rassemblés dans 3 CD (chez Accord) ; et d'autres compilations consacrées par le même label à Gabriel Bacquier, André Dassary ou Alain Vanzo.

L'ère du 33 tours correspond également aux créations d'opérettes nouvelles : beaucoup d'ouvrages des années cinquante ont été enregistrés, au moins fragmentairement. Leurs plus célèbres pages ont paru dans différentes anthologies consacrées aux vedettes : Luis Mariano, Marcel Merkès et Paulette Merval, André Dassary ou Georges Guétary. Mais l'effort principal est celui de Marianne Mélodie qui a consacré toute une série de disques historiques aux opérettes à succès d'après guerre, en rééditant les enregistrements originaux dans d'excellentes présentations de Mathieu Moulin. On y retrouve les grands Lopez (*Le Chanteur de Mexico*, *La Belle de Cadix*, *Andalousie*, *À la Jamaïque*...), mais aussi Vincent Scotto (*Violettes impériales*), Maurice Yvain (*Chanson gitane*), Henri Bourtayre (*Chevaliers du ciel*) ou Jo Moutet (*Pacifico*) – et une superbe anthologie des succès du Châtelet.
Plusieurs sélections d'opérettes modernes ont également reparu chez EMI : notamment *Chanson gitane* d'Yvain, *Le Moulin sans soucis* de Van Parys, *Casanova* de Wal Berg, *Les Chansons de Bilitis* de Kosma ou *Eugène le mystérieux* de Damase. Nombre d'ouvrages importants de l'époque du 33 tours (voire du 45 tours) restent toutefois à rééditer : par exemple *Il faut marier maman* de Lafarge, *Le Corsaire noir* d'Yvain, *La Polka des lampions* et les différents spectacles de Calvi avec Robert Dhéry (*La Plume de ma tante* ou *La Grosse Valse* avec Louis de Funès). D'autre part, comme pour la période antérieure, on retrouve quelques pages d'opérettes dans les anthologies consacrées aux vedettes de la chanson comme Yves Montand (*Le Chevalier Bayard* de Misraki), Bourvil (*La Bonne Hôtesse*, *La Route fleurie*...), Les Frères Jacques (*La Belle Arabelle*, *Les Pieds Nickelés*), Colette Renard (*Irma la douce*), Les Compagnons de la chanson (*Minnie Moustache*).
Il faut mentionner enfin le travail accompli par Anna Sibert, fille du chef d'orchestre Aldolphe Sibert qui incarna longtemps en France la cause de l'opérette viennoise. Ses nombreux enregistrements des grands succès viennois en version française sont régulièrement réédités en CD. On y retrouve les interprètes de la radio. À côté de Johann Strauss ou d'un excellent coffret Franz Lehar, ce catalogue inclut des sélections de *Princesse Czardas* de Kalman, *L'Étudiant pauvre* de Millöcker et plusieurs autres. Les labels sont souvent éphémères, les disques manquent chez les disquaires... mais on peut aussi les trouver chez les soldeurs ou sur internet.

Le temps de la hifi

Les années soixante-soixante dix ont marqué un certain déclin dans la production discographique d'opérettes. La tradition s'est cependant maintenue chez EMI (héritier du fonds Pathé), avec deux têtes d'affiches : Mady Mesplé dans de nouveaux enregistrements de *Véronique, La Fille de madame Angot, Ciboulette*; et Michel Plasson dirigeant une importante série d'enregistrements intégraux d'Offenbach avec des artistes tels que Teresa Berganza, José Carreras (*La Périchole*), Jessye Norman (*La Belle Hélène*) ou Mady Mesplé (*Orphée aux enfers*). Ces enregistrements n'ont pas forcément la vigueur théâtrale ni la belle diction des disques plus anciens, mais ils apportent à l'opérette une couleur orchestrale plus riche et chatoyante. À retenir également l'excellente *Grande Duchesse de Gérolstein* de Régine Crespin (Sony), et les enregistrements par Manuel Rosenthal de *Pomme d'api*, *Mesdames de la Halle* et *Monsieur Choufleuri* (EMI). Des extraits de ces productions figurent également dans diverses anthologies consacrées à Offenbach et à l'opérette.
Plus récemment, dans les années quatre-vingt, le catalogue EMI s'est encore enrichi des premiers enregistrements intégraux de *L'Étoile* de Chabrier et des *Brigands* d'Offenbach, sous la direction de John Eliot Gardiner; deux superbes réussites

de l'Opéra de Lyon – qui marquent l'entrée de l'opérette dans le temps des exigences «baroqueuses». Plus près de nous, l'expérience s'est poursuivie avec Marc Minkowski, débordant d'énergie et retrouvant l'enthousiasme du théâtre dans de nouvelles productions d'*Orphée aux enfers* (avec Natalie Dessay), *La Belle Hélène* et *La Grande Duchesse* (avec Felicity Lott).

S'agissant d'Offenbach, il faudrait trop de pages pour présenter chaque détail de sa discographie. De tous les compositeurs d'opérette, il est le seul – à la scène comme au disque – à susciter régulièrement de nouveaux enregistrements, qu'il s'agisse de pages d'orchestre, d'ouvertures, de ballets, de petites opérettes, de rééditions d'archives. Tant mieux pour lui. Dommage pour les autres; car, la crise du disque aidant, on ne voit guère se dessiner de nouveaux programmes ambitieux d'enregistrement. L'opérette, aujourd'hui, ne bénéficie pas du travail accompli pour la zarzuela ou la comédie musicale américaine. EMI, longtemps en pointe, semble avoir renoncé; et les labels se satisfont de quelques récitals gravés par de grands artistes amoureux de la musique française comme Susan Graham («French Operetta», Erato), Anne Sofie von Otter («Anne Sofie von Otter sings Offenbach», Deutsche Grammophon), Felicity Lott («Felicity Lott s'amuse», Forlane), Patricia Petitbon («French Touch», Decca) – sans oublier Roberto Alagna dans un hommage au répertoire de Luis Mariano («Roberto Alagna chante Luis Mariano», Deutsche Grammophon).

Le fonds INA

À côté du patrimoine discographique, la principale réserve d'archives sonores de l'opérette française est constituée par les enregistrements réalisés entre 1945 et 1974 par le service lyrique de la Radiodiffusion française, et conservés par l'Institut national de l'Audiovisuel. Ce fonds quasiment inépuisable recouvre, dans des centaines d'enregistrements, la majeure partie du répertoire, depuis les ouvrages célèbres jusqu'aux plus rares : parmi beaucoup d'autres, mentionnons ceux de Claude Terrasse, Édouard Mathé, Tiarko Richepin, Joseph Szulc, Félix Fourdrain, etc; mais aussi quantité d'opérettes méconnues d'Offenbach, Lecocq, Audran, Yvain, sans oublier de nombreuses bouffonneries en un acte d'Hervé. Beaucoup de ces ouvrages ont été enregistrées plusieurs fois, avec des distributions différentes. L'accès aux archives conservées sur bandes magnétiques est réservé aux professionnels – notamment pour les émissions radiophoniques. Le fonds de l'INA a toutefois donné lieu à diverses formes d'exploitation commerciale. Certains enregistrements ont paru d'abord en 33 tours : par exemple un excellent *Petit Faust* d'Hervé chez Clio (avec Dachary, Michel Hamel, Gaston Rey, sous la direction de Cariven), les deux *Docteur Miracle* d'Hervé et Lecocq. Par la suite, l'éphémère label Bourg a réédité de nombreuses opérettes d'Offenbach en CD; notamment *Barbe Bleue, Geneviève de Brabant* ou *Le Pont des soupirs*. Certains de ces enregistrements ont été ultérieurement réédités par la maison TLP et, plus récemment, par Malibran Music.

La série la plus développée fut réalisée dans les années 1990 par la maison Musidisc, dans sa collection Gaîté-Lyrique, où figurent – en version intégrale, avec les scènes parlées – des inédits d'Audran (*Le Grand Mogol, Gillette de Narbonne, La Poupée*...), Delibes (*Le Serpent à plumes, L'Omelette à la Follembuche*...), Ganne (*Hans le joueur de flûte*...), Hahn (*O mon bel inconnu, Mozart*...), Hervé (*Le Retour d'Ulysse, Le Joueur de flûte*...), Lecocq (*Le Jour et la Nuit, Le Cœur et la main, La Petite Mariée*...), Messager (*François les bas bleus, Passionnément, Coups de roulis*...), Offenbach (*Madame l'Archiduc*), Terrasse (*Les Travaux d'Hercule, La Fiancée du scaphandrier*...) – mais aussi des opéras-comiques d'Adam (un merveilleux *Toréador* avec la jeune Mady Mesplé au meilleur de sa voix), Boieldieu, Gounod, Hérold ou Poise. Les enregistrements sont inégaux. Mais cette collection avait permis la diffusion d'un répertoire oublié, et il est regrettable qu'elle ait dû s'interrompre, du fait de démêlés juridiques avec les nombreux ayants droit : musiciens d'orchestre, artistes lyriques et leurs héritiers. On peut espérer qu'une fois cette question résolue, une édition ambitieuse des archives de la radiodiffusion française pourra se poursuivre et se développer. Elle a été relayée, au moins partiellement, par la collection dirigée par Renaud Machart au sein même de l'Ina : Ina Mémoire Vive. Une collection d'archives classiques où l'opérette n'occupe sans doute pas la première place, mais qui a rendu disponible une intégrale d'*Isoline* de Messager, une autre de *Geneviève de Brabant* et de nombreux récitals de chanteurs, notamment un CD consacré à Willy Clément.

Orientation bibliographique

L'étude de l'opérette française recoupe de très nombreux ouvrages liés aux artistes, au contexte historique, au monde musical et théâtral, de 1850 à nos jours. Sans détailler un champ bibliographique aussi vaste, on peut tenter d'indiquer les principaux ouvrages directement consacrés à l'opérette française : études générales et monographies des principaux compositeurs.

Études générales

De nombreux volumes ont paru depuis le XIXe siècle sur l'opéra-comique et son histoire. On se contentera de mentionner ici l'excellente synthèse de Raphaëlle Legrand et Nicole Wild : *Regards sur l'opéra-comique, trois siècles de vie théâtrale* (CNRS éditions, Paris 2002).

Référence indispensable pour l'histoire de l'opérette française : le magistral ouvrage de Florent Bruyas : *Histoire de l'opérette en France* (Emmanuel Vitte, Lyon, 1974) : 700 pages très denses, d'une lecture sans doute un peu fastidieuse puisque l'auteur a énuméré, année après année, la quasi-totalité des spectacles représentés à Paris – et accessoirement en province –, en détaillant la distribution et l'accueil de chaque création. On reste parfois surpris par les considérations politiques générales qui ouvrent chaque chapitre; mais ce travail méthodique de toute une vie – malgré certaines erreurs de détail – constitue pour la connaissance de l'opérette une source de documentation irremplaçable.

Autre ouvrage de référence, *Operetta* de Richard Traubner (Oxford University Press, New York, 1983) n'est malheureusement pas traduit en français. Cette étude générale de l'opérette aborde l'histoire du genre dans tous les pays, jusqu'à la comédie musicale américaine. L'opérette française y occupe une place centrale, à travers de remarquables pages consacrées aux principaux compositeurs, dans une vision synthétique claire, intelligente et documentée. Seul petite réserve : si l'auteur est impressionnant par sa connaissance de l'opérette classique, l'évolution du genre en France après 1918 est abordée de façon plus fragmentaire. À signaler également la parution en Allemagne d'*Operette* de Volkler Klotz (Piper, Munich, 1991), un vaste ouvrage général sur le genre.

Guide précieux : *Les Opérettes du répertoire courant* de Louis Oster (Éditions du Conquistador, Paris, 1953) proposait un résumé des livrets pour tous les ouvrages importants. Ce livre a fait l'objet d'une nouvelle édition largement revue et complétée, sous la double signature de Louis Oster et Jean Vermeil : *Guide raisonné et déraisonnable de l'opérette et de la comédie musicale* (Fayard, Paris, 2008). Recommandons aussi la brève étude de José Bruyr : *L'Opérette*, parue dans la collection « Que sais-je » (Presses universitaires de France, Paris, 1962) – un ouvrage bien écrit, sans doute parfois approximatif; mais l'auteur sait parfaitement résumer en quelques lignes spirituelles l'essentiel d'un artiste et d'une œuvre. Ce volume est remplacé depuis 1999 par un autre « Que sais-je » pratique et instructif, sous la signature de Jacques Rouchouse, fervent défenseur de la cause. Enfin, pour la période 1918-1950, il faut lire les deux gros ouvrages-catalogues consacrés à l'activité inlassable d'Albert Willemetz, dans lesquels se retrouve à peu près toute l'opérette de l'époque (références ci dessous).

Parmi les sources précieuses et quasiment introuvables, il faut mentionner encore l'*Histoire du Théâtre lyrique* de Fernand Ochsé (Radio-Paris éditeur, Paris, 1938), artiste proche d'Honegger et Reynaldo Hahn ; mais aussi, dans un registre involontairement comique, le guide moralisateur à l'intention du public chrétien signé par l'abbé Bethléem : *Les Opéras, les Opéras-comiques, les Opérettes* (Revue des lectures, Paris, 1926). Parmi les parutions plus récentes, signalons une *Histoire de la chanson et de l'opérette* de Charles Imbert – (Éditions Rencontres, Lausanne, 1967) et l'*Histoire de l'opérette* de Claude Dufresne (Nathan, Paris, 1981).

Il convient enfin de saluer ici le travail accompli depuis des années par la revue *Opérette*, son directeur Jean-Claude Fournier et ses collaborateurs, en particulier le regretté Robert Pourvoyeur; mais aussi par Bernard Crétel, Bernard Gray, Christiane Izel, Christian Jarniat, Didier Roumilhac... Au fil des numéros, ceux-ci proposent des articles de fond sur des œuvres, les compositeurs, les librettistes, les interprètes – permettant d'explorer tous les aspects du genre. La comédie musicale contemporaine est également à l'honneur dans cette publication (Revue trimestrielle publiée par l'Académie nationale de l'Opérette, 62 rue Blanche, 75009 Paris).

Sur internet, *Opérette* a eu la bonne idée d'ouvrir un site pratique, libre d'accès, qui met en ligne la majeure partie des informations publiées par la revue et de remarquables synthèses sur les compositeurs, les œuvres et les interprètes. On trouvera ces informations à l'adresse : *http://pagesperso-orange.fr/anao/*. Également en ligne, il faut recommander l'excellente *Encyclopédie multimédia de la comédie musicale théâtrale en France,* admirablement réalisée par Jacques Gana. Disponible à l'adresse *http://comedie-musicale.jgana.fr/* ce site pratique et fourmillant d'informations permet de naviguer avec bonheur – et en musique – dans le foisonnant répertoire de l'entre-deux-guerres.

Quelques monographies

Adolphe Adam – Arthur Pougin – Paris, Charpentier, 1877.
Emmanuel Chabrier – Francis Poulenc, La Palatine, 1961
Correspondance d'Emmanuel Chabrier – Réunie et présentée par Roger Delage et Frans Durif – Klincksieck, Paris, 1994
Emmanuel Chabrier – Roger Delage, Fayard, Paris, 1999
Léo Delibes – Henri de Curzon, Legouix, Paris, 1926
Léo Delibes, sa vie, son œuvre – André Coquis – Richard Masse, Paris, 1957
Reynaldo Hahn – Bernard Gavoty – Buchet Chastel, Paris, 1976
Reynaldo Hahn – Jacques Depaulis, Paris, Antlantica-Séguier, 2007
Lettres à Reynaldo Hahn – Marcel Proust – Gallimard, Paris, 1956
Journal d'un musicien – Reynaldo Hahn – Plon, Paris, 1933

Du chant – Reynaldo Hahn – Pierre Lafitte, Paris, 1920
L'oreille au guet – Reynaldo Hahn – Gallimard, Paris, 1937
Hervé, Charles Lecocq – Louis Schneider – Librairie Académique Perrin, 1924
Hervé, un musicien paradoxal – Renée Cariven-Galharret, Dominique Ghesquière – Éditions des cendres, Paris, 1992
Hervé, le père de l'opérette – Jacques Rouchouse – Michel de Maule, 1994
Arthur Honegger – Harry Halbreich – Fayard-Sacem, Paris, 1992
Écrits – Arthur Honegger – Honoré Champion, Paris, 1992
André Messager : musicien de théâtre – Michel Augé-Laribé – La Colombe, Paris, 1951
André Messager : mon maître, mon ami – Henry Février – Amiot Dumont, Paris, 1946
André Messager : Ouvrage collectif dirigé par Benoît Duteurtre – Klincksieck, Paris, 2004
Jacques Offenbach – Jean-Claude Yon – Gallimard, Paris, 2000
Offenbach – Louis Schneider – Librairie académique Perrin, 1923
Offenbach – Robert Pourvoyeur – Le Seuil, Paris 1994
Offenbach, mon grand-père – Jacques Brindejont-Offenbach –. Plon, Paris, 1940
Offenbach, roi du Second Empire – Alain Decaux – Librairie Académique Perrin, Paris, 1966
Offenbach ou le rire en musique – David Rissin – Fayard, Paris 1980
Jacques Offenbach ou le secret du second Empire – Siegfried Kracauer – Grasset, Paris, 1937
Offenbach – catalogue de l'exposition du musée d'Orsay 1996 établi par Jean Claude Yon – Réunion des musées nationaux, Paris 1996
Claude Terrasse – Philippe Cathé, L'Hexaèdre, Paris, 2004
Le Verfügbar aux Enfers, une opérette à Ravensbrück : Germaine Tillion, Editions de la Martinière, Paris, 2005.
Les jours comme ils viennent – Georges Van Parys – Plon, Paris, 1969
Albert Willemetz, catalogue raisonné de son œuvre – Editions Salabert, Paris,
Albert Willemetz, un regard dans le siècle – Christophe Mirambeau, La Rampe, Paris, 2005
Ma belle opérette – Maurice Yvain – La Table ronde, Paris, 1962.

Index des noms de personnes

C

M

N

Index des œuvres

A

B

E

F

G

P

Q

U

V

X

Y

Z

Table des matières

Photocomposition Nord Compo
Villeneuve-d'Ascq

Pour l'éditeur, le principe est d'utiliser des papiers composés de fibres naturelles, renouvelables, recyclables et fabriquées à partir de bois issus de forêts qui adoptent un système d'aménagement durable.
En outre, l'éditeur attend de ses fournisseurs de papier qu'ils s'inscrivent dans une démarche de certification environnementale reconnue

Achevé d'imprimer en octobre 2009 par Graficas Estella (Espagne)
35-56-2778-5/01
Dépot légal : Novembre 2009